W0406642

CADAVRES SOUS INFLUENCE

DU MÊME AUTEUR :

Omar Raddad (avec Roger-Marc Moreau), Raymond Castells, 1998.

Histoires secrètes des détectives privés, Lattès, 2001.

www.editions-jclattes.fr

Christophe Deloire

CADAVRES SOUS INFLUENCE

Les morts mystérieuses de la Ve République

JC Lattès

© 2003, éditions Jean-Claude Lattès.

À Marie-Annick,
Laurence et Lucien

« Il est évident qu'en raison d'une production aussi intense, chaque mort individuelle n'est pas aussi bien exécutée, mais d'ailleurs cela importe peu. C'est le nombre qui compte. Qui attache encore du prix à une mort bien exécutée ? Personne. Même les riches, qui pourraient cependant s'offrir ce luxe, ont cessé de s'en soucier ; le désir d'avoir sa mort à soi devient de plus en plus rare. Quelque temps encore, et il deviendra aussi rare qu'une vie personnelle. C'est que, mon Dieu, tout est là. On arrive, on trouve une existence toute prête, on n'a plus qu'à la revêtir. On veut repartir, ou bien l'on veut s'en aller : surtout pas d'effort ! Voilà votre mort, monsieur. »

Rainer Maria Rilke,
Les Cahiers de Malte Laurids Brigge.

1965 - Ben Barka fut enlevé jamais retrouvé
1976 Jean de Broglie abattu
1993 Bérégovoy
1982 René Lucet
1976 Jean de Broglie
1994 François de Grossouvre

Enfer au Panthéon

> « Ces morts sont passées au rang des énigmes historiques, et la justice n'y a rien gagné [1]. »
>
> Maurice Garçon
> de l'Académie française

Il existe deux Panthéons. Le réel et l'imaginaire. Celui de la montagne Sainte-Geneviève et celui de la rumeur. Le premier confère la gloire, le second une notoriété douteuse. Au Panthéon imaginaire prennent place des défunts peut-être légendaires, mais sentant le soufre : connus non pas à cause de leurs vies, mais de leurs trépas ; non à raison de leurs mérites, mais d'avanies posthumes. Ils se distinguent du commun des mortels par leurs « décès mystérieux ». Ils font partie de la troupe des « assassinés » et « suicidés ». Il arrive que ce soit des « accidentés ». Ces pensionnaires du Panthéon parallèle ont un point commun : leurs morts font l'objet de mensonges et de manipulations ; leurs cadavres ne sont pas honorés, mais dévoyés de force ; ils subissent les salissures de la manigance organisée.

L'histoire de la Ve République est empreinte des trafics sur le dos des morts, et cela depuis la disparition de l'opposant marocain Mehdi Ben Barka devant la brasserie *Lipp* à Saint-Germain-des-Prés. Cet enlèvement eut lieu en 1965, avec l'aimable collaboration de deux policiers dirigés par un correspondant des services secrets. L'affaire n'était que « vulgaire » et « subalterne », insista le président de la République, Charles de Gaulle. Le général élu n'entrava pas la justice, mais les intérêts d'État imposèrent leur inertie au juge et à ses enquêteurs. Le corps du leader tiers-mondiste n'a jamais été retrouvé. Sur son décès demeurent des zones d'ombre, protégées aujourd'hui encore, soit plus de trente-cinq ans après les faits, par un secret défense que l'État se refuse à lever. La vérité est-elle si dangereuse ? Trois ans après la mort de Ben Barka, un truand de bas étage, Stefan Markovic, était découvert dans une décharge publique à Élancourt. Cet assassinat allait fournir à des agents secrets l'occasion de monter un dossier frelaté destiné à nuire à Georges Pompidou, l'ancien Premier ministre qui ne faisait pas mystère de son ambition de succéder au général de Gaulle. Des clichés de Mme Pompidou, juchée dans une posture réprouvée par la bienséance, avaient soi-disant été pris lors de parties fines. Il s'agissait de faux. Peu importe : le faux n'est pas moins nuisible que le vrai. Versées au dossier sur l'assassinat de Markovic, les photos truquées étaient censées liquider l'ambition de Georges Pompidou. L'opération a été montée de toutes pièces en profitant du trépas du truand. En dépit de la manipulation, Pompidou était élu à la présidence de la République en 1969. À l'élection présidentielle de 1974, l'ancien résistant Jacques Chaban-Delmas a raté le coche. À lui aussi, on a cherché des anicroches sur le dos d'un mort. D'une morte, plutôt. À savoir son épouse Marie-Antoinette, rencontrée pendant la guerre et épousée après. Le 12 août 1970, elle est décédée dans un accident sur la route d'Hendaye. Ce jour-là, la femme du maire de Bordeaux amenait son fils Jean-Jacques à la gare. La voiture, que conduisait le chauffeur, a dérapé et heurté un platane. *A priori*, Mme Chaban-Delmas s'en était sortie avec des contusions[2]. Mais elle a succombé dans l'ambulance des suites du « coup du lapin ». Le drame aurait dû rester une douleur privée pour Chaban. Des allusions perfides ont pourtant porté l'affaire sur la place publique. Lors de la campagne de 1974, des tracts diffamateurs narraient le remariage de Chaban un an après l'accident et insinuaient que l'ancien résistant avait fait tuer sa première femme pour convoler avec sa maîtresse. Est-ce un effet de la terrible rumeur ? Avec 15,1 % des suffrages au premier tour, le maire de Bordeaux ne fit pas le poids face à Mitterrand et Giscard. Qui avait orchestré cette sordide campagne ? Selon le vieux gaulliste Jacques Foccart, « des amis de Giscard, derrière lesquels on n'a pas de peine à imaginer son lieutenant, Michel Poniatowski[3] ». D'autres sources accusent plutôt les gaullistes qui, derrière Jacques Chirac, avaient fait défection au vieux résistant.

Pas question de paradis pour les réprouvés hébergés au Panthéon de l'ombre. Au lieu des fastes du temple, les malheureux subissent les feux de l'enfer. Leurs restes se retournent dans leurs tombes. Leurs dents grincent. Ils se grattent. Ils geignent. Dans les chambres froides du souvenir, ces pensionnaires se font piétiner. Leurs cadavres servent à régler des comptes. Des tireurs de ficelles activent ces dépouilles ainsi qu'ils feraient avec des marionnettes ventriloques. Dans les cercles de l'enfer de ce Panthéon, des spectres rôdent comme des somnambules. La mémoire du septennat de Valéry Giscard d'Estaing est hantée par les fantômes de Jean de Broglie, Robert Boulin et Joseph Fontanet. Ancien secrétaire d'État du général de Gaulle, le prince Jean de Broglie était abattu à la veille de Noël 1976 sur un trottoir parisien. La hiérarchie policière, au courant du crime à venir avant qu'il ne fût perpétré, avait laissé agir les tueurs sans protéger l'ancien ministre. Trois ans plus tard, en 1979, un autre personnage éminent de la République disparaissait sous une tornade de polémiques. Un matin d'octobre, le corps du ministre du Travail Robert Boulin était repêché d'un étang de la forêt de Rambouillet. Selon la version officielle, le recordman de longévité ministérielle s'y était suicidé dans une mare guère plus profonde qu'une « flaque d'eau ». Ce suicide dérangea, gêna, irrita, Raymond Barre et Valéry Giscard d'Estaing, Matignon et l'Élysée. La clameur publique évoquait une élimination orchestrée. Laquelle, de la police ou de la rumeur, était la plus pertinente ? L'histoire ne l'a pas encore dit. Le troisième de cette série de fantômes, Joseph Fontanet, s'était retiré des affaires ministérielles depuis six ans. Un soir de 1980, cet ancien député fouillait le coffre de sa voiture garée sur le bord d'une avenue des beaux quartiers de Paris quand une balle de 11,43 logée dans la région lombaire le fit passer de vie à trépas. Jamais le coupable ne fut confondu. En quatre ans, trois ministres, présents ou passés, étaient décédés dans des circonstances mystérieuses.

Des silhouettes funèbres traînent aussi autour de la tombe de François Mitterrand. Parmi les ombres, celle de son ancien Premier ministre, Pierre Bérégovoy, tombé sur le bord du canal de Sermoise, le 1er mai 1993, ou la forme assise de son confident, François de Grossouvre, retrouvé figé dans son bureau de l'Élysée, en 1994. L'un et l'autre ont mis fin à leurs jours. Pour le premier c'est certain, pour le second presque autant. En pressant sur la détente, ces deux affidés de François Mitterrand ne se doutaient pas qu'ils déclencheraient un concert de fantasmes et que des machinations seraient ourdies autour de leurs dépouilles. Au Panthéon imaginaire, ces « suicidés » fréquentent un des leurs, René Lucet, décédé en 1982. Ce directeur de la

Caisse d'assurance maladie de Marseille a été trouvé dans son lit avec « deux balles dans la tête ». Sur son cadavre, les truqueurs de vérité ont mené à bien leurs manœuvres de basse police. Les insinuations sur les morts visent toujours les vivants.

Au vrai Panthéon, en haut de la rue Soufflot dans le Quartier latin, les cendres de Jean Moulin reposent « avec leur long cortège d'ombres défigurées » à côté « de celles de Carnot avec les soldats de l'an II, de celles de Victor Hugo avec les Misérables, de celles de Jaurès veillées par la Justice ». André Malraux chanta leurs louanges funèbres à leur entrée, le 19 décembre 1964. Au Panthéon imaginaire, pas de cérémonie solennelle. Nul besoin de mérites ni de passé glorieux pour y pénétrer. La rubrique judiciaire peut suffire. À condition d'avoir subi des outrages posthumes. Lorsque la raison d'État, l'intérêt politique ou les soucis des policiers l'exigent, les enquêtes sont bâclées, orientées voire truquées. Les procès-verbaux cachent la vérité plus qu'ils ne l'établissent. Ces altérations affleurent. Le secret est fragile. Il s'évente. Le public comprend que les détails clochent ; les versions servies par les autorités ne tiennent pas debout. Les malfaçons des enquêtes instillent le doute. « On nous cache la vérité. » Le pasteur Joseph Doucé, disparu en juillet 1990, incarne la propension des cadavres à subir des tortures posthumes en fonction de l'intérêt des services secrets. Des fonctionnaires des Renseignements généraux le surveillaient. Ces policiers étaient en planque sous les fenêtres du pasteur juste avant qu'il ne prenne congé de ses proches. Doucé fut « interpellé » par deux hommes s'étant présentés comme policiers. Vrais ou faux flics ? Le pasteur ne donna plus signe de vie. Son corps fut trouvé en forêt de Rambouillet. L'enquête resta vaine. À dessein ? Le doute est permis. L'agent secret Bernard Nut, « suicidé » sur une route de montagne le 15 février 1983, a sa place dans la confrérie des victimes de la raison d'État. Le « suicide » de ce chef de poste de la Direction générale de la sécurité extérieure (DGSE) à Nice n'est pas crédible. Les éclats de métal prélevés sur lui ne correspondent pas aux balles de son arme de service. Les enquêteurs n'y ont pas vu matière à s'interroger. Plutôt que de les aider, la DGSE les avait circonvenus. Nut s'est suicidé, on vous dit. On vous a assez dit, aussi, que Jean-Claude Saint-Aubin, vingt-trois ans, a perdu la vie dans un accident de voiture, à Puget-sur-Argens, le 5 juillet 1964. Sa voiture était encastrée dans un arbre sur le bas-côté. L'appareil judiciaire a étouffé la vérité pendant des décennies. Sans la ténacité des parents du jeune homme, l'on n'aurait jamais su qu'un camion de l'armée l'avait fait dévier de sa trajectoire. La « grande muette » a imposé le silence à la justice, pour masquer ses responsabilités. Jean-Claude Saint-Aubin a dû être victime d'une sordide « erreur sur la personne », d'une barbouzerie visant autre que lui.

Avocat algérien opposant au régime de son pays, Ali Mécili était abattu le 7 avril 1987 dans son hall près du Jardin du Luxembourg, à Paris. Lui aussi a vu ses droits posthumes pervertis par les arrangements des services de renseignement. La justice pouvait confondre les coupables, liés aux forces occultes de l'armée algérienne. Le ministère français de l'Intérieur expulsa le suspect numéro un. Cette erreur n'a rien de fortuit. La raison : il ne fallait pas agacer le gouvernement d'Alger, qui avait trempé dans l'action, mais pouvait être utile à la France pour la libération des otages français du Liban. Échanges de bons procédés sur le dos d'un cadavre du boulevard Saint-Michel. Le 4 mai 1978, Henri Curiel avait été tué en sortant de son ascenseur à quelques rues de là, près des arènes de Lutèce, de l'autre côté de la place du Panthéon. Révolutionnaire apatride, Curiel gênait la France autant mort que vivant. Le meurtre n'a pas été éclairci. Une certitude : les services secrets français, qui avaient surveillé Curiel, voulaient éviter que cela se sache. Même s'ils n'étaient pour rien dans le crime, les agents avaient laissé des empreintes. Dans la même chambre funéraire qu'Henri Curiel repose Robert Luong. Ami de l'épouse d'un chef d'État africain, ce peintre en bâtiment du Sud-Ouest fut assassiné devant chez lui en 1979. Avant sa mort, des fonctionnaires de police avaient suivi ses faits et gestes à la loupe. Coupable en même temps d'adultère et de crime de lèse-majesté, Luong était comme une bête traquée à qui le coup de grâce a fini par être assené. Ces surveillances font entrer Luong dans le cénacle des « morts mystérieux ».

Au Panthéon parallèle, les entrants sont délestés de certains de leurs secrets, volés, dépouillés. Tels les soldats qui dérobent les dents en or sur les mâchoires ennemies, les bureaux des versions officielles subtilisent les portefeuilles pouvant contenir de la poudre. La serviette noire que portait le prince Jean de Broglie à l'instant de sa mort, un matin de décembre 1976, n'a jamais été ni placée sous scellés ni récupérée par la famille. Au domicile du prince, des documents ont été saisis lors d'une perquisition, sans être jamais mentionnés en procédure. En avril 1994, après le suicide de François de Grossouvre, conseiller à l'Élysée qui a mis fin à ses jours à son bureau pour ennuyer le président François Mitterrand, une discrète visite hors les formes légales était perpétrée à son appartement du quai Branly à Paris. Patrick, son fils, a constaté que la garde-robe de son père, ses archives et sa collection d'armes ont été mises sens dessus dessous lors de fouilles. L'ébauche de manuscrit d'un livre que le vieux conseiller s'apprêtait à publier, et dans lequel il était censé dénoncer le pouvoir en place, a été emportée. L'ex-Premier ministre Pierre Bérégovoy n'avait pas eu non plus droit à des égards. Son agenda, qui pouvait prouver si l'Élysée l'avait « lâché » ou lui avait accordé un rendez-vous juste avant son suicide le 1er mai 1993, n'a jamais été rendu à la famille. Envolé. Les morts sont dangereux si soudain ils se mettent à parler. Il faut les faire taire.

La leçon des morts

> « Le crime politique est rarement mystérieux par carence d'explication plausible ; il le devient presque toujours par surabondance des mobiles prêtés aux tueurs. Ben Barka rejoint ici John Kennedy, et précède Henri Curiel. »
>
> Gilles Perrault, *Notre ami le roi*.

Avec les morts, nous ne sommes pas toujours chics. Ils gisent dans leurs linceuls, nous prenons la posture du deuil, mais dans leur dos nous grimaçons, ricanons, nous nous payons leurs fioles. Georges Figon fit l'expérience de cette propension de l'État à perpétrer des profanations, des sacrilèges organisés. Le 17 janvier 1966, réfugié dans un studio de la rue des Renaudes, ce voyou succombe d'une balle tirée d'un pistolet « Unic » de calibre 7,65 mm. Le tir retentit alors que la police est à sa porte. De quel côté de la porte ? D'après la version officielle, les agents sont sur le palier quand retentit la détonation. Ce n'est que l'instant d'après, selon les autorités, que les policiers enfoncent la porte. Depuis des mois, Georges Figon, taulard passé du milieu tout court au milieu littéraire de Saint-Germain-des-Prés, narguait les policiers. Son « suicide » tombe plutôt bien pour mettre un point final à ses frasques. Car le protégé de Marguerite Duras, cet escroc qui avait décrit à merveille l'univers carcéral dans l'émission *Cinq Colonnes à la Une*[4] de Pierre Desgraupes, ce repenti avait été un acteur important de l'affaire Ben Barka. De ce rôle, il est sorti les pieds en avant, en victime expiatoire sous les sourires en coin.

Georges Figon a fréquenté la scène et les coulisses du scandale d'État inaugural de la Ve République. Le déroulé des événements du 29 octobre 1965 a le statut d'un mythe. Ce jour-là, l'opposant marocain Mehdi Ben Barka a rendez-vous avec le journaliste Philippe Bernier, le cinéaste Georges Franju et le « producteur » Georges Figon dans un café du boulevard Saint-Germain, la brasserie *Lipp*. Le trio prépare un film sur la décolonisation, titré *Basta*, ce qui en espagnol signifie « assez ». Ce rendez-vous, Ben Barka ne l'honore pas. L'homme politique marocain, qui séjourne en France avant la conférence tricontinentale de La Havane dont il est le président, s'apprête à entrer dans la brasserie *Lipp* quand deux policiers, l'inspecteur Louis Souchon et son adjoint Roger Voitot, lui demandent de les suivre. Le Maghrébin charismatique obtempère. Il imagine sans doute que les policiers vont l'emmener à l'Élysée, car un rendez-vous a été pris avec le président Charles de Gaulle pour le lendemain. Les services du palais ont dû avancer la date. Ben Barka monte donc dans une voiture qui stationne au coin de la rue. Le chauffeur de la 403 prend la direction de la banlieue sud. Ben Barka s'émeut. Ce n'est pas la route du palais de l'Élysée. Trop tard. D'habitude sur le qui-vive, le président de la conférence sur le tiers-monde a manqué ne serait-ce qu'un instant à ses obligations de sécurité. Il va payer de sa vie ces secondes de distraction.

Signataire du manifeste de l'indépendance *Istiqlal* en 1944, Mohamed Ben Barka avait ses entrées au palais royal de Rabat. À la fin de la Seconde Guerre mondiale, le sultan Mohamed V l'avait nommé professeur de mathématiques de son fils, le futur Hassan II. Élu en 1956 président de l'Assemblée nationale consultative, le précepteur tombe bientôt en disgrâce. Le fondateur de l'Union nationale des forces populaires (UNFP) s'exile. Et l'exil le renforce. De Djakarta au Caire en passant par Paris, le militant tiers-mondiste se forge une stature internationale. En 1965, de son palais de Rabat, son ancien élève devenu majesté lui fait passer un message : « J'ai une équation à résoudre au Maroc. » Le précepteur songe à un possible retour. Mais il a une réticence. Dans son pays, il exècre un homme, le ministre de l'Intérieur, le général Mohamed Oufkir. « Ce sera lui ou moi », impose Ben Barka. Cette condition lui sera fatale. L'opposant sera victime d'un crime sans cadavre dont Oufkir fut le cerveau et peut-être la main. Nous voilà à la date du 29 octobre 1965. Deux policiers, cornaqués par Antoine Lopez, un honorable correspondant des services secrets, procèdent à l'« arrestation » devant la brasserie Lipp. L'otage est emmené à Fontenay-aux-Roses. Pour Ben Barka, la destination finale. Il va mourir dans la villa du truand Georges Boucheseiche, ancien lieutenant de deux légendes du milieu, Pierrot le Fou et Jo Attia. Dans le comité d'accueil, trois complices : Dubail, Le Ny et Palisse, bientôt rejoints par Mohamed Oufkir en personne. Sans que l'on sache bien si Ben Barka succombe à la torture au couteau prisée par Oufkir ou à une violente baffe infligée par Boucheseiche, il appert que le leader de la cause des pays pauvres, enlevé avec la complicité de fonctionnaires français, décède sur le territoire français.

Dans les milieux habitués à la pénombre, le théorème d'Euclide, en vertu duquel deux lignes droites parallèles ne se croisent jamais, est faux. L'affaire Ben Barka survient au point de jonction de polices parallèles, d'officines secrètes et de services officiels. Au point de convergence se trouve Antoine Lopez. Ce salarié d'Air France à l'aéroport d'Orly porte plusieurs casquettes. Il travaille aussi pour le Service de documentation extérieure et de contre-espionnage (Sdece)[5]. Correspondant du Service 7 du Sdece, Lopez a l'art d'ouvrir en douce les valises des diplomates pour y puiser leurs secrets tandis que les cibles de ses cambrioles embarquent sans inquiétude dans leurs avions. De son activité, Lopez rend compte à son officier traitant du Sdece. Un jour, Lopez annonce à son contact qu'une « récupération de Ben Barka par des moyens non orthodoxes » va survenir. Ami d'Oufkir chez lequel il a déjà passé des vacances en famille, Antoine Lopez tient le Sdece au courant des trajets du ministre de l'Intérieur du Maroc. Piège-t-il l'officier des services secrets, en ne divulguant qu'une partie de la vérité pour se couvrir ? Lopez, en tout cas, prête sa villa d'Ormoy dans la banlieue parisienne aux instigateurs de l'enlèvement. À la fois cheville ouvrière et indicateur, l'employé d'Air France réussit à impliquer les services secrets de la République dans les scandales du Royaume marocain. Jusqu'où les Français ont-ils mis la main dans l'engrenage ? Pas trop loin, si l'on se fie au verdict de la cour d'assises en 1967. Les jurés condamnent Antoine Lopez à huit ans de réclusion criminelle, le policier Louis Souchon à six ans pour « arrestation illégale », alors que l'officier traitant est acquitté.

Par contumace, la cour d'assises solde ce « dossier baigné de mensonges[6] » par la réclusion à perpétuité pour le quarteron de truands français impliqués et pour Oufkir. La justice ne s'est pas montrée amène envers le régime du Maroc. Ulcéré que les Marocains aient agi sur le territoire français, avec la complicité de fonctionnaires républicains, le général de Gaulle ne décolère pas contre le roi Hassan II, ce « petit trou du cul ». Le président de la

République a fait passer un message au juge d'instruction, Louis Zollinger, l'encourageant à faire toute la lumière. « Ce qui s'est passé tient du vulgaire et du subalterne », s'agissant de la France, explique de Gaulle lors d'une conférence de presse. N'a-t-il pas lui-même une vue biaisée ? Les cercles du pouvoir sans doute ne sont pas exempts de tout reproche. Intermédiaire entre les palais dorés et les cénacles des cours des miracles, Pierre Lemarchand affleure à la surface de l'affaire. Petit-fils d'un ancien président du Conseil municipal de Paris, cet avocat de profession a de l'entregent dans les allées du pouvoir et dans les cafés des boulevards. Résistant au sein du mouvement *Défense de la France* durant la Seconde Guerre mondiale, Lemarchand s'est très tôt engagé au RPF – Rassemblement du peuple français –, le parti du général. En 1947, à vingt ans, il est membre du comité directeur avant d'avoir l'âge de voter[7]. Le juriste se lie d'amitié avec le chef du service d'ordre Roger Frey, qui sera ministre de l'Intérieur au moment de l'enlèvement de Ben Barka. Après le putsch des généraux en Algérie, Lemarchand apporte sa force de travail aux équipes de Dominique Ponchardier, le « Gorille » chargé par le général de Gaulle de lutter contre l'Organisation de l'armée secrète (OAS), qui utilise des bombes pour défendre une certaine idée de l'Algérie française. Lemarchand devient vite le chef des « barbouzes », cette armée roulante recrutant dans les rangs des repris de justice et hommes de main. L'avocat, élu entretemps député de l'Yonne, ne sera jamais ennuyé dans le dossier Ben Barka. Il est le point commun des acteurs. Il a déjà rencontré le groupe de complices de Georges Boucheseiche par le passé. Georges Figon, qui attire l'ancien professeur d'Hassan II dans un traquenard, est un ami de jeunesse avec lequel il a noué des liens au collège Sainte-Barbe en 1942. Antoine Lopez dit avoir vu Figon et

Lemarchand prendre un avion ensemble vers Genève le 20 septembre 1965. Georges Figon allait en Suisse pour un rendez-vous avec Ben Barka, afin de travailler sur le projet de *Basta*. Il ouvrait le piège qui se refermerait quarante jours plus tard. Interrogé par le magistrat Louis Zollinger, l'avocat se défend : « Mon voyage n'avait rien de mystérieux ; je devais voir un de mes clients détenu à la prison de cette ville. »

En cavale, Figon prend date avec l'avocat Lemarchand. Les deux hommes se rencontrent le 2 novembre 1965. Le voyou empêtré dans le scandale naissant tente d'obtenir un sauf-conduit afin de se dépêtrer. Le commissaire Jean Caille est informé des événements quasiment heure par heure. Le policier tient très vite au courant sa hiérarchie des faits et gestes dans la demeure de Boucheseiche à Fontenay-aux-Roses. Le préfet de police, Maurice Papon, est avisé de ce qui s'est tramé. Le ministre Roger Frey l'est-il aussi ? Quand Antoine Lopez a demandé aux policiers Louis Souchon et Roger Voitot de lui prêter main-forte pour l'interpellation du Marocain, il a, à tort ou à raison, cité le nom de Frey en guise de caution. Souchon a reçu un appel téléphonique d'un membre du cabinet du ministre le rassurant sur l'approbation des responsables politiques. Le conseiller au bout du fil était-il un usurpateur ? L'histoire, peut-être, fera la lumière. Roger Frey préféra détourner les soupçons vers la CIA. Il apparut plus tard que peut-être le Mossad israélien avait apporté sa contribution. Oufkir était en cheville avec la centrale de Tel-Aviv autant qu'avec les services secrets français. Près de quatre décennies après le crime, un juge parisien tente encore de faire la lumière. Le magistrat se heurte à la mauvaise volonté de la monarchie marocaine, trop impliquée pour ne pas craindre la vérité, tandis que le gouvernement de la République française oppose encore le secret défense. Le spectre de Ben Barka est-il toujours dangereux ?

Ben Barka ne fut pas l'unique victime de l'affaire qui porte son nom. Le destin de Georges Figon avait aussi été scellé à la brasserie *Lipp*. Le truand reconverti perdit la vie deux mois et demi après l'enlèvement, victime à son tour d'une mécanique infernale qu'il a contribué à enclencher. Le créateur du magazine people *Bonjour les amis* a actionné l'engrenage à force de provocations. Sa ligne de vie dévie le 4 janvier 1966. Ce jour-là, alors que la Brigade criminelle le traque, l'éditeur au casier judiciaire convoque comme si de rien n'était le journaliste de *Minute* François Brigneau. Cigarillo Burns entre les doigts, chapeau Eden sur le chef, Georges Figon reçoit le reporter dans un café du quartier de Villiers[8], à Paris. À son hôte, le voyou aux faux airs de Louis Jouvet remet un texte, trois feuillets de papier jaune, format « ministre ». Le faux producteur de *Basta* y relate avoir été arrêté par la police trois semaines avant. Selon ses dires, il a même été enlevé. Le voyou cultivé raconte que le commissaire de la criminelle, Maurice Bouvier, lui aurait passé les menottes aux poignets dans un passage de la rue de l'Arcade avant de le séquestrer dans un appartement du boulevard Exelmans. Bouvier lui aurait soi-disant fait la morale, le dissuadant d'écrire aux journaux et de voir ses amis. Avant de relâcher l'otage, le policier l'aurait mis en garde : « Maintenant, fais le mort. »

Cet épisode est-il authentique ou sort-il tout droit de l'imagination de Figon ? En tout cas, l'intéressé s'amuse avec la police. Il se confesse à de jeunes journalistes, Jean-François Kahn, à *L'Express,* et Pierre Bénichou, rédacteur en chef du *Nouvel Adam*. En cavale, sans autre grimage qu'une casquette et des lunettes, Figon se fait tirer le portrait pour *Paris-Match* sur le quai des Orfèvres, sous les fenêtres de Bouvier. Le fugitif assiste à la générale de

Sacha Distel à l'Olympia. Cependant Figon ne rira pas le dernier. À croire ses prédictions, il peut lui arriver malheur. La prophétie advient le 17 janvier 1966. La police a « logé » Figon, reclus dans son studio de la rue des Renaudes. Devant sa porte, le siège prend place en fin de journée. À 22 heures, l'homme le plus recherché de France ouvre ses persiennes. Il remarque des agents en armes postés dans la cour, qui font le pied de grue dans la neige. Le malfrat referme son volet. Derrière les fenêtres closes de l'immeuble, les voisins ignorent le drame qui se fomente. Les policiers frappent à la porte de Figon. Chez les voisins, la télévision diffuse *Les Incorruptibles*. Une fusillade éclate dans le feuilleton. À cette rafale, un « coup sourd » se mélange. Ce coup n'a pas été tiré à blanc pour les besoins d'un scénario. Au cinquième étage, le locataire s'écroule dans sa salle de bains. Le lendemain, l'éditorialiste du *Figaro* prononce l'homélie funèbre à sa manière : « Georges Figon est mort comme à la dernière page d'un mauvais roman policier[9]. »

Dans ce polar, l'intrigue demeure au point final. La fin laisse le lecteur dubitatif. L'acteur de l'affaire Ben Barka s'est-il logé la balle dans la tempe droite ou a-t-on tiré sur lui ? Le procureur manque de curiosité. En Pénélope de la procédure, il découd d'une main ce qu'il brode de l'autre. Le magistrat du parquet ouvre une information judiciaire, mais n'attend pas que les recherches sur les causes de la mort soient diligentées pour dispenser son avis, sa vérité : « Les premières constatations permettent de conclure formellement au suicide[10]. » Les autorités vont vite en besogne. Conclusion hâtive en effet quand l'on sait que le corps a été découvert couché sur le pistolet. Sur cette arme, les experts de l'Identité judiciaire n'ont pas su lire la moindre empreinte digitale. Le cadavre les aurait donc effacées en chutant. À la vue des scellés, des proches de Figon, la comédienne Anne-Marie Coffinet et le cinéaste Claude Bal, ne reconnaissent pas le pistolet de leur ami et soutiennent la thèse de l'assassinat. Leur conviction est renforcée par l'absence de trace d'explosif sur la main droite du défunt.

Le rapport d'autopsie relève que Figon a succombé à « un coup tiré à très courte distance ». Si l'on s'en réfère à la logique de la médecine légiste, cette assertion signifie « ni bout touchant, ni bout portant ». Le docteur ayant pratiqué l'autopsie précise dans son rapport qu'il a vu le cadavre dans une position sans équivoque, le bras droit replié sous le ventre ; selon lui, les doigts de la main droite « paraissaient appuyer encore sur la détente du pistolet trouvé à proximité [11] ». On ne saurait mieux arguer de la thèse du suicide. Il y a un hic : le docteur a omis d'évoquer ce point avec ses confrères qui procédèrent à l'examen du cadavre. Lesquels se montrent fort marris. L'un d'eux, le professeur Léon Derobert, trouve louche la mauvaise manière. Cet éminent spécialiste a eu à son actif deux autopsies parmi les plus sensibles de l'histoire de la IIIe République, celles d'Alexandre Stavisky et du conseiller Albert Prince en 1934. Dans le cas Figon, Derobert s'étonne dans un dîner en ville qu'un quarteron d'experts ait œuvré sur des prélèvements osseux et cutanés hors d'usage. Il ne manque pas de critiquer l'interdiction faite aux experts de pénétrer dans le studio, qui les obligea à travailler sur un plan [12].

Dans les couloirs du ministère de l'Intérieur courut la rumeur selon laquelle quatre policiers étaient entrés dans le studio de Figon après sa mort et cinq ressortis [13]. L'État n'a pas été diligent pour que les sceptiques aient enfin le cœur net. La justice que le voyou réclamait de son vivant lui fut refusée à sa mort. Georges Figon était inhumé dans le caveau de famille du cimetière de Colombes cependant que l'on enterrait aussi la vérité. Il ne fallut pas un mois pour que le juge d'instruction chargé de l'enquête sur les causes de la mort rendît un non-lieu, c'est-à-dire mît fin à cette quête de la vérité qui prend parfois des années. Au cœur de l'appareil judiciaire, un homme s'érigea contre cette omerta d'État : le conseiller à la cour d'appel de Paris Serge Fuster ; le 9 février 1966, il signait dans *Le Monde* un pamphlet intitulé « La leçon des morts ». Sous le pseudonyme de Casamayor, le magistrat notait : « Décidément, nous ne sommes pas chics avec les morts, et ce n'est pourtant pas de leur faute. » Le juge à la plume verte regrettait la précipitation suspecte, la « hâte » du non-lieu. « Il existe au parquet de la Seine des dizaines et des dizaines de procédures ouvertes pour recherche des causes de la mort. Elles y sont depuis des mois, certaines depuis des années ; beaucoup n'ont même pas encore été confiées à un juge d'instruction, la police en reste chargée, elle cherche ou bien attend qu'un indice se révèle... » Dans le dossier Figon, la célérité de la justice ne fut pas prise en défaut, au contraire : « Peut-être a-t-on voulu éviter ce que certains appellent dans l'affaire Ben Barka un "déballage". Il n'y eut pas de déballage dans l'affaire Figon, pas de partie civile, pas de journaliste. Résultat : tout le monde soupçonne la justice. Aurait-on voulu enfoncer dans le public la conviction que Figon a été tué et qu'on est absolument décidé à étouffer l'affaire qu'on n'aurait pas agi autrement. »

Tout était dit. Serge Fuster paya d'un blâme la liberté de parole de Casamayor. Le juge avait décrit le ministre de la Justice, Jean Foyer, comme « le maître du non-lieu ». Il fallait que le pouvoir lui fasse payer son insolence. Fuster alias Casamayor n'abdiquerait pas. Il ne cessa de protester contre une imposture de principe, le fait qu'un ministère porte le nom d'une vertu, la Justice. La majuscule induit en erreur. Pierre Marcilhacy abonda dans ce sens. Ce sénateur non-inscrit de la Charente, qui finirait sa carrière solitaire au Conseil constitutionnel, décria toute sa vie les versions officielles frelatées. Candidat à l'élection présidentielle en 1965, il fonda l' « association des amis de la justice et de la liberté » quelques jours après la mort de Figon. Marcilhacy était l'un des hommes que le général de Gaulle regardait en levant les yeux ; il mesurait deux mètres au bas mot. À cette hauteur de vue, le sénateur regardait la vérité en face : « Dans le cas de Ben Barka, la victime a été arrêtée en France, torturée peut-être en France et tuée en France. Des Français, des fonctionnaires français ont prêté la main à ce crime [14]. » Inlassable pourfendeur des écrans de fumée, Marcilhacy ne croyait pas non plus, à tort ou à raison, qu'un ancien ministre de l'Éducation nationale retiré des portefeuilles, Joseph Fontanet, ait été abattu d'une balle « perdue » le 30 janvier 1980 alors qu'il fouillait le coffre de sa voiture devant chez lui, dans les quartiers chics de Paris : « Je ne saurais croire au hasard malheureux qui aurait causé la mort de ce parfait honnête homme qu'était Joseph Fontanet [15]. » Marcilhacy n'acceptait pas plus la thèse officielle concernant l'assassinat de l'ancien ministre Jean de Broglie, le 24 décembre 1976, sur un trottoir du XVIIe arrondissement de Paris. Les autorités avaient établi que le prince de Broglie avait été tué au pied de l'immeuble où le commanditaire du crime résidait. Ce commanditaire s'était donc tiré une balle dans le pied, et Marcilhacy n'y croyait pas. Le sénateur interrogeait : « Et pourquoi ne savons-nous toujours pas qui a armé le bras de celui qui a tué le prince de Broglie et pourquoi, sur ce sujet, a-t-on voulu au début de l'enquête nous faire prendre des vessies pour des lanternes [16] ? » Marcilhacy appréciait les allusions perfides de François Mitterrand à propos de la « noyade » de Robert Boulin. À l'aube du 30 octobre 1979, le ministre du Travail en exercice avait été retrouvé agenouillé dans une « mare à canards », un étang de la forêt de Rambouillet. Un « suicide impossible[17] », à croire Marcilhacy, sceptique sur la loi des séries. La profession de foi du sénateur contestataire : « On meurt beaucoup et beaucoup trop mystérieusement sous la Ve République, et je n'aime pas ça. »

La mare aux canards

« Sur ce que j'ai de plus cher au monde, sur la tête de mes cinq enfants et cinq petits-enfants je vous jure qu'il s'agit d'un suicide. »

Christian Bonnet, ministre de l'Intérieur (dans un courrier à Pierre Marcilhacy).

Au Panthéon parallèle, Robert Boulin repose dans un caveau très visité. Son suicide « dans cinquante centimètres d'eau » a valeur de mythe. Des anomalies de l'enquête, des manipulations grossières, des vols de scellés ont suscité un doute dans l'esprit public. À la longue, le doute, sédimenté, a mué en vérité d'évidence : Boulin a été « suicidé ». Devant les énigmes historiques, l'opinion publique est rarement perplexe. La *vox populi* a tôt fait de trancher les doutes. Plutôt que de parier sur la vérité, il faut revenir aux faits. Le 30 octobre 1979, Robert Boulin, ministre du Travail en exercice, quitte son cabinet sur le coup de 15 heures. Après un passage à son domicile de Neuilly, le recordman des maroquins ministériels congédie son garde du corps et son chauffeur, au motif d'un rendez-vous privé auquel il se rendra avec son propre véhicule. À son épouse, étonnée de le voir dans la salle de bains en plein après-midi, l'homme dont l'heure a sonné explique qu'il va voir son avocat. À la nuit tombée, sa famille s'inquiète. De nouvelles, point. Décision est prise de fouiller le bureau de l'appartement. L'épilogue sort de la corbeille à papier. Des bouts de papiers déchirés, assemblés tels un puzzle, livrent un message : « J'envisage de me noyer dans un étang de la forêt de Rambouillet où j'aimais beaucoup faire du cheval. Ma voiture 305 Peugeot est immatriculée 651 GX 92. »

À l'aube, une patrouille de gendarmerie découvre la voiture garée dans une clairière. À deux pas, à la surface de l'Étang du Rompu, flotte un cadavre, à plat ventre, en costume bleu foncé. Deux plongeurs des sapeurs-pompiers amènent le corps sur la rive. L'ancien membre du réseau « Navarre » dans la Résistance, qui fut député UNR de la Gironde puis le secrétaire d'État aux Rapatriés du cabinet Debré en 1961, a revêtu son masque mortuaire, violacé. Blessé aux yeux et pommettes, Boulin a les yeux mi-clos, comme s'il avait vu la mort en face. Sa dépouille allongée sur la berge apparaît la bouche fermée, les sourcils froissés, la mèche de cheveux aplatie. Le col de chemise tient droit, comme l'avant-bras droit, levé au ciel. Autour, sur le tapis de feuilles mortes, la maréchaussée et les policiers s'affairent. Sur le tableau de bord de la 305, les enquêteurs saisissent une carte de visite. Sous l'en-tête du ministère, une main, censément celle du défunt, a écrit au recto : « Les clefs de la voiture sont dans la poche droite de mon pantalon. » Et au verso : « Embrassez éperdument ma femme, le seul grand amour de ma vie. Courage pour les enfants. » La thèse du suicide, alors, ne fait aucun doute. Le « suicidé » a signé son geste. Il a avisé ses amis et ennemis de son acte par des courriers en guise de faire-part.

Chronique d'une mort annoncée dans la journée. Dès midi, c'est-à-dire plusieurs heures avant la mort de Boulin, le fils du ministre, Bertrand, entrevoit des enveloppes cachetées sur le bureau de son père. Le paquet l'intrigue en raison de l'identité des destinataires : Michel Debré, l'AFP, Jacques Chaban-Delmas, Achille Peretti, maire de Neuilly, Gérard César, suppléant de Boulin à l'Assemblée nationale. Dans cette missive, l'homme politique réputé probe défend son honneur, sali selon lui par « la collusion évidente d'un escroc paranoïaque, mythomane, pervers, maître chanteur et d'un juge ambitieux, haineux de la société, considérant *a priori* un ministre comme prévaricateur ». Pour résumer le sujet, Robert Boulin est alors empêtré dans une affaire qui menace de ternir sa réputation. Le jeune juge d'instruction Renaud van Ruymbeke suspecte à l'époque le ministre du Travail d'avoir commis l'erreur d'user de son influence pour tenter d'obtenir des permis de construire en faveur de l'un de ses amis, promoteur immobilier sans gêne. Propriétaire de terrains à Ramatuelle, Henri Tournet avait su rallier à sa cause mercantile l'homme en passe d'entrer à Matignon. L'escroc a même cédé une parcelle au postulant aux plus hautes fonctions. Après la mort de Robert Boulin, lors du procès de Tournet, les juges évoqueraient « une imposture commune » à laquelle l'ex-député de la Gironde se serait prêté. Ce parfum de scandale, Boulin ne le tolère pas. Il le ressent d'autant plus mal que le juge s'apprête à trouver, deux ou trois jours plus tard, la preuve de ce qu'il suspecte. Boulin le sait. Pour lui, c'est un désastre. C'en est fini de son espoir de remplacer Raymond Barre à Matignon. Son testament énonce sa défense, de l'introduction « j'ai décidé de mettre fin à mes jours » à la sentence finale « je préfère la mort à la suspicion, encore que la vérité soit claire ». La plaidoirie a été dactylographiée sur sa machine à écrire Olympia. Cela ne fait guère de doute : sa famille l'a vu, la veille, affairé à taper ses courriers.

Un mois plus tard, l'enquête de la brigade criminelle de Versailles conclut au suicide du ministre. Le rapport de synthèse du chef de la division criminelle relate que Robert Boulin a posté sa dernière correspondance dans la boîte de Montfort-L'Amaury. Un directeur de société y a vu Boulin remontant à pied la rue de Paris. L'autopsie a exclu qu'une balle ait percé les chairs du ministre. Observées, des lésions du tissu pulmonaire constituent un indice d'« asphyxie par submersion ». L'expertise toxicologique permet d'ébaucher le scénario. Dans le sang et les viscères, les experts décèlent du diazepam, le principe actif du Valium. Cette substance anxiolytique est une clé du mystère : la veuve du ministre, Colette, indique qu'elle a constaté « l'absence récente de ce médicament dans la réserve qu'elle avait constituée [18] ». Somnolant, ivre de vertiges, mû par la fatalité consentie, le ministre aurait vacillé jusqu'à l'étang, rampant à moitié et se cognant contre terre, avant de s'enfoncer dans la vase pour s'y noyer en position de « prière du musulman ».

Empruntant à l'Évangile (Mathieu 8, 21), le président de la République Valéry Giscard d'Estaing réclame « qu'on laisse les morts enterrer les morts ». Le texte biblique incite à aller de l'avant, laissant le passé derrière soi. Avec son « il n'y a pas d'affaire Boulin », Raymond Barre clôt tout aussi sec toute velléité de polémique. « Bobby », comme l'appelle son épouse, a choisi la mort, un point c'est tout. La famille est du même avis. Bertrand Boulin publie un livre afin de « rendre tout son sens profond [19] » à l'acte paternel. Mais le deuil n'a rien d'un long fleuve tranquille. Les flux et reflux de la mémoire, les intermittences de l'esprit et les signes de l'actualité font resurgir le spectre d'un assassinat, jusque-là dessiné par la seule rumeur. En 1983, Colette Boulin certifie à la télévision que la thèse officielle du suicide est erronée. Premier argument : « Mon mari était très catholique. Il était contre le suicide[20]... » Devant les caméras, la veuve rapporte que le jour de la disparition de son mari, le 29 octobre en fin d'après-midi, un conseiller du ministre est venu à l'appartement de Neuilly annoncer son assassinat. Si la scène est exacte, elle s'est déroulée une nuit avant que le corps ne soit localisé et la mort par « suicide » rendue publique. Selon Colette Boulin, la mort de son mari était donc déjà connue de cercles ministériels à l'heure où les proches se rongeaient les sangs dans l'ignorance. Mais alors pourquoi ne pas avoir fait part de cet incident plus tôt ? L'intuition d'une manipulation, concéda la veuve, lui vint quelques années après, comme une conversion. Dès le premier jour, elle en avait quand même eu la prescience. En levant le linceul sur le visage tuméfié de son époux, elle avait vu sur sa face les stigmates d'un martyre : « Quand on m'a ramené le corps de mon mari après l'autopsie et que je l'ai vu blessé, on a commencé par me dire : "Taisez-vous." Quand on m'a interrogée, on m'a dit : "Ça ne s'est pas tout à fait passé comme ça, mais vous n'avez pas le choix. Dans votre intérêt et dans l'intérêt de vos enfants, vous allez dire que votre mari a pris vos médicaments." Cela m'a paru un peu suspect, un peu bizarre. »

La famille entreprend dès lors de mettre en lumière la série de lacunes ayant émaillé l'enquête, elle dépose plainte contre X pour « homicide volontaire ». La tentative échoue huit ans plus tard quand, en 1991, un non-lieu est ordonné. « La magistrate, qui venait d'être saisie, a bouclé le dossier sans avoir pris le temps de le lire », vitupère Fabienne Boulin, la fille de l'homme politique. « Nous avons repéré cinquante anomalies dans la procédure[21] », proteste-t-elle. De fait, les épisodes de la saga judiciaire ont réservé des surprises. La première anomalie est couchée sur le papier l'après-midi du 30 octobre 1979, jour de la découverte du cadavre. Les docteurs Bailly et Deponge notent dans leur rapport qu'un magistrat vient de les dissuader d'opérer le cadavre dans les règles de l'art. La justice a entravé le bras de la médecine légale. Ils ont renoncé à l'examen du crâne « sur directives du procureur de la République ». Les praticiens de l'autopsie mentionnent-ils l'ordre dans leur rapport à dessein, pour consigner un procédé qu'ils réprouvent ? Interrogé par des journalistes[22], le substitut présent à l'autopsie ne conteste pas la scène. Sauf qu'il en a reçu l'ordre, argue-t-il, du chef de cabinet de Boulin. À l'époque, la famille dénonce une « parodie ». En 1984, la parentèle stigmatise la « forfaiture » du parquet de Versailles. Ironie de la chronique judiciaire, le garde des Sceaux est alors Robert Badinter. L'homme qui abolit la peine de mort en France avait été le premier avocat de la partie civile sur ce dossier. Voilà que, pour défendre le ministère public, le ministre de la Justice dépose plainte contre ses anciens clients.

La famille a obtenu que le corps de Robert Boulin fût exhumé pour subir une seconde autopsie. À la fin de 1983, trois experts ayant œuvré à Bordeaux font une trouvaille de taille, même si c'est de petite taille, sur la face de Boulin. « Une petite fracture de 3 millimètres » au bout du nez et une « fracture de la portion nasale du maxillaire supérieur gauche », mesurant environ « 10 millimètres de long ». Le premier radiologue n'avait rien vu. En conclusion, Boulin a subi un « traumatisme appuyé » au visage. Peut-être à la sortie de l'eau. Plus probablement « de son vivant ». Trois médecins légistes critiquent le travail de leurs collègues à l'autopsie initiale. En résumé, les premiers n'ont pas établi de preuve scientifique du suicide.

Bâtisse assez laide coincée entre les berges de la Seine et une rue passante, l'Institut médico-légal est hanté par les cortèges de macchabées qui y défilent chaque jour. Mais il faut croire que le lieu abrite aussi des fantômes. Son esprit scientifique interdit à Juliette Garat d'y croire, mais elle a le souvenir de drôles de phénomènes. La vieille dame digne, autrefois membre éminent de l'Institut médico-légal, a l'émotion au visage quand lui reviennent en mémoire les péripéties des entrailles de Boulin[23]. Juste après l'autopsie, Juliette Garat reçut pour mission d'analyser les viscères et les urines du ministre défunt. Avec le professeur Roger Le Breton, elle mit en évidence des quantités de « diazepam » dans le sang de Boulin, la preuve qu'il avait ingurgité du Valium. Sa mission effectuée, Juliette Garat a reposé les viscères du ministre dans des bocaux sous scellés. Songeant qu'une contre-expertise pourrait être demandée, elle s'abstint de détruire les restes. En octobre 1980, Juliette Garat ouvre la glacière où les fragments de viscères et un flacon de sang du ministre sont conservés. Stupeur ! La fiole sanguine a disparu[24] ! La police des polices, chargée de l'enquête, ne parvient pas à éclaircir la mystérieuse disparition. Roger Le Breton réclame alors un réfrigérateur avec cadenas pour y entreposer les bocaux de viscères qui n'ont pas été dérobés. En 1984, le juge Yves Corneloup, qui a repris l'enquête sur les circonstances de la mort du ministre, demande que lui soient livrés des fragments de poumons *a priori* conservés dans du formol. La direction de l'Institut médico-légal lui assure que le bocal a été stocké dans une volige du cimetière de Thiais. Ce sont des extraits précieux. Le premier juge n'a pas recherché les diatomées, qui auraient permis de savoir si Robert Boulin respirait encore lorsqu'il a plongé la tête dans l'eau ou si le cadavre a été déposé dans l'étang après coup. Le second juge d'instruction veut savoir. Pour éviter de fouiller la volige, les services de police allèguent que les bocaux en question ont été entreposés sous un monument érigé en gratitude pour les donneurs d'organes. Bref, il en coûterait, selon un devis, 250 000 francs[25] pour sonder ces archives périssables. Trop onéreux. Le magistrat insiste. Alors les pelleteuses débarquent à la division 102 du cimetière de Thiais. Mais la préfecture de police s'est ravisée. Il n'est plus question de fouiller sous le monument. Les autorités prétendent que les bocaux sont en fait à un nouvel endroit. Les pelles mécaniques creusent finalement un carré en pelouse. Les recherches restent vaines. Un mauvais sort semble attaché aux scellés de l'affaire Boulin. En 1986, le docteur Le Breton reçoit un courrier comminatoire du chef de cabinet du préfet de Police, qui a autorité sur le labo de « toxico ». Le Breton a trois semaines pour vider son réfrigérateur des échantillons mis sous clé. En réponse, le professeur indique qu'il contient des restes d'organes humains de célébrités ; de Boulin mais aussi de René Lucet, directeur de la Caisse d'assurance maladie de Marseille, retrouvé suicidé en 1981 avec « deux balles » dans le crâne. Le Breton : « Ces scellés ne sont pas à moi. » En clair : la procédure en cours sur la mort de Boulin impose de les garder à la disposition de la justice. L'épilogue ne déçoit pas les amateurs de mystères : la porte du réfrigérateur sera fracturée, les bocaux enterrés semble-t-il au cimetière de Thiais où la justice sera bien en peine de les dénicher. « Opération de camouflage », accuse la famille[26].

Cette chaîne de malfaçons s'allonge. Ayant diligenté des écoutes téléphoniques, le juge Corneloup reçoit sur son bureau une retranscription compromettante pour la police. La conversation se déroule en octobre 1985, six ans après la mort de Boulin. Au combiné, le maire de Saint-Léger-en-Yvelines, François Pic-Paris ; au bout du fil, son avocat. L'élu narre à son conseil une visite qu'il a reçue dans l'après-midi, d'un « inspecteur du quai des Orfèvres ». En cause : le certificat de décès du ministre signé par l'édile, manifestement modifié. Le policier voulait inciter le premier magistrat de la commune à ne pas révéler ses secrets. Le maire s'interroge. Doit-il, malgré les pressions, raconter à la justice la raison des ratures sur le certificat de décès ? Qu'un soir, au tout début de l'affaire, un policier a sonné à la porte des amis chez lesquels il dînait, pour venir chercher la nouvelle mouture de l'acte que le procureur réclamait. Il lui avait fallu obtempérer, et écrire que Robert Boulin était décédé le 29 octobre, et non plus le 30, comme dans la première version. Devant la réticence du maire, le procureur se serait énervé : « C'est pas un petit maire de campagne qui va m'apprendre mon métier ! » Ainsi l'heure officielle de la mort a-t-elle été avancée. Pour quelles convenances ?

Que Robert Boulin ait plongé de sa propre initiative dans les eaux ou pas, le serviteur de l'État méritait que l'on fasse la clarté sur sa mort, pour éviter que son âme ne soit ballottée dans les limbes de l'histoire. Mais le mystère n'est pas levé. Sur son cadavre, les lividités sont apparues là où les traîtres plantent les couteaux, c'est-à-dire dans le dos. La doctrine des légistes enseigne que ces traces affleurent sous la peau à l'endroit où reposent les cadavres. En l'espèce, il flottait sur le ventre. Les lividités auraient dû logiquement s'y trouver, plutôt que sur le dos. Est-ce à dire que Boulin passa les premières heures de sa mort couché sur le dos, avant d'être plongé dans l'Étang du Rompu ? Une cicatrice autour du poignet droit de la victime intrigue les proches de l'ancien ministre. A-t-il été ligoté, menotté ? Le 29 avril 2002, le nouvel avocat de la famille demande au procureur général de Paris d'ouvrir une enquête sur toutes les failles des recherches initiales. Il veut au moins que la justice fasse amende honorable, et reconnaisse ses ratés, ses loupés[27]. Jean-Marc Fedida estime que le climat politique a influé sur l'enquête. À l'époque, le ministre du Travail apportait au président de la République une caution gaulliste. Cette légitimité allait se diluer dans les eaux de l'Étang du Rompu et manquer à Valéry Giscard d'Estaing au scrutin de 1981. La mort de Boulin effaçait aussi un facteur de division au sein du mouvement gaulliste. Elle n'était pas gênante pour tout le monde.

La niche des chiens

« Je ne me suicide pas, moi. »

Georges Marchais [28]

Robert Boulin s'apprêtait, à tort ou à raison, à entrer à Matignon, Pierre Bérégovoy venait d'en sortir. Le natif de la Gironde diffusa sa prose avant son trépas, le Nivernais mit fin à ses jours sans laisser un mot à sa famille. L'instant d'avant leur trépas, les deux hommes, le maire de Libourne et celui de Nevers, ont congédié leurs gardes du corps ; on raconta que les deux hommes politiques se suicidèrent afin d'échapper à des juges d'instruction trop curieux. Les deux veuves, Colette et Gilberte, doutaient que leurs maris aient commis d'eux-mêmes le geste fatal. Pour l'un et l'autre, la version officielle est tombée vite. Le corps en flottaison de Boulin fut découvert à 8 h 40, mais dès 13 heures les radios annonçaient son suicide, sans évoquer la possibilité d'un assassinat ; Bérégovoy s'est tiré une balle dans la tête juste avant 18 heures, et les journaux télévisés de 20 heures analysaient déjà les causes de son geste.

La dernière journée de Pierre Bérégovoy est entrée dans la légende. Les allées et venues de l'ancien Premier ministre dans sa ville chérie de Nevers ce 1er mai 1993, son itinéraire jusque dans les herbes folles de la berge du canal de Sermoise, où il s'est suicidé, appartiennent à la mémoire de la République. Sur cette journée, des secrets n'ont jamais été divulgués. De la dernière matinée de Pierre Bérégovoy, l'histoire a retenu la délégation de syndicalistes reçue à la mairie de Nevers. La famille n'a jamais parlé publiquement d'un appel téléphonique reçu ce matin-là. L'ancien chef du gouvernement a eu quelques instants en ligne un membre important de l'entourage de François Mitterrand, un ancien ministre de l'Intérieur. Bérégovoy a raccroché et sa famille l'a trouvé très affecté. Lors du déjeuner, l'homme politique qu'Edouard Balladur avait remplacé à Matignon n'a cessé de geindre. En début d'après-midi, Bérégovoy est revenu au Palais ducal. Avec un seul diplôme de tourneur fraiseur en poche, le militant socialiste avait réussi à y conquérir le fauteuil de maire avant de faire une carrière nationale. En milieu d'après-midi, Bérégovoy demande à son chauffeur de l'emmener au podium de la course cycliste du 1er Mai, érigé parc Roger-Salengro. Son banal et invisible chemin de croix amène ensuite le premier magistrat de Nevers sur les rives de la Loire, à une course de canoë-kayak. À 17 h 25, Pierre Bérégovoy, sourire figé, visage impassible, remet les coupes aux vainqueurs. L'homme politique profite de l'instant pour admirer la silhouette de sa ville, sur l'autre rive du fleuve. Revenu à la voiture, Bérégovoy s'assied seul à l'intérieur, pour téléphoner à son directeur de cabinet, Didier Boulaud. Pierre Bérégovoy raccroche le combiné. Il demande à son garde du corps, Sylvain Lesport, d'attendre Boulaud au camping municipal. Le maire sait que son ange gardien a oublié son arme de service dans la boîte à gants. Il indique à son chauffeur de prendre la direction de la Piscine de la Jonction. Passé la piscine, la voiture s'arrête au lieu-dit du « Peuplier seul ». Le passager veut passer un nouvel appel téléphonique, le dernier de sa vie. Comme à l'accoutumée, son chauffeur sort de l'habitacle par souci de discrétion. Cette ultime conversation est restée mystérieuse en dehors d'un cercle d'enquêteurs. Aucun journaliste n'a deviné quel avait pu être l'interlocuteur ayant recueilli ces paroles de fin. Les gendarmes, eux, ont été intrigués par cet appel. Bérégovoy a appelé une dame de ses connaissances, rencontrée quelque temps auparavant dans un avion, lors d'un voyage. Cette étrange femme n'avait aucun lien avec le monde politique ou administratif. À Matignon, le maire de Nevers l'avait invitée à déjeuner et il la voyait de temps à autre. Cette femme était provinciale et avait une adresse à Paris. Aux enquêteurs, elle expliqua avoir entretenu avec le Premier ministre des relations simplement amicales. Leur ultime conversation dura moins d'une minute. Elle avait du monde chez elle quand Bérégovoy l'a appelée et elle n'a pas pu lui parler. « On se rappelle », se sont-ils dit. Pierre n'avait rien d'alarmant dans la voix, raconte la femme sur procès-verbal. Le suicide l'a ébranlée. Malgré le choc, elle ne s'est pas manifestée aux autorités, gardant pour elle le secret de cet entretien définitif, jusqu'à ce que les gendarmes frappent à sa porte. Le bref échange s'est déroulé à un instant crucial. Juste avant ou juste après, Bérégovoy ouvre la boîte à gants de la voiture et se saisit du 357 Magnum que son vigile a laissé. Le chauffeur, Jean-François Ragouneau, n'a rien vu de la scène furtive. Son patron lui fait signe de reprendre le volant. La R25 effectue un demi-tour, en direction du canal latéral à la Loire, sur la commune de Sermoise. Le maire descend du véhicule et s'en va marcher sur la berge. Peu après 18 heures, un coup de feu retentit. Deux coups, selon certains témoins. Un quart d'heure plus tard, le garde du corps et le chauffeur accourent sur le chemin de halage. Ils ont deviné ce qui a pu se passer, en découvrant la boîte à gants vide, au retour du camping. Au bout de deux cents mètres, Sylvain Lesport et Jean-François Ragouneau découvrent leur employeur à terre. Il a perdu ses esprits, mais le cœur bat encore.

Pendant ce temps, la mécanique des secours se met en place. Pierre Bérégovoy est emmené par le Samu à l'hôpital de la ville. À 19 h 36, une dépêche de l'agence de presse Reuters annonce sa mort[29]. Le Nivernais va vivre encore deux heures. Après 21 heures, l'ancien Premier ministre est évacué en hélicoptère en direction de Paris. À 22 h 15, il cesse de respirer à la verticale de Pithiviers. À l'hôpital du Val-de-Grâce, le ban et l'arrière-ban mitterrandiens accueillent la dépouille. Le procureur de la République de Nevers, Dominique Le Bras, s'entretient au téléphone avec la direction des affaires criminelles et des grâces de la chancellerie. Faut-il procéder à une autopsie ? Le premier son de cloche est plutôt négatif. En résumé : la classe politique a peur. Finalement, la décision contraire est prise, pour éviter qu'une lacune de l'enquête donne lieu à des mystères comme dans l'affaire Boulin. Emmené dans une ambulance pour tromper la sagacité des journalistes, le corps est soumis à examen à l'Institut médico-légal avant d'être ramené par le même moyen à l'hôpital. La famille et les journalistes ne l'apprennent qu'après coup. Le matin du 2 mai 1993, le parquet de Nevers diligente une recherche des causes de la mort, confiée au juge Philippe Vannier. Le magistrat tente d'élucider les divergences entre les témoins sur le nombre de coups de feu. Les experts établissent que deux douilles ont été percutées dans l'arme de service du garde du corps. Bérégovoy a dû tirer deux fois. Une seule balle lui a perforé le crâne. Peut-être a-t-il d'abord tiré en l'air. La berge du canal contenait trop de déchets de métal en tout genre pour que les enquêteurs parvinssent à saisir les débris d'une balle. La police des polices enquête de son côté sur l'attitude du garde du corps ayant laissé son arme dans la boîte à gants de la voiture. Conclusion : le policier n'a pas désobéi aux règles.

La veuve de Pierre Bérégovoy ne doute pas d'abord du suicide. Puis, le temps passant, le vide d'explications l'incite à remettre en cause les évidences. Le juge Philippe Vannier a clos la recherche des causes de la mort sans trouver l'indice d'un assassinat. De douter, Gilberte n'a pas plus de raison que d'acquiescer à la version de la justice. L'esprit a comme le cœur ses raisons que la raison ignore. Elle s'étonne que les autorités ne lui aient jamais restitué le carnet noir Hermès de son époux [30]. Bérégovoy y avait-il noté un élément dérangeant pour l'Élysée, pour qu'il ait été ainsi subtilisé ? L'ancien Premier ministre avait cet agenda en poche lors de la cérémonie de remise des coupes après la compétition de canoë-kayak. Le président du club l'avait remarqué. En étant interloquée par la disparition du carnet, la veuve, aujourd'hui décédée, ne se trompait guère. Mais elle ignorait la véritable raison. Elle supposait que l'Élysée avait soustrait une preuve du « lâchage » de son mari par l'Élysée. Gilberte Bérégovoy laissait entendre, sans la moindre preuve, que Michel Charasse avait dérobé le carnet dans le bureau du maire de Nevers quelques heures après le suicide. L'ex-conseiller de l'Élysée est très agacé par cette suspicion, dont il se défend avec vigueur. L'après-midi du suicide, Charasse assiste à une Fête de la Rose dans le Puy-de-Dôme. Apprenant le drame, il renonce à son discours et se rend à Clermont-Ferrand, à la station de Radio-France, où il a cette phrase : « Je serais juge ou journaliste, je ne dormirais pas bien ce soir. » Il ne visite le bureau du maire, à ses dires, que le jour des obsèques : « Je n'assiste jamais à aucune cérémonie religieuse et les collaborateurs de Pierre Bérégovoy m'ont proposé de m'installer dans son bureau à l'hôtel de Ville pour suivre l'hommage au défunt à la télévision. Je ne suis donc allé dans son bureau que le temps de la messe[31]. » Et le carnet ? « Quelques mois plus tard, j'ai appris que sa famille – notamment sa veuve – s'étonnait parce que son agenda personnel de poche avait disparu. Je me suis discrètement renseigné auprès de ses proches, et j'ai appris que ce carnet aurait été saisi – comme c'est normal – par le procureur de la République aussitôt après son suicide et que le parquet ne l'aurait pas restitué. » Vérifications faites, il est exact que l'agenda a été saisi et jamais restitué. L'Élysée en a donné l'ordre, soi-disant pour éviter que Gilberte Bérégovoy aille fouiller la vie de son défunt mari.

Pierre Bérégovoy avait-il été lâché ? Son avocat de l'époque, Patrick Maisonneuve, réfute l'information selon laquelle le président de la République refusait de prendre son fidèle au téléphone : « J'ai assisté à des appels de soutien du président, quotidiens à la fin[32]. » Qu'on lui tende la main ou pas, Bérégovoy se noyait. De toute façon, Mitterrand avait toujours tenu des propos méprisants dans son dos. L'ancien Premier ministre a tiré sur sa propre tête comme Roger Salengro avait ouvert le robinet du gaz ; Roger Salengro, ministre de l'Intérieur du Front populaire, traîné dans la boue, insulté, victime d'agressions au motif qu'il aurait déserté pendant la Première Guerre mondiale, cet homme avait laissé pour Léon Blum une lettre d'explications. Pierre Bérégovoy n'en écrivit pas à sa famille, à François Mitterrand non plus. La comparaison avec Salengro a ses limites. L'ignominie de la campagne de presse des années 1930 n'a rien à voir avec la virulence modérée de celle des années 1990. L'ancien tourneur fraiseur promu Premier ministre par la grâce de son labeur était obsédé par une affaire qui n'aurait pas dû l'inquiéter, une suspicion sur un emprunt contracté auprès de Roger-Patrice Pelat, un homme d'affaires proche du président de la République. Sur un million de francs, Pierre Bérégovoy n'en avait remboursé que la moitié. Pour se défendre, les fils de Pelat ont fait preuve d'imagination. Ils ont raconté que le Premier ministre avait concédé des livres et objets anciens pour s'acquitter de sa dette. C'était faux. C'était de mauvaise stratégie. Pire, un piège. Bérégovoy ne sut se dépêtrer de cette tromperie éventée qui lui avait été imposée. Rien dans le dossier n'établissait qu'en contrepartie de l'emprunt, le Premier ministre se soit servi de ses fonctions pour aider Roger-Patrice Pelat. Sur un éventuel trafic d'influence, le juge d'instruction Thierry Jean-Pierre avait d'ailleurs cessé ses recherches, après des réquisitions du parquet déclinant tout indice de « caractère frauduleux ». Mais l'affaire faisait mauvais genre pour la légende de l'autodidacte et dans la tête du maire de Nevers cette histoire tournait en boucle. « Il ne parlait que de ça », se souvient l'un de ses soutiens des derniers jours.

Un mois plus tôt, le 28 mars 1993, la gauche avait été déchue lors du scrutin des législatives, laissant place sur les bancs de l'hémicycle à une chambre bleu horizon. Pierre Bérégovoy, que certains appelaient le « Petit Chose », avait ressenti une culpabilité excessive et il sombrait peu à peu dans une dépression emportant sa raison. Le 29 avril, l'ex-Premier ministre avait enfin cédé aux conseils amicaux qui l'incitaient à consulter un médecin à l'hôpital militaire du Val-de-Grâce. Ce premier rendez-vous prouva la gravité de la déprime. Date avait été prise pour la semaine suivante. Le soir du 1er mai, dans cette enceinte hospitalière où serait ramenée la dépouille, le médecin confierait à un proche du défunt : « S'agissant d'une telle personnalité, je ne pouvais tout de même pas ordonner un placement d'office. » Avec un patient « normal », dans un tel état de détresse, au fond du gouffre, c'eût été le cas. « Je vais aller très loin », avait annoncé l'homme politique à l'un de ses collaborateurs. « Il va se flinguer », aurait averti Michel Charasse.

La France s'est inclinée devant le cercueil de l'ancien

Premier ministre, sans que la communion funèbre dissuade les polémistes. Les sectateurs de François Mitterrand et ses contempteurs ont échangé des noms d'oiseaux. Soucieux de décliner sa responsabilité, le président lui-même choisit d'accabler la presse, coupable à ses yeux d'avoir relayé les soupçons sur l'affaire du prêt : « Toutes les explications du monde ne justifieront pas qu'on ait pu livrer aux chiens l'honneur d'un homme et finalement sa vie. » Cette phrase intentait aux journalistes un procès pour leur propension à s'intéresser aux coulisses du pouvoir. Dès la veille, dans le quotidien *Le Monde*, François Léotard avait compris le parti qu'il pouvait tirer du suicide de Pierre Bérégovoy. Ministre de la Défense, dans le collimateur de la justice et du *Canard enchaîné*, Léotard profita de l'occasion pour tirer à boulets rouges sur l'hebdomadaire satirique : « Pierre Bérégovoy est la première victime d'une nouvelle culture. À sa manière, il préfigure un holocauste à venir, non pas celui de la haine, mais celui plus raffiné, plus modeste aussi, de la dérision[33]. » En accusant les journaux de cynisme, Léotard ne tombait-il pas dans le travers qu'il dénonçait ?

Au crépuscule d'un second septennat finissant dans la sulfure médiatique, François Mitterrand sentait monter dans ses veines la ciguë du cancer qui le rongeait. Fasciné par l'au-delà qu'il visiterait à brève échéance, le président goûtait une passion morbide, une fascination macabre, du moins funèbre. Mais le président qui aimait les cimetières était trop fin pour ne pas se méfier des morts. Il les savait dangereux, aisés à manipuler. À tout prix voulait-il éviter que « ses » morts lui soient préjudiciables. Avec Bérégovoy, il avait eu un avant-goût. Un autre fidèle l'ayant servi toute sa vie lui donnerait du fil à retordre une fois outre-tombe. Le 7 avril 1994, en début de soirée, on trouva le gérant des secrets du président, François de Grossouvre, assis dans le fauteuil de son bureau du palais de l'Élysée. Aux alentours de 19 heures, le conseiller de l'ombre s'était logé une balle dans la tête avec son 357 Magnum. Cette fatale entreprise, il ne l'avait pas achevée dans un endroit anodin. Lui qui ne fréquentait plus guère son local de deux pièces dans l'aile ouest de l'Élysée avait choisi malgré tout d'y revenir pour quitter sa vie. Drame shakespearien mis en scène dans le décor d'un palais d'Ancien régime sacré par la République. À soixante-seize ans, le confident ne souffrait pas d'avoir perdu la confiance du chef de l'État. À l'éminence grise déchue, qui avait eu la charge de veiller aux services secrets, n'était dévolu depuis des mois que le devoir, subsidiaire, de gérer les chasses présidentielles. Pour tromper la déception de son amitié déçue, François de Grossouvre divulguait sans cesse ses griefs auprès de la cohorte de journalistes qui défilait à sa table. L'acrimonie exaspérait le président. Mais Mitterrand, pour qui la fidélité était vertu cardinale, rendit malgré tout hommage à cet ami. Il assista aux obsèques de l'homme qui, pour croire à son importance, ou peut-être pour la galerie, le suppliait de l'autoriser à « l'accompagner quelques mètres dans sa voiture[34] ».

Mal en prit à François Mitterrand de consentir à cette réconciliation de dernière minute. À Moulins, préfecture du département de l'Allier, dans la nef de l'église Saint-Pierre, le président fit l'objet de huées susurrées tout bas et, à son passage, des membres de la famille tournèrent le dos de manière ostensible. La parentèle de Grossouvre se garda d'interdire au chef de l'État de suivre le cortège derrière le cercueil, mais elle fit mine d'ignorer le président, pour lui signifier sa réprobation. Deux jours plus tard, l'un des fils du conseiller, Patrick de Grossouvre, vint avec sa sœur faire amende honorable dans le bureau du président. Le chef de l'État avait dû se sentir bafoué, humilié. Pour solde de tout compte, l'hôte pénétré de sa fonction assena à ses deux visiteurs un monologue sur la santé morale de leur père avant qu'il ne trépasse, défaillante à l'en croire. Les enfants s'avisèrent de protester contre ce qui, à leur sens, confinait au mensonge. D'un revers de manche, le chef de l'État trancha : « Ni la famille ni moi n'avons intérêt au tumulte des médias qui va se calmer de lui-même [35]. »

L'homme à la barbiche style IIIe République venait de jouer un coup pendable. « Belphégor », ainsi qu'il se surnommait, avait distillé un poison de son vivant. « S'il m'arrive malheur, c'est qu'on m'aura tué [36], clamait-il. Ils auront ma peau. J'espère que vous ne m'oublierez pas, que vous saurez défendre ma mémoire. » Le septuagénaire disert a fait une confidence à l'écrivain Gilles Perrault deux mois avant son échéance : « On va m'attaquer [37]. » Il ne se trompait pas. Les proches du président n'attendirent pas que sa dépouille ait refroidi pour retourner ses amabilités. En résumé, des langues mauvaises racontèrent les « crises de démence » du conseiller, sa « névrose terminale », sa « peur de vieillir », *et cetera*. Il fallait réduire le suicide à un acte de folie pour lui retirer tout sens symbolique. Et il convenait, selon Martine Aubry, d'éviter « une exploitation politique de ce suicide comme on l'a vu lors du décès de Pierre Bérégovoy [38] ». Il fallait faire taire le cadavre avant qu'il ne parle. Un conseiller à l'Élysée avait eu l'idée de déplacer le corps et de l'emmener à son domicile. Là, on aurait fait en sorte de trouver de Grossouvre mort dans son lit. Le chef de la sécurité de l'Élysée, Christian Prouteau, empêcha que cette bêtise ne fût commise. Un tiers aurait-il appris pareille simulation que la Présidence aurait été suspectée d'en avoir fait plus et d'avoir commandité un crime. Les services de l'Élysée ne sont pas restés inertes en dépit de cette sage précaution. Dans la nuit, des agents du Groupe de sécurité de la présidence de la République ont procédé à une « visite domiciliaire » dans l'appartement du quai Branly où vivait François de Grossouvre. Le conseiller y avait-il entreposé des documents compromettants dont il valait mieux se saisir avant que la police judiciaire vienne à son tour fouiller les archives ? Le fils du défunt, Patrick de Grossouvre, le croit.

Consul général de Monaco à Lyon, cet homme circonspect et prudent se souvient que François de Grossouvre avait commencé à rédiger ses mémoires et que son manuscrit a disparu le soir de sa mort. Lorsque le fils a ouvert la porte de l'appartement de son père quai Branly le lendemain, la penderie et les chaussures étaient en état de fouillis, comme après un cambriolage. Le consul général ne comprend pas non plus que le rapport de police omette de mentionner, dans la liste du mobilier du conseiller, le coffre-fort de son bureau. A-t-il été dérobé avant que les agents de la 1re division de police judiciaire parisienne arrivent ?

De la mort de son père, Patrick de Grossouvre ne sait trop quoi penser. Pour résumer, il nourrit des doutes[39]. Il sait pertinemment que le conseiller, rétrogradé responsable du comité des chasses présidentielles, s'enfonçait comme le maire de Nevers dans une dépression. Le 7 avril 1994, père et fils ont déjeuné ensemble. Le père avait perdu le goût de la vie. Le fils sait aussi qu'un médecin, Raymond Soubielle, a déclaré sur procès-verbal avoir rencontré de Grossouvre en fin d'après-midi dans son bureau, lequel lui aurait parlé du suicide, et même de Pierre Bérégovoy. Mais le consul de Monaco à Lyon a d'autres éléments. Son père a envoyé des fleurs à l'épouse du président de l'Assemblée du Gabon en fin d'après-midi, confirmant qu'il viendrait dîner ce soir-là. Vers 18 heures, François de Grossouvre a longuement parlé au téléphone avec un graveur sur armes, à propos de deux gravures dont il lui avait passé commande. Surtout, Patrick de Grossouvre s'interroge sur des éléments de l'enquête de la 1re division de police judiciaire. Dans le rapport légiste, il a relevé une constatation de l'autopsie : « Le corps de mon père présentait une luxation avant de l'épaule gauche et une ecchymose à la face[40]. » Avait-on procédé sur son père à une « torsion arrière du bras pour le contraindre » à une prise de type « double Nelson » ? Le fils de la victime pose une autre question : des trous au plafond du bureau de son père, percés par des impacts de balle, n'ont pas donné lieu à une expertise balistique. Pourquoi ?

Un autre homme entretient le mystère sur le suicide de François de Grossouvre : le capitaine Paul Barril. Ancien patron du GIGN, ce gendarme est passé par la cellule antiterroriste de l'Élysée dont il fut éconduit pour avoir été cité dans l'affaire des Irlandais de Vincennes. Le capitaine avait été suspecté d'avoir falsifié une perquisition pour accabler trois suspects de terrorisme proches de l'IRA. Il a obtenu un non-lieu dans ce dossier en janvier 2002 mais continue à concevoir amertume et animosité à l'encontre de ses frères ennemis de la période élyséenne. Paul Barril fait part de ses doutes : « François de Grossouvre m'a dit quelques jours avant sa mort qu'un membre important de l'Élysée faisait tout pour récupérer les archives qu'il détenait[41]. » L'ancien de la cellule conçoit mal que, dans le palais, personne n'ait entendu un tir de Magnum 357, aussi tonitruant « qu'un coup de tonnerre ». Barril, qui aime à jouer avec les miroirs de la vérité, énumère avec plaisir les morts sous la présidence Mitterrand réputées, à tort ou à raison, mystérieuses. En bonne place dans ce florilège : le décès de Roger-Patrice Pelat en mars 1989. « Il avait été hospitalisé à Paris alors qu'un juge enquêtait sur ses affaires, gênantes pour l'Élysée. Son bilan de santé était bon, il devait sortir le lendemain. Pelat reçut la visite d'un personnage important de la mitterrandie et est décédé une demi-heure après. Je ne dis pas que ce visiteur a glissé de la digitaline dans la boisson de Pelat, mais la coïncidence est tout de même troublante. » Aucun poison n'a sans doute été versé dans le verre de Pelat. Mais ces affaires empoisonnent la vie publique.

Le garde champêtre

> « Peut-être quand nous mourrons, peut-être la mort seule nous donnera la clef et la suite et la fin de cette aventure manquée. »
>
> Alain-Fournier, *Le Grand Meaulnes*.

La chronique rurale plaît parfois aux amateurs de mystère, à condition d'odeurs d'intrigue et de sang mêlées. Le « suicide » de Georges Vigier se déroule dans une petite bourgade du département de l'Allier, au nord de la ville thermale de Vichy, à quelques dizaines de kilomètres de la propriété de François de Grossouvre à Lusigny. À Vendat, les terres servent de terrains de chasse. Dans ce village en pentes douces, Georges Vigier officiait comme garde champêtre. Le 12 février 1994, au carrefour du bois des Souches, des bûcherons découvrent son corps « en position décubitus ». La scène relève de l'art pictural. Le cadavre de Georges Vigier repose devant une carcasse de fourgon automobile, une épave servant de réserve de bois. De ce combustible, les chasseurs usent pour le chauffage d'un cabanon, où ils se donnent d'habitude rendez-vous. « À une courte distance du corps[42] », le fusil de la victime tient accroché à une pointe enfoncée dans le tronc d'un noisetier. Pour compléter le tableau, une camionnette est garée à l'arrière-plan, portes arrière ouvertes. Un œil sur une toile se focalise sur un point : ici, la vue hésite entre la flaque de sang sur le plancher de la voiture et l'orifice d'une balle sur le toit. Tel un critique d'art pratiquant une exégèse, l'expert légiste scrute les détails lors de l'autopsie. Il constate sur le corps de Vigier « deux plaies thoraciques superficielles » ; deux balles sont entrées et sorties du torse du quadragénaire, en suivant la ligne tangente. Le docteur repère sous le menton une autre trace, correspondant à un « tir de fusil à bout touchant ayant fait exploser la boîte crânienne ». L'encéphale a été à moitié pulvérisé sur sa partie gauche. Un second expert regarde de près les traces de brûlures et de poudres laissées autour de l'orbite de l'œil droit. Il devine à cet endroit un coup de feu à bout portant. Si tel est le cas, le tir sous le menton n'a peut-être pas « entamé de partie vitale ».

Les gendarmes de la brigade territoriale de Bellerive-sur-Allier et de la brigade de recherches de Vichy n'ont pas de mal à établir l'emploi du temps de Georges Vigier. Cet agriculteur de quarante-deux ans, vendeur de stères de bois, gardien de l'une des trois « chasses » de Vendat, a quitté sa maison de bon matin pour s'adonner à son sport favori en compagnie de chasseurs de l'association locale. L'amateur de gibier entreprend de « faire le pied », c'est-à-dire le tour du carré de bois pour y flairer le sanglier, en deviner les empreintes dans la terre et suivre la bête à la trace. La piste que suit le paysan le mène à son destin. À 8 h 15, l'homme du bocage furète encore. Deux bûcherons passent au carrefour du Bois-des-Souches sans voir ni sa voiture ni lui-même. Quelques minutes après, ces témoins entendent « cinq ou six coups de feu ». Le juge d'instruction de Vichy organise une reconstitution. Les conclusions sont aberrantes. En résumé, le magistrat défend l'hypothèse du suicide selon le scénario suivant. Le garde, « placé à l'arrière de sa camionnette, aurait appliqué l'arme contre sa gorge et tiré, la balle traversant le bas de sa tête pour ensuite perforer le haut du véhicule[43] ». Encore vivant, encore conscient, Vigier se serait alors consacré au second acte de son propre chemin de croix. « À la suite de ce coup de feu, il se serait levé, serait allé vers la carcasse de fourgon automobile distant d'une bonne dizaine de mètres, aurait accroché son arme contre l'arbre par le pontet. » Le scénario n'est pas terminé. Son fusil accroché à l'arbre, le garde champêtre aurait eu un geste maladroit qui l'aurait fait appuyer sur la détente par mégarde. Ce tir involontaire l'aurait blessé au thorax. Toujours selon le juge, le bourreau de lui-même aurait encore eu la force de se saisir du canon de l'arme et de l'appliquer près de sa tempe droite. Dans un ultime effort, le garde-chasse déjà criblé de balles aurait pris le bout du canon en main, l'aurait tiré vers lui, de sorte que la pointe de charpentier sur laquelle était accroché le fusil presse sur la détente et lui inflige un tir fatal.

Cette description d'une fusillade sur soi-même a un tour surréaliste, tant la scène requiert de persévérance et d'adresse. De cette invraisemblance, le magistrat ne se rend pas compte. En juillet 1987, le juge de Vichy notifie un non-lieu aux parties civiles. Il estime avoir eu affaire à un suicide. Les conseillers de la chambre d'accusation ne sont pas de cet avis. À leur manière prudente, ils écrivent n'être pas certains « que Georges Vigier ait lui-même attenté à sa vie ». Faute d'éléments, ils confirment le non-lieu. Relégué dans l'anonymat des greffes judiciaires, le garde champêtre de Vendat a tout de même sa place au Panthéon des réprouvés, car un hebdomadaire d'extrême droite a exhumé sa mémoire pour s'en servir. *Minute* a suspecté que Vigier ait pu être liquidé pour avoir été témoin d'une scène gênante pour des notables, « du beau linge pas tout à fait propre[44] ». L'affaire est la suivante. À l'automne 1993, des protagonistes d'un dossier de Bobigny étaient soumis à un contrôle judiciaire leur interdisant de se rencontrer. En dépit de cette mesure, ils se sont réunis à Vendat, dans un parc à sangliers de deux cent cinquante hectares, propriété de la Caisse des dépôts et consignations. Les deux inculpés, un juge suppléant du tribunal de commerce de Bobigny et un administrateur judiciaire de renom n'ont pas été assez discrets. Le juge en charge de cette affaire commerciale l'a appris et a pris ses dispositions en écrouant l'un des fautifs à la prison de Bois-d'Arcy. Le lendemain, Vigier est abattu. Les deux événements sont liés, selon *Minute*, qui raconte à ses lecteurs que le garde-chasse a été témoin de l'entrevue interdite. De bonne ou de mauvaise foi, le journal commet une erreur sur la personne. Georges Vigier n'a rien vu, mais Henri, son père, oui[45]. Selon son avocat, la famille n'a d'ailleurs jamais cru à cette hypothèse, selon laquelle le garde-chasse aurait été tué pour solder les comptes, pour punir la famille d'avoir trop parlé à la justice. Georges lui-même avait bien été entendu par la gendarmerie quelques jours auparavant, mais parce qu'on l'avait suspecté d'avoir volé un sanglier sur une autre propriété. Le garde-chasse avait contesté ce détournement de gibier. De la fausse coïncidence, le journal *Minute* a profité pour citer les noms d'habitués des chasses de Vendat : selon l'hebdomadaire, Gilles Ménage, directeur de cabinet de François Mitterrand, et le patron de la cellule antiterroriste de l'Élysée Christian Prouteau venaient s'adonner au plaisir de la chasse sur ces terres de l'Allier. Lors du cénacle litigieux des inculpés de Bobigny, étaient également présents : Yves Rocca, ancien inspecteur des services judiciaires, et Philippe Léger, directeur de cabinet du garde des Sceaux alors en fonction, Pierre Méhaignerie. Par pur hasard, Léger est devenu un habitué des suicides retentissants. Au cabinet du ministre de l'Intérieur Alain Peyrefitte, il avait eu à connaître de la noyade de Robert Boulin. Parfois l'histoire bégaie : à peine nommé directeur de cabinet du ministre de la Justice Pierre Méhaignerie, Philippe Léger apprenait le suicide de Pierre Bérégovoy. Sous sa gouverne, des garanties judiciaires ont été prises pour éviter que se répètent les erreurs de l'affaire Boulin, qui ont entraîné tant de suspicions [46].

Suicide, mode d'emploi

« Les morts, il faut bien que cela serve à quelque chose. »

Un vieux truand

Comme des anthropophages, prompts à user de leur force pour le partage des carcasses, les Machiavel de salon s'arrachent parfois les cadavres. Les Tartuffe de la cuisine politique les arrangent à leur sauce tandis que les Suétone de la presse croquent leurs vies privées. Les Pantagruel de salon n'ont plus qu'à ripailler en devisant. La dépouille de René Lucet, ancien responsable de la « Sécurité sociale », a subi pareils outrages posthumes. Directeur général de la Caisse primaire d'assurance maladie (CPAM) de Marseille, cet homme qui n'avait rien d'un tendre s'est « suicidé » par arme à feu le 4 mars 1982, au lendemain de sa mise à l'écart par le gouvernement socialiste. Dès lors, la droite a tiré sur un bras, la gauche s'est acharnée sur l'autre. Les partis guerroyèrent sur les membres épars de l'écartelé. Le directeur de la CPAM avait été engagé dans une bagarre à cor et à cri de son vivant ; le Janus de la Sécurité sociale serait mobilisé à son corps défendant après sa mort. René Lucet repose au Panthéon des morts réputés mystérieux. À jamais, il porte l'épitaphe légendaire du « suicidé de deux balles dans la tête ». La mémoire collective, forme érodée de la chronique judiciaire, retient les insignes. « Deux balles dans la tête » est une étiquette comme « noyé dans une mare à canards », une formule se prononçant avec l'ironie à la commissure des lèvres, sur le ton de l'évidence, comme on le fait d'une mauvaise escroquerie dont personne n'est dupe.

Par ses outrances, René Lucet ne laissait personne indifférent. Il était le porte-drapeau d'une guerre politique de tranchées, de celles que l'on se livrait encore au début des années 1980 sur le champ politique français. Les « conservateurs » vouaient un culte à l'Hercule de la saine gestion, chargé du nettoyage des écuries d'Augias de la Sécurité sociale. Les « progressistes » vouaient aux gémonies le héraut anticommuniste, capable d'écrire que « si la CGT triomphe à la sécurité sociale, c'est les chars russes qui rentrent dans la caisse[47] ». Fils d'un propriétaire de cinéma de Fontainebleau, Lucet était entré à la Caisse d'allocations familiales de Melun en 1964, fort d'une licence en droit. Modeste employé aux écritures, le jeune homme débordant d'énergie et d'ambition avait fait un détour de carrière par Paris avant de prendre la direction de la Caisse de sécurité sociale de Melun puis d'être promu en 1979 à la tête de la Caisse d'assurance maladie de la ville phocéenne. À ce poste, ses procédés de « management » moderne ont fait merveille. La qualité de la prestation de service s'en est ressentie : délais de remboursement réduits, absentéisme en forte régression, le directeur obtenait des succès. Mais ses méthodes brutales, quasi martiales tant il s'appuyait sur le syndicat FO pour enfoncer la CGT, étaient contestées. Le 10 mai 1981, à l'heure où les présentateurs de télévision annoncent l'élection de François Mitterrand à l'Élysée, Lucet devine que son marquage politique à droite compromet son avenir professionnel. Le fonctionnaire a raison. La ministre de la Solidarité nationale du nouveau gouvernement socialiste, Nicole Questiaux, dépêche l'Inspection générale des affaires sociales sur le Vieux Port. Les fins limiers relèvent que Lucet, depuis son arrivée à la tête de la plus grande caisse de France, a quadruplé les frais de mission et de réception. « Il a vécu aux frais de la princesse », conspue la CGT. Dans leur rapport, les inspecteurs dénoncent pêle-mêle un « style de réception qui incluait cigarettes et Champagne », l'achat d'une Peugeot 604 turbo, le recrutement de quatre chauffeurs promus « attachés de secrétariat ». Les Columbo du ministère relèvent par ailleurs que Lucet, « recevant un administrateur de la CNAMTS [...], l'emmenait à Monte-Carlo où il le traitait au restaurant[48] ». Avec sa propension à la provocation, Lucet rétorque dans sa réponse officielle : « Heureusement que j'ai pris en charge à Monte-Carlo les danseuses sur mes deniers personnels. » En ajoutant cette parenthèse moqueuse : « Impensable, mais parfois l'ironie est la meilleure forme du mépris[49]. »

« Seule une balle pourrait m'arrêter », avertit cet homme à la mâchoire solide. Il dit vrai. L'avant-veille de sa mort, le ministère de la Solidarité nationale lui a notifié son « retrait d'agrément ». Dépourvu de sa raison d'être, écarté d'une mission qu'il exerçait, selon ses sectateurs, tel un sacerdoce, René Lucet songe à un baroud d'honneur. « Puisqu'il en est ainsi, on parlera de moi, demain, à la radio et à la télévision nationale », avise-t-il le directeur de l'Union patronale des Bouches-du-Rhône[50]. En quittant pour la dernière fois son bureau, le directeur général aux cheveux gominés lance le V de la victoire à la manière du général Mac Arthur. Avec sa gueule d'acteur de polars, le patron déchu se tient droit pour la galerie, par bravade, mais il a mis le genou à terre. L'hyperactif rumine peu ou prou le refrain fredonné par Anna Karina dans le film de

Godard : « Qu'est-ce que je peux faire, il n'y a rien à faire. » Le soir du 3 mars, de retour à son domicile, une bâtisse du quartier Saint-Barnabé à Marseille, Lucet dîne sans appétit. Il s'absente près d'une heure pour acheter des cigarettes. Dans son lit, l'homme d'autorité privé de son pouvoir ne parvient pas à trouver le sommeil. L'appel des dossiers lui est un chant des sirènes. Le congédié plonge dans ses notes d'un geste compulsif, allant et venant d'une pièce à l'autre comme un Amok. Son épouse, Françoise, raconte cette nuit blanche : « J'étais à ses côtés et nous avons discuté de ce retrait d'agrément brutal qui lui semblait totalement injuste et qui le bouleversait[51]. » Vers 6 heures du matin, narre la jeune femme, son mari demande un verre d'eau. Elle obtempère. Une fois à la cuisine, à l'étage en dessous, elle sursaute car un bruit retentit « comme une porte qui claque fortement ». L'épouse ne comprend pas. « Immédiatement après, ayant fait quelques pas, j'ai entendu un second bruit qui m'a fait penser à une détonation. » Dans la chambre, la mère de deux enfants se découvre veuve. L'être cher qui vient de l'envoyer au robinet gît sur le lit, couché en chien de fusil sur le flanc gauche, le bras droit étendu, paume en dessus, un revolver de calibre 38 spécial posé dans sa main.

Ce geste allume d'habitude une mécanique logique, un engrenage de procédures. Mais la mort de René Lucet échappe vite à la règle rationnelle, polémique politique oblige. Le cadavre de Lucet pas encore refroidi, la droite le promeut « première victime de la chasse aux sorcières ». En cause, selon les contempteurs du gouvernement socialiste : l'« intolérance » du régime. Nicole Questiaux est clouée au pilori comme une criminelle, tandis que l'on sanctifie René Lucet, loué tel un saint Georges ayant succombé aux coups bas, victime de l'ignominie[52]. La nuance n'est pas de mise. De ce procédé consistant à se servir de la mémoire de son mari pour avilir la gauche, la veuve de

Lucet ressent la perversité, voire le risque que la polémique lui revienne comme un boomerang : « Plusieurs fois, j'ai dit à des amis : "Vous savez, ce n'est pas Jeanne d'Arc que vous avez enterrée l'autre jour. Vous allez un peu loin. N'exagérons pas. Il ne fallait pas non plus en faire un martyr." Ce qui fait que le retour de bâton a été d'autant plus fort[53]. » De fait, la gauche combat le mal par le mal, la campagne d'injures par les rumeurs, la bordée d'insultes par les insinuations. Des ragots circulent sur les prétendues infidélités de René Lucet. Réponse de sa veuve : « Sans vouloir faire un jeu de mots, je dirais qu'effectivement il aurait pu se supprimer pour une femme, mais ce n'est pas du tout ce qu'on pourrait penser. La dernière femme de sa vie, ça a été Nicole Questiaux[54]. »

Ainsi labouré, le terrain est fertile pour les mystères à venir. À gauche, on commence par cultiver des « doutes » sur les événements survenus dans les minutes postérieures au décès de Lucet. Abasourdie, « n'osant pas croire » à ce spectacle, voulant « chercher de l'aide » et « par réflexe », la veuve a d'abord appelé au secours deux amis de son époux plutôt que de composer le numéro de la police. À gauche, des mauvaises langues s'étonnent. Des gaillards à la rescousse ont-ils camouflé des pièces à conviction ? Françoise Lucet s'explique : « Il s'agissait d'employés dévoués à mon mari, qui avait une absolue confiance en eux. Je n'ai pas de famille à Marseille et ma première réaction a été de me tourner vers eux [...]. On les a qualifiés de "gardes du corps", de "gros bras", de "barbouzes" et de "truands", mais mon mari s'est toujours élevé avec virulence contre ces calomnies. » Dans un second temps, à 6 h 11 très exactement, la veuve avertit la police. La position du défunt « en dormeur » intrigue des agents de la sûreté urbaine. Le médecin de garde des pompiers délivre l'acte de décès. Le lendemain, cet aspirant remplit un formulaire administratif. Le docteur doit cocher une case parmi trois : « mort suspecte », « mort accidentelle » ou « mort naturelle ». Par défaut, il émarge « mort suspecte[55] ».

Le plus suspect, à cette heure, c'est encore le geste de travers d'un policier. Lors des constatations d'usage, celui-ci relève les empreintes digitales de René Lucet en tournant ses cinq doigts sur un encreur. Puis le fonctionnaire zélé, qui veut laisser le corps aussi propre qu'il l'a trouvé, lave la main qu'il vient de salir. Cette prévenance l'honorerait si le lavage n'empêchait de pratiquer le test de Gonzales, qui permet de déceler des traces de poudre sur les mains. Avec ce test à la paraffine, les enquêteurs auraient pu prouver si les doigts de Lucet avaient pressé la détente. Tandis que les spécialistes de l'Identité judiciaire scrutent le sol, la confusion la plus totale règne dans l'escalier. Les agents de la Sûreté urbaine s'offusquent d'un véritable défilé au chevet du défunt. Dans un rapport à ses supérieurs, un policier s'étonne d'une « certaine mise en scène[56] ». Des amis de Lucet ont nettoyé la chambre au plus vite ; le matelas maculé de sang a été roulé jusqu'au balcon et des taches rouges passées à l'éponge, sans parler des peintures lavées à l'eau javellisée et des papiers peints arrachés pour faire disparaître toute gouttelette. L'une des collaboratrices de Lucet assure que le coup de chiffon a été passé sur le coup de 11 heures, après autorisation d'un policier[57], pour faire place nette avant que les parents du mort n'arrivent, à 13 heures.

La galerie de portraits du dossier comporte un autre personnage folklorique : le professeur de médecine légale chargé de l'autopsie. En auscultant le cadavre de Lucet, il extirpe de la boîte crânienne une chemise de laiton. Une chemise de laiton identique a été trouvée dans l'oreiller. Il ne vient pas à l'esprit du spécialiste qu'il puisse s'agir de deux balles différentes. Le légiste se dit juste que la balle retrouvée dans le crâne de Lucet était dotée d'un double chemisage. Mais un officier de police judiciaire a constaté que deux douilles manquent dans le barillet. Ce policier ne se satisfait pas de l'analyse et requiert une autre autopsie. Bien lui en prend. Il y a une seconde balle, coincée entre l'os du crâne et le cuir chevelu. Deux balles dans le crâne, voilà qui fait douter du suicide de René Lucet. Le directeur de la CPAM a-t-il pu tirer deux fois ? Pour les praticiens, ce n'est pas la question. Selon eux, la première balle a fait long feu dans le canon de l'arme et n'a été projetée qu'avec la seconde. Leur argutie a un défaut. Elle ne permet pas de comprendre la raison pour laquelle des gouttes de sang ont été imprimées au plafond, au-dessus du lit. Pour ce faire, il fallait que Lucet soit déjà en sang quand la seconde balle a été tirée. Les médecins assurent que des gaz brûlants ont provoqué une hémorragie lorsque le tir initial a avorté. Explication satisfaisante ? Les hommes de l'art ignorent que, de son côté, un expert en balistique dément leur thèse. À son sens, aucune balle n'a fait long feu. Cela aurait laissé des traces à l'intérieur du canon et il n'y en a pas. Cet expert-là revient donc au mystère des deux balles tirées l'une après l'autre. Chacun campe sur ses positions. Le commissaire Serge Marza a la lourde tâche de rédiger la synthèse sur la mort de René Lucet. Dans une première mouture, Marza écrit que l'« affirmation du rapport balistique fait échec à la théorie développée par les médecins légistes » ; « aucune explication ne peut être donnée au giclement (du sang) au plafond, à la position du corps et enfin à la possibilité matérielle de tirer deux fois, les balles étant mortelles et successives »[58]. Cette version du rapport du commissaire n'est pas du goût du procureur de Marseille, Albert Vilatte, qui exige une seconde mouture plus convenable. Le commissaire Marza obéit et reformule. Le nouveau texte fait la part belle aux premiers experts, sans expliquer ce deux poids deux mesures : « L'hypothèse développée par les médecins légistes apporte une explication à toutes les interrogations et rend le suicide parfaitement plausible. Or, seul le rapport balistique contredit cette analyse. » Le sens diffère quelque peu.

Le procureur de Marseille, Albert Vilatte, a longtemps tergiversé. Le jour de la mort de Lucet, le magistrat a confié à la sûreté urbaine une enquête préliminaire menée par les policiers avec les scrupules que l'on sait. Le 16 mars, douze jours plus tard, il désigne un collège de six experts nationaux pour éclairer la discordance entre experts. Leur tâche impose d'exhumer le corps de sa sépulture à peine refermée. Ces grands noms de l'expertise légiste excluent l'hypothèse d'un « long feu ». Aucun doute ne les taraude : les projectiles furent tirés l'un après l'autre. Les balles ont « pénétré par un large orifice commun de la région auriculaire droite [59] » puis suivi des trajets différents à travers le crâne. Dans leurs conclusions, les experts relèvent que le cadavre avait du sang dans l'estomac. En foi de quoi ils déduisent que Lucet a dégluti après le premier coup de feu. Bref, « la poursuite des fonctions vitales élémentaires après le premier coup de feu est établie ». Ce qui ne permet pas de dire si le natif de Fontainebleau a eu la capacité ou non de tirer un second coup. Le procureur décide de confier à un juge une information sur les causes de la mort. Mieux vaut tard que jamais, mais deux semaines après les faits est un délai un peu excessif. La chancellerie lui tient grief de ne pas avoir fait remonter ces informations en haut lieu. Avant la fin du mois de mars, Albert Vilatte est muté à la cour d'appel de Paris ; le procureur général à Aix-en-Provence, Marcel Guilbot, est placé en « congé spécial ». Le directeur de cabinet du garde des Sceaux, Robert Badinter, lui succède. Aux yeux du pouvoir, il présente de meilleures garanties de fidélité [60]. Jeune juge d'instruction, Bernadette Augé ne réussira jamais à faire la lumière. Si la thèse du suicide peut laisser sceptique, celle du crime est encore moins crédible. Françoise Lucet était présente. A-t-elle tué son mari ? Elle n'avait aucun intérêt à le faire. A-t-elle vu des hommes de main l'abattre avant de la menacer pour la forcer au silence ? Peu crédible. En janvier 1988, résolue à l'idée que René Lucet a dû appuyer une seconde fois par réflexe, Bernadette Augé clôt l'enquête. Les canards courent une fois qu'on leur a coupé la tête. Si un canard peut le faire, pourquoi pas un homme ?

Il faut croire que Marseille est propice aux suicides « à balles multiples ». Le 3 octobre 1997, André Isoardo, un conseiller régional, rivalise avec René Lucet. Au lieu de se tuer de « deux balles dans la tête », cet homme politique se loge « cinq projectiles dans le corps » pour mettre fin à ses jours. Un chasseur voit soudain son corps étendu au bout d'un chemin de garrigue, aux abords de l'étang de Berre [61]. La dépouille du secrétaire général du Centre national des indépendants (CNI) pour les Bouches-du-Rhône gît près de sa Peugeot 205. Le cadavre, qui tient à la main droite un pistolet à grenaille modifié pour tirer des balles de 9 mm est criblé de balles. Le 6 octobre 1997, afin d'éviter que les rumeurs ne soient trop vite colportées, le procureur de la République de Marseille, Jacques Beaume, invite la presse pour commenter en public les résultats de l'autopsie. Le magistrat se montre précis. Une balle a perforé la poitrine avant de finir dans la cavité pubienne ; une autre, tirée sous le cou en direction du sinus gauche, a traversé la langue et le palais ; une troisième a transpercé le bras droit au-dessus de la main, d'où l'on doit déduire que le tireur, droitier, a dû faire exception à sa nature et, pour ce tir-là, passer son arme d'une main à l'autre ; enfin, une balle entrée par le fond de la gorge lui a été fatale en pénétrant les matières cervicales [62]. Une cinquième balle fut trouvée sur la poitrine. Elle n'avait pas percé la peau. Le procureur Jacques Beaume en convient devant les journalistes : « Le mode opératoire est curieux pour un suicide. » Curieux, en effet. Il n'empêche. Velléitaire de carrière, lunatique de la vie politique, André Isoardo se morfondait à l'idée de vieillir. Cégétiste dans les années 1960, communiste, ce fils de maçon italien avait viré de bord afin de militer pour le Front national dans les quartiers nord de Marseille. Mais avant le scrutin régional de 1992, André Isoardo avait rallié la liste dirigée par Jean-Claude Gaudin. Depuis longtemps, ses proches le voyaient « déprimé ». Dans sa manche, l'homme politique laissa une lettre, demandant qu'on prévienne trois de ses proches. Il a d'ailleurs lui-même averti son frère par un courrier d'adieu implorant le « pardon » de la famille.

Les deux frères

« La mort ne révèle point les secrets de la vie. »

François René de Chateaubriand,
Mémoires d'outre-tombe.

N'était l'évident anachronisme, l'intrigue de l'affaire Saincené semblerait extraite d'un roman de Gaston Leroux. En l'espèce, les Rouletabille n'ont pas forcé la porte de la Chambre jaune, mais celle du garage de la villa « Jasmine » à Tourtour, dans le Var. Le 12 mai 1994 en fin d'après-midi, dans la remise, les gendarmes de la brigade territoriale de Draguignan découvrent deux corps figés, dans une pose de vivants. Des cadavres en étrange posture, assis comme si de rien n'était sur les sièges de leur voiture, leurs ceintures de sécurité sanglées. Au volant de la Peugeot 106, Christian Saincené, un assureur de quarante-neuf ans qui a négligé son agence et fini désœuvré à cause de l'incarcération de son frère trois ans avant. À la place du passager, justement, ce frère de cinquante-deux ans,

Fernand Saincené, sorte de factotum des arcanes de la Côte-d'Azur. Le premier, Christian, a perdu ses lunettes, tombées à ses pieds. Le second, Fernand, porte les siennes au bout de son nez. Les deux frères en habits du dimanche ont l'allure des défunts apprêtés après la toilette menée de main experte par les employés des pompes funèbres. Sauf que Christian et Fernand Saincené sont morts ainsi. Dans leur procès-verbal initial, les gendarmes notent la bonne tenue des macchabées : « Leurs vêtements, bien que souillés de liquide d'écoulement, ne sont pas débraillés[63]. » Tout juste leur peau a-t-elle noirci et enflé. Ainsi prostrée, la fratrie pourrit depuis une semaine. Un tuyau raccordé au pot d'échappement aboutit à la fenêtre côté conducteur. Les enquêteurs concluront huit mois plus tard : « Les deux frères sont morts cyanosés dans une voiture. Ils ont respiré un air vicié amené à l'habitacle[64]. » Foi d'experts légistes : la mort est due à une asphyxie. Les Saincené n'ont pourtant qu'une faible dose d'oxyde de carbone dans le sang[65]. Et beaucoup d'alcool : un taux de 0,45 gramme par litre dans le cas de Fernand et trois fois plus pour son frère.

Suicide ou assassinat ? Les Saincené avaient brouillé les pistes de leur vivant. En soi, leurs curriculum vitae sont des énigmes. Après avoir interrompu ses études au lycée, Fernand a dirigé une boîte de nuit baptisée « Le X », à Aix-en-Provence ; reconverti dans un garage automobile, il s'est improvisé détective privé en 1990. Aux enquêtes, Fernand a pris goût. Le métier de Philip Marlowe et de Sam Spade a l'effet d'une drogue sur les esprits prédisposés au fantasme et à la mythomanie. Cette propension maladive lui joue des tours. En octobre 1991, le disciple de Nestor Burma est pris à son propre piège. Sans invitation, Fernand Saincené tape à la porte de la gendarmerie d'Aix-en-Provence. L'aplomb ne lui fait pas défaut. Le détective s'enquiert de la raison de la garde à vue d'un de ses amis dans une affaire de racket fiscal. L'intervention est curieuse. Le nom Saincené figure justement dans la liste des suspects du dossier. Un suspect au parfum, qui plus est tentant d'obtenir un passe-droit pour un ami, ce n'est pas banal. Fernand Saincené réussit mal son coup : à son tour, le voilà placé en garde à vue. « Mais, messieurs, vous ne savez pas à qui vous avez affaire. » De sa poche, le détective extirpe une carte professionnelle de la Police nationale. Il se prévaut aussi d'une autre carte, d'agent des services de renseignement[66]. Le ministère de l'Intérieur et celui de la Défense récusent employer cet individu. Selon les RG, le contre-espionnage et la Sécurité militaire, il n'est ni le commissaire de police ni l'agent de la DGSE qu'il prétend être. Ces services font valoir que les deux cartes ont été confectionnées à la même date et doivent donc être considérées comme des faux.

Au domicile de l'impétrant à Vitrolles, les enquêteurs saisissent un attirail de bricoleur du renseignement : deux gyrophares bleu gendarmerie, un scanner de fréquences, un dispositif deux tons, une cocarde tricolore électrique et une paire de menottes. Sans oublier aussi un arsenal digne des barbouzes de la grande époque : dix armes de première et quatrième catégories. En garde à vue, Fernand Saincené narre un cursus dans les coulisses de la politique locale, sa qualité de vacataire au Conseil régional à Marseille, affecté à l'Office régional de la mer. L'usurpateur de fonctions est en fait chargé de missions auprès de Claude Bertrand, chef de cabinet du président de la Région, Jean-Claude Gaudin. Le gardé à vue est prolixe en révélations, vraies ou fausses. Au maréchal des logis préposé à sa déposition, il dicte par le menu une enquête dont on l'aurait chargé afin de mettre en cause Bernard Tapie pour un prétendu négoce de faux champagne[67]. Féru d'espionnage politique, le maniaque de la mise en fiches servait-il le président de la région ? Le juge de Grasse Jean-Pierre Murciano le croit. Ce magistrat rebelle a mis Jean-Claude Gaudin et son directeur de cabinet en examen. Ce que le juge a fait, la cour d'appel le défait, accordant un non-lieu au sénateur et à son homme lige. Suscitant du même coup l'acrimonie de Saincené, que la justice renvoie devant le tribunal pour s'être adonné à du chantage au contrôle fiscal. À tort ou à raison, Fernand Saincené se sent « lâché ». Il a l'impression de « trinquer » pour d'autres. Le 5 mai 1994, le président de la chambre correctionnelle ouvre l'audience en l'absence du détective. Lequel avait averti le magistrat par courrier : « J'ai décidé de ne pas me rendre à votre invitation. » Suite à l'avenant : « Je suis confus d'être ce grain de sable qui va bloquer une si jolie machination, mais, le comportement de certains médias et de certains politiques à qui personne ne souhaite porter ombrage m'a conduit à appliquer un autre moyen qui me convient mieux, moyen en ma possession, pour faire entendre la vérité. » Dans une missive envoyée à son avocat, Saincené formule une prémonition avant de passer de l'autre côté du miroir. « Je tiens à préciser, pour éviter toute ambiguïté, que je suis en possession de toutes mes facultés mentales [...], que je ne suis pas en état dépressif, que je n'ai aucune envie ni besoin de me suicider, pas plus que mon frère Christian, mon "fidèle bras droit". » Et le professionnel de la filature d'annoncer une « opération révélations » contre des personnalités politiques. Le juge rennais Renaud van Ruymbeke, alors en charge de dossiers de financement politique, est destinataire d'un courrier rédigé le 1er mai par Fernand Saincené, qui explique : « Des renseignements sûrs m'obligent à penser qu'on ne me laissera pas faire ces révélations... »

Le 12 mai 1994, la voiture des deux frères leur sert de sépulture face au mur du fond du garage. L'un contre l'autre, leurs têtes inclinées en geste de communion, leurs épaules attachées comme celles de siamois, les Saincené reposent, inséparables dans la mort comme dans la vie.

Les gendarmes songent aussitôt à un double suicide. Le procureur de Draguignan convient de son caractère « rarissime ». La famille dépose alors plainte. Motif : « Il semblerait que le postulat d'un double suicide ait été d'emblée adopté. » À l'appui de la plainte, l'avocat argue aussi que « le suicide au [...] gaz d'échappement est très douloureux et entraîne des lésions caractéristiques et un réflexe de survie qui ne semblent pas avoir été constatés [68] ». Le juriste invoque la « volonté farouche de vivre et de se défendre » des frères et le fait que « d'autres instruments découverts sur les lieux [arme, gaz...] » auraient mieux fait l'affaire que le procédé du tuyau en cas d'intentions suicidaires. Enfin, l'avocat de la famille souligne « les déclarations des premiers arrivés sur les lieux, le maire et un pompier, qui font état de la présence de traces de sang et de coups ».

Une information judiciaire est ouverte contre X pour « assassinat ». En procédant à l'audition des membres de la famille Saincené, le juge Philippe Guemas comprend que les défunts ont disséminé vrais indices et fausses pistes avant de mourir. Leur mère, Angeline Saincené, croit dur comme fer qu'ils ont été tués : « On a assassiné mes deux fils [...]. Ils disaient qu'ils transportaient "une bombe", c'est-à-dire des documents très importants [69]. » Elle ajoute quelques instants après, à propos de la soirée du 2 mai : « En partant, Fernand nous a serrés très fort comme s'il se doutait qu'il ne nous reverrait plus. » Ce jour-là, Fernand a discuté au téléphone avec son ancienne concubine : « Il m'a dit ce jour-là que si j'apprenais qu'il avait eu un accident de voiture, s'il lui arrivait malheur ou si on disait qu'il s'était suicidé, il ne fallait pas que je le croie et qu'en réalité c'est qu'on l'aurait tué [70]. » L'hypothèse du « crime travesti en suicide » ne convainc guère les enquêteurs. Les gendarmes songent à l'inverse. Les enquêteurs croient à un « suicide maquillé en meurtre ». Un coup de théâtre monté par des metteurs en scène qui savent qu'ils n'assisteront pas à la représentation, même s'il y tiennent le rôle titre.

En juillet 1995, le magistrat signe une ordonnance de non-lieu dans ce dossier. Le procès-verbal de synthèse de la gendarmerie explique la logique : « Si les mobiles justifiant un assassinat ne manquent pas, essentiellement en raison de la personnalité de Saincené Fernand, évoluant dans la fournaise politico-judiciaire qui secoue le sud de la France, aucun fait matériel directement lié à un début d'exécution n'a été constaté [71]. » Les enquêteurs ont déniché des fichiers dans la mémoire de l'ordinateur des Saincené. Parmi les documents, des brouillons de lettres dans lesquels les deux frères font état de leur volonté d'en finir. L'étude de leurs comptes en banque accrédite aussi la version de la mort délibérée. Car, depuis janvier 1994, les titulaires n'ont cessé de débiter des sommes importantes au profit de leurs familles ou d'autres proches.

Les gendarmes consacrent leur énergie à récuser des informations portées sur la place publique. Des éléments gênants, attribués à la rumeur. En fait, ce ne sont pas lubies de *vox populi* que les enquêteurs cherchent à réfuter, mais des mentions portées sur les procès-verbaux. Un pompier volontaire a révélé un détail susceptible de conforter les tenants du crime : « J'ai pensé à un suicide déguisé car j'ai constaté que le conducteur avait sa chemise rouge à carreaux blancs tachée de sang, au niveau du dos et de l'épaule, du côté droit. J'en ai tiré la conclusion qu'il avait dû prendre un coup sur la nuque. » Cette observation est, semble-t-il, corroborée par un sapeur pompier : « Peu avant de partir, le maire nous a dit qu'il avait remarqué une tache de sang sur l'arrière de la chemise, au niveau de l'omoplate droite de la personne qui était assise au volant de la voiture. Je me suis donc un petit peu rapproché de la voiture [...], j'ai effectivement constaté cette tache de sang séchée sur la chemise du gars [72]. » Constatation fallacieuse, selon les enquêteurs, qui incriminent la presse, coupable de l'infraction de « course au sensationnel, au morbide ». La maréchaussée estime que les journalistes ont extorqué des allégations erronées aux témoins. Par on ne sait quel maléfice, ces mensonges ont été couchés en procédure. L'auréole de sang n'était que du « liquide d'écoulement », selon les gendarmes ; les taches par terre étaient dues à un résidu de peinture anti-rouille, des gouttes tombées à la réfection des volets.

Un élément, toutefois, ne laisse pas d'étonner. À côté de la porte du garage, sur une terrasse, les gendarmes ont saisi une bouteille d'éther. Le flacon bleu a été vidé de son produit. Son capuchon, cassé, traîne à 50 centimètres, « ce qui laisse supposer qu'il a pu tomber ou être jeté », d'après le rapport de constatations. Très volatil, l'éther ne laisse pas de trace, même après absorption. L'anesthésique a-t-il pu servir à endormir les Saincené ? L'explication officielle est étrange. En résumé : la substance aurait été utilisée pour enlever les tiques d'un chien vagabond, qui errait dans les parages et venait trouver du réconfort au domicile des Saincené. Ainsi le dossier criminel pouvait-il être refermé, archivé, non sans inspirer un sentiment d'incomplétude. Inversion malencontreuse des corps lors des expertises médicales, reconstitution hors la présence des avocats des parties civiles, pour une raison de procédure qui aurait pu être arrangée ; les conseils de la famille ont eu la désagréable sensation d'être abusés. Ainsi quand le juge d'instruction a voulu détruire la chemise de Christian Saincené parce qu'elle dégageait une odeur trop tenace, ils doutèrent que le « confort olfactif » du juge ait été la seule cause de l'intention de faire disparaître le scellé.

Les vrais mystères servent à en construire de faux. Le doute sur le décès des frères Saincené fut utilisé pour bâtir des théories fumeuses concernant l'assassinat de Yann Piat sur la route du Mont-des-Oiseaux, à Hyères, moins de trois mois avant les événements de la villa de Tourtour. Le soir du 25 février 1994, la députée de la 3e circonscription du Var quitte sa permanence peu avant 20 heures. Au volant de sa Clio Baccara s'installe le chauffeur Jo Arnaud. La députée RPR-UDF s'assied de trois quarts, comme à son habitude, afin de converser à son aise avec Jo. Sur la route en lacets vers le Mas bleu, où la députée habite, aucun signe suspect ne les intrigue. Soudain, au dernier virage avant le sommet, la fusillade se déclare : « Jo, on nous tire dessus ! » Le chauffeur se montre impuissant à infléchir le destin. La main des tueurs à moto ne tremble pas. À toute vitesse, Jo Arnaud fait demi-tour, pour semer les tueurs et porter secours à la passagère qui, à cet instant, vit encore : « Je pissais le sang. Yann gémissait à mes côtés. Elle s'était ramassée sur elle-même, comme une poupée de chiffon, la tête et le buste penchés en avant. Je crois bien qu'elle murmurait : « Sauvez-moi, sauvez-moi, je ne veux pas mourir..." [73]. » En entrant dans la caserne des pompiers du quartier Saint-Martin, la voiture légère a déjà l'allure d'un corbillard. Le premier rapport médical est un avis de décès.

Dans les familles, la mort fournit l'occasion de ranger les cartons, les archives, les poubelles d'une vie. Il en va de même pour les décès laissant un pays entier atterré. Après survient le grand déballage, le nettoyage en profondeur, la lessive obligée. L'assassinat de Yann Piat a déclenché dans le Var cette réaction subite consistant à fouiller les caves et greniers. Les coulisses de la politique locale, entre mafias et truanderies en col blanc, fourmillaient de vassalités insanes sous la férule des parrains du département. Les recherches sur la mort violente de l'élue de la République orientent les projecteurs sur la pénombre de la Côte d'Azur, la pègre qui règne, le milieu qui donne ses ordres. L'enquête inventorie l'héritage du parrain Jean-Louis Fargette, assassiné en Italie le 17 mars 1993. La rumeur a couru que cet homme fort du Var a payé de sa vie la bronca organisée la veille de sa mort dans un meeting de Yann Piat à Hyères. À cette réunion électorale, des hommes de Fargette avaient semé la zizanie, insultant et menaçant l'oratrice. Piat a-t-elle commandité l'assassinat du parrain du Var ? Et les fidèles du Fargette se sont-ils vengés en la tuant à son tour ? Une semaine après l'assassinat de la députée, l'un des fauteurs de troubles du meeting, Epifanio Pericolo, est mis en examen par le juge Thierry Roland, avec l'un de ses amis, Denis Labadie. Ils restent quatre mois derrière les barreaux, suspectés d'être les motards de la route du Mont-des-Oiseaux. Il n'en est rien. Un non-lieu leur rend justice.

Les véritables coupables sont arrêtés le 16 juin 1994. Ce sont six jeunes de la « bande du Macama », un bar de Hyères, situé sur le port. Ces loubards avaient déjà sévi, jusqu'à tuer des figures du banditisme local, dont un patron de discothèque nommé Henri Diana. Le café Macama fait office de quartier général à cette bande qui tente de s'imposer dans le champ économique local ; le gérant, Gérard Finale, est le parrain de ces mafieux en herbe. Le crime de Yann Piat, il en est le commanditaire. La raison : l'équipe a choisi son poulain politique, un vice-président du Conseil général, un rival de Yann Piat. La députée a annoncé qu'elle ne laisserait pas les truands faire la loi. Alors elle dérange leurs plans. Qui gêne doit être éliminé. Comme la légende prête à la députée un rôle dans la mort de leur idole Fargette, les « bébés killers » se font un plaisir de venger le « boss » disparu. Le défaut de ces ambitieux du milieu est de n'être pas assez discrets. Le 31 mai 1994, une jeune fille liée à leur bande, Delphine Capel, crache le morceau. Cette ex-serveuse du Macama a été arrêtée pour une histoire de chèque volé. Le chantage à la détention la rend volubile. Elle ressort du commissariat de Hyères après avoir fait des confidences sur le vol de la moto qui a servi à l'assassinat. Les tireurs et les complices seront arrêtés grâce à son tuyau. La chance ne sourit pas à la jeune femme. Le 28 septembre 1995, sa mère s'étonne du silence prolongé de sa fille dans sa chambre ; elle pousse la porte et trouve Delphine sur son lit, inanimée, le visage de couleur violette. Le médecin diagnostique « un décès par étouffement ». La jeune femme de vingt-cinq ans aurait régurgité le bol alimentaire durant son sommeil, bloquant son système respiratoire[74]. L'autopsie confirme le caractère naturel de la mort.

Un livre va s'attacher à jeter le doute sur la mort de Delphine Capel. Dans *L'Affaire Yann Piat, des assassins au cœur du pouvoir*, paru en 1997[75], deux journalistes notent que le corps de la jeune femme a été « gorgé de jus », c'est-à-dire embaumé au formol, comme si un esprit malin avait voulu cacher une autre vérité, que Delphine était décédée d'un « oreiller longtemps maintenu sur son visage ». Les auteurs sont démentis par la propre mère de l'ancienne serveuse du Macama. L'ouvrage leur vaut une notoriété dont ils se seraient sans doute passés. Journaliste au *Canard enchaîné*, André Rougeot, et son confrère Jean-Michel Verne, rédacteur indépendant, ont essayé un coup d'édition qui s'est retourné contre eux. Dans leur livre, ils mettent en cause deux anciens ministres UDF dans l'assassinat de Yann Piat. Abreuvé par les supposés tuyaux d'un général retraité du renseignement militaire, le couple d'auteurs avance que le disque dur de l'ordinateur des frères Saincené contenait dans une profonde mémoire la preuve d'un lien entre l'assassinat de la députée et la mort des deux frères à la « villa Jasmine ». En résumé, les Saincené auraient été exécutés parce qu'ils en savaient trop sur ce qui s'était passé sur la route du Mont-des-Oiseaux. Le problème, c'est que l'expert invoqué, celui qui aurait découvert une « affaire d'État » dans une couche de mémoire effacée mais ancrée dans l'ordinateur, n'a jamais tenu ce genre de propos. L'informateur principal des deux journalistes était, semble-t-il, un retraité sans passé militaire, Jacques Jojon, condamné en 1991 pour escroquerie. Autour d'une table, il confabulait sur les mystères de la région, avec des amis, dont sans doute un agent des services de renseignement militaire. Ces causeries ont fini dans le marbre d'un livre.

Désignés sous les pseudonymes de « Trottinette » et de « l'Encornet » dans *L'Affaire Yann Piat, des assassins au cœur du pouvoir*, deux anciens ministres, François Léotard et Jean-Claude Gaudin, sont visés par les imputations. Lors d'un procès en diffamation, les deux hommes politiques ont raison des deux journalistes, qui refusent de décliner l'identité de leurs sources et ne tentent même pas de fournir une offre de preuves. Mais qui a donc manipulé les rédacteurs ? Reproduites par l'éditeur en vue d'un premier procès en référé, les assertions du « général » semblent inspirées par une pensée d'extrême droite. Il se fend de critiques acerbes sur les « bougnoules », regrette le « mélange des races » et attribue même à la « mafia juive » la profanation du cimetière de Carpentras. La réaction très virulente de François Léotard à l'ignominie qu'on lui colle sur le dos ne vise toutefois pas tant l'extrême droite que les officines héritées du gaullisme. Dans une plaidoirie publiée par *Le Monde*[76], « Le ministère de la boue », l'ex-ministre de la Culture et de la Défense accuse. Son *J'accuse* devient « j'ai honte ». L'ancien séminariste vilipende l'État, ses services secrets, les officines, les barbouzes, les préposés des culs de basse fosse du scandale. « J'ai honte pour un État qui n'est pas en mesure de défendre ses propres agents et qui laisse prospérer des réseaux dont la seule fonction est de salir. J'ai honte pour ce qui s'appelle encore une République et qui, depuis Mehdi Ben Barka et

Stefan Markovic, avec les mêmes hommes, a laissé des officines spécialisées fabriquer du discrédit, de l'amalgame, du ridicule et de la mort. »

« Scandales mondains »

« La France est le terrain d'élection des organismes mystérieux qui en liaison avec le pouvoir ou à l'insu de celui-ci exercent sur les événements une influence déterminante [...] Napoléon avait ses barbouzes. La Restauration aussi. On travaillait pour les Tuileries. On travaillait pour le Pavillon de Marsan. »

Charles d'Aragon,
« Débarbouzer » la République[77].

Lors de l'affaire Ben Barka, François Mauriac écrit dans son « bloc-notes » du *Figaro littéraire* sa déception face aux manigances entre frères ennemis. « L'exploitation du scandale est dans l'ordre. Ce qui ne l'est pas, c'est que les coups ne viennent pas seulement de l'adversaire et que certaines balles partent des rangs gaullistes. Des gaullistes tirent sur de Gaulle et ils le savent : ils ne sont pas si bêtes que de croire qu'on peut attaquer le Premier ministre de De Gaulle et son ministre de l'Intérieur sans l'atteindre lui aussi[78]. » L'auteur de *Thérèse Desqueyroux* préfère donner sa démission de la présidence du comité France-Maghreb. Une motion, adoptée le 8 novembre 1965 par l'association, exigeait que « des sanctions soient prises contre tous ceux qui, en France, porteraient une part de responsabilité dans l'enlèvement ». En butte aux gaullistes de gauche, Mauriac ne veut pas tirer de balles verbales sur Georges Pompidou.

Trois ans plus tard, le banquier renonce à la fonction de Premier ministre après les événements de mai 1968. À peine a-t-il déménagé de la rue de Varennes que sourd des rangs gaullistes une affaire qui ébranlera sa relation avec le président de la République. Pour Ben Barka, le « Service 7 » avait été impliqué. S'agissant de Pompidou, l'instrument est le « Service 6 » du Sdece. Cette cellule réussit à muer un fait divers en affaire d'État. Toute bonne manipulation doit emprunter à la réalité puis la déformer. Le socle de l'affaire est la disparition de Stefan Markovic, jeune garde du corps d'Alain Delon. Gigolo, frayant dans les milieux du music-hall, ce Yougoslave de trente et un ans avait gardé ses mauvaises fréquentations de sa précédente carrière d'amateur de la cambriole. Sous la pluie de strass et de paillettes, le natif de Belgrade, arrivé clandestinement en France en 1958, a plongé avec furie dans une vie dissolue.

Le 1er octobre 1968, un artisan découvre le cadavre de Markovic sur une décharge publique à Élancourt, dans le département des Yvelines. La dépouille pourrit au milieu des détritus, enrobée dans une housse de matelas, doublée d'un sac de toile de jute. Le dépotoir devait être sa dernière demeure. L'assassin s'est fourvoyé. Il pensait avoir enfoui à jamais sa victime. Exhumé de sa sépulture malodorante, le corps porte les stigmates d'un passage à tabac virulent. Un expert légiste conclut à la mort par enfoncement de la boîte crânienne. Le lendemain de la découverte du corps, un des amis de Stefan, Uros Milicevic, confie à la police une lettre du défunt, à ouvrir « au cas où il lui arriverait malheur ». Cet écrit d'outre-tombe oriente les prémices de l'enquête. Le « testament » *ante-mortem* dénonce « François Marc Antony, Corse ». L'orthographe pêche. L'individu en question n'a rien d'anglo-saxon. Il s'appelle François Marcantoni. Grand invalide de guerre, torturé par la Gestapo à l'époque où les voyous se rangeaient plutôt du côté de l'occupant, ce natif de l'île de Beauté a fait sa carrière délictuelle sur le continent. Séducteur, il tendait des cartes de visite au nom de Marc Anthony pour plaire aux dames. À quatre-vingts ans, le vieux briscard se targue du mythe qu'il est devenu : « J'ai été un moment de l'histoire [79]. » Lorsqu'il se confie, l'on ne sait si cet homme à la voix forte fabule : « J'ai toujours su qui a tué Stefan Markovic [80]. » Pourquoi être resté en détention provisoire près d'un an sans jamais livrer la clé du crime ? « Je suis capable de rester au trou sans divulguer ce que je sais », répond le braqueur de la vieille école.

Le 12 octobre 1968, le commissaire Claude Bardon du SRPJ de Versailles fait pour la première fois comparaître devant lui Marcantoni. Le témoin connaît-il la victime ? Il l'a rencontrée dans le milieu du show-biz, puis revu sur les champs de courses, à l'hippodrome d'Auteuil. Markovic « a toujours essayé de me mouiller dans des affaires de tableaux et de bijoux [81] », explique Marcantoni. Pour le truand corse, le garde du corps yougoslave était un « homme dangereux », car « mythomane » et « bagarreur ». Sur son procès-verbal, le Corse affirme qu'il a « de nombreux amis politiques ». À toutes fins utiles. Mais les témoins s'acharnent contre lui. À commencer par Uros Milicevic. Avant de disparaître, son ami Stefan lui aurait confié être sur un gros coup, pouvant se monter à soixante millions de francs, avec un dénommé « François ». Le 22 septembre, en début de soirée, l'associé qui faisait peur à Markovic serait venu le chercher en taxi. Le Yougoslave, depuis, n'a jamais reparu, sauf dans un état de décomposition au beau milieu d'une décharge publique, à Élancourt. Élancourt, d'ailleurs, n'est pas loin de Goussainville, la cité de banlieue où François Marcantoni, « commerçant » la semaine, se repose dans sa résidence secondaire une fois le week-end venu. À l'heure où Markovic prenait congé de ses amis pour partir avec un homme qui lui faisait peur, que faisait le « commerçant » ? L'après-midi du 22 septembre, Marcantoni raconte avoir fait du bricolage, puis la sieste. Il a bu un verre au café du coin, puis est allé quérir son pain à la boulangerie. Peu avant 20 heures, il a reçu un coup de fil d'un officier de Toulon, et un ami l'a averti au téléphone qu'ils étaient « dans les choux », c'est-à-dire avaient perdu au tiercé.

Les enquêteurs découvrent lors de leur perquisition à Goussainville que Marcantoni a acheté un sommier et un matelas de marque Treca juste avant que Markovic ne soit retrouvé. Le cadavre a justement été enveloppé dans des housses à matelas Treca. Ne serait-ce pas les protections de la nouvelle literie de Marcantoni ? Le livreur se souvient de les avoir déposées à la villa de Goussainville. Le Corse peut-il dire ce qu'il en a fait ? Il est incapable d'indiquer où elles sont. En janvier 1969, le magistrat instructeur René Patard l'incarcère. La situation du détenu s'aggrave en juin. Les experts certifient que les linceuls de plastique et de jute autour du cadavre sont de la taille du matelas et du sommier achetés par l'inculpé. C'était du « sur mesure » : curieux hasard. En mauvaise posture, Marcantoni semble alors parti vers les assises. Pour le compte de qui aurait-il agi ? Stefan Markovic avait l'intention de publier un livre, *Scandales mondains*, sur les secrets des alcôves. La police fait défiler à ses bureaux le gratin du show-biz, l'entourage de Delon. L'actrice Marie Laforêt, la chanteuse Nicoletta, le réalisateur Jean-Pierre Melville, figurent au générique de ce film judiciaire. Entendue, une actrice célèbre passe un coup de fil à Valéry Giscard d'Estaing. À l'ancien ministre des Finances, elle demande un sauf-conduit pour que le juge ne l'importune plus. La requête n'est pas très discrète puisque le magnétophone de la police l'enregistre[82].

L'affaire dans l'affaire survient quand un esprit malin a l'idée d'utiliser la réputation de Stefan Markovic, dont la rumeur colporte qu'il s'est adonné à du chantage dans les milieux *people* avec des clichés pris lors de parties fines. Markovic tentait-il d'extorquer de l'argent à des stars ? L'on ne sait. Mais les photos suscitent un fantasme. Rien de tel pour une manipulation. Le 21 octobre 1968, un jeune agent secret du Sdece, Jean-Charles Marchiani, qui fera carrière dans la diplomatie parallèle au côté de Charles Pasqua, recueille les confidences de l'une de ses correspondantes. Josette affirme que Markovic tenait des personnalités de premier plan grâce à ses images compromettantes[83] et que sa mort est liée à des implications politiques. Jean-Charles Marchiani, quoique dubitatif, rédige un rapport, en soulignant que l'information est suspecte. Les racontars de salon précisent un nom : Claude Pompidou, épouse de l'ex-Premier ministre, s'adonnerait à des plaisirs collectifs. Un jeu de « photos libertines » circule dans les rédactions. Il s'agit d'un montage, prouvera-t-on plus tard. Sur l'un des clichés, une femme a un air de ressemblance avec la future première dame de France. Un Yougoslave, détenu à la prison de Fresnes, confie hors procès-verbal à un inspecteur de police avoir pris part à une partouze chez un membre du Conseil économique et social. Mention en est faite dans une note du policier : « Au cours de cette partie, le détenu déclare avoir fait l'amour avec la dame de quarante-cinq ans. » Le 5 novembre 1968, le détenu, Boriboj Ackov, déclare au juge d'instruction René Patard qu' « au cours de l'été

1966, il s'est rendu, avec Stefan Markovic, à vingt ou trente minutes de la porte de Saint-Cloud, du côté de Montfort-l'Amaury[84] ». La témoin narre alors la fête en petite tenue à laquelle il a assisté. Sur le chemin du retour, Markovic lui aurait glissé : « Il ne faut pas raconter les choses que tu as vues... Il faut faire attention à ne rien dire. Tu sais, c'est la femme du Premier ministre. » L'identité de Claude Pompidou entre par ce biais dans le dossier judiciaire sur l'assassinat d'un garde du corps. Le frère de la victime, Alexander Markovic, donne corps à la rumeur. Son avocat n'est pas n'importe qui. Roland Dumas a exercé sa rhétorique dans les prétoires, mais aussi à la gauche de l'hémicycle du Palais-Bourbon. L'avocat de Marcantoni, Jacques Isorni, est classé sur l'autre bord politique, à l'extrême droite. Il a défendu le maréchal Pétain. Dans le dossier de Markovic, Isorni donne le change à Dumas. Il veille à ce que Marcantoni « ne soit pas le bouc émissaire dans un règlement de comptes entre hommes politiques[85] ». En mai 1969, Isorni réclame au juge pour la seconde fois l'audition du couple Pompidou. L'avocat constate que « l'information en cours comporte de graves anomalies ou étrangetés[86] ». À son avis, la mise en cause de l'ancien Premier ministre prouve « qu'un ou plusieurs personnages innommés et puissants » ont interféré dans la procédure sans souci de la vérité. En pleine campagne électorale, le candidat à l'Élysée qu'est Georges Pompidou ne goûte guère la plaisanterie. Son secrétariat dénonce la campagne de « la bassesse et la calomnie, sans relâche, depuis huit mois[87] ». Le garde des Sceaux, René Capitant, un gaulliste de gauche, s'abstient d'intervenir en faveur d'un homme qu'il n'apprécie guère. Cette abstention vaut approbation de la procédure. Le général de Gaulle feint l'indifférence. Le juge d'instruction devine qu'on cherche à le manipuler à des fins politiques et décline le mauvais rôle de marionnette consentante. Il ne convoque pas

Claude et Georges Pompidou. Mais pour Pompidou le mal est fait. Il promet à ses ennemis que « rien ne sera oublié ».

En juin 1969, le banquier originaire du Cantal est élu président de la République. Vérité avant les élections mue en erreur après. Le 16 juin, le lendemain du second tour, on apprend qu'un magistrat du parquet général et le directeur de la police judiciaire ont entendu un inspecteur de police de la première brigade mobile. Le mois d'avant, ce policier, Michel Bétrémieux, avait écrit à Jacques Isorni, lui révélant qu'au sein de son service il avait assisté à des manigances pour mêler Pompidou à un scandale qui ne le concernait en rien : « Je tiens à libérer ma conscience sur les faits dont j'ai été témoin au cours de l'affaire Markovic », commence par écrire Michel Bétrémieux. L'inspecteur fulmine que les commissaires de la 1re brigade mobile aient « par tous les moyens tenté d'accréditer les photos porno ». Selon lui, « il fallait à tout prix faire tomber Marcantoni ». À cause des « crasses » dans la procédure, ces manipulateurs savaient qu'ils n'avaient pas intérêt à ce que Georges Pompidou accédât à la fonction suprême. Au sein du Sdece, l'affaire donne lieu à un conflit entre factions. Le « Service 6 » de Paul Sentenac en fait les frais. Au début de l'année 1970, Jean-Charles Marchiani donne sa démission plutôt que d'être, à tort ou à raison, congédié [88].

Côté justice, le magistrat René Patard et le procureur Jean-Jacques Lajaunie bénéficient d'une promotion. Ils sont mutés sous d'autres cieux. Sous l'ère Pompidou, le dossier reste sous le coude de leurs remplaçants. Le président feint d'oublier le fâcheux épisode, mais l'amertume l'étreint. En 1972, Georges Pompidou confie sa déception au journaliste Georges Suffert : « Que des hommes qui avaient été mes ministres, que l'entourage de Couve de Murville et Couve lui-même aient laissé dire, c'est désagréable mais humain. Mais que de Gaulle ait pu croire, ne fût-ce qu'une minute, à ces calomnies, cela je ne l'ai pas supporté. J'en ai été stupéfait, désorienté[89]. » Dans les *Mémoires d'avenir*, Michel Jobert raconte que « Georges Pompidou, sur une feuille gainée de cuir, qu'il garda longtemps dans sa poche, et, je crois, jusqu'à sa mort, dressait la liste de ceux qui, par sottise, méchanceté ou intérêt, piétinaient ainsi son honneur ». Le 2 avril 1974, le président de la République décède après avoir caché sa longue maladie. On l'enterre à Orvilliers, dans la région parisienne. Orvilliers, « près d'Élancourt », avaient relevé les mauvaises langues à l'apogée de l'affaire. Le juge Jean Ferré reprend son enquête. Il refuse d'accorder le non-lieu qui agréerait le pouvoir. À Matignon, Jacques Chirac, formé à l'école Pompidou, verrait d'un bon œil une fin de procédure sans déballage public. Le procureur de Versailles, accède à son vœu. En juin 1975, il requiert que le dossier soit clos sans renvoyer François Marcantoni devant la justice. Malgré tout, le juge Jean Ferré persiste et signe. Il ordonne un procès. Un mois plus tard, le témoin numéro un, Uros Milicevic, revient en France à la surprise générale. Le Yougoslave fait une déclaration fracassante : « Markovic est mort pour une histoire d'appartement qu'il ne voulait pas prêter[90]. » Puis Milicevic s'accuse du meurtre, réalisé avec la complicité de Marcantoni, ajoute-t-il. Le diable sorti de sa boîte en sait long. Après la mort de Markovic, lorsque l'expert légiste avait affirmé que le garde du corps avait été tué par des coups portés à la tête, Milicevic protestait, et se vantait de savoir que son ami était mort par balle. Il disait vrai. Lors d'une seconde autopsie, le praticien extirpa de la boîte crânienne une balle de 38 spécial. Mais les nouvelles révélations masochistes de Milicevic sont réduites à néant quand les psychiatres attestent de son irresponsabilité. Il se retrouve interné. Finalement, la chambre d'accusation de la cour d'appel sauve la mise de Marcantoni, le « plus ancien inculpé de France », comme il aime à se définir lui-même.

En janvier 1976, un non-lieu met un point final au dossier. L'avocat Roland Dumas crie au scandale. L'abandon des poursuites montre, selon lui, « qu'il y a un abîme entre les principes de droit et la réalité judiciaire quand des personnages haut placés sont en cause[91] ».

Les coulisses de l'affaire conservent leurs secrets. En 1982, Pierre Lemarchand, l'ancien chef des barbouzes cité dans l'affaire Ben Barka, dont le rôle n'a pas été éclairci, livre sa propre version à la commission d'enquête parlementaire sur le Service d'action civique (Sac). Il connaît son sujet, car le général de Gaulle lui a « fait demander d'enquêter sur cette affaire ». Lemarchand accuse Raymond Marcellin, le ministre de l'Intérieur de l'époque, de l'avoir « montée de toutes pièces[92] ». Le premier policier de France l'aurait fait parce qu'il croyait que le président de la République avait juré la perte de son ancien Premier ministre. Lemarchand cherche « n'importe quoi pour se faire de la publicité[93] », proteste Marcellin. En tout cas, l'avocat a l'art de se retrouver à la marge, peut-être au cœur, des grands scandales. Son patronyme affleurera dans un autre drame mystérieux, l'assassinat en décembre 1976 du prince Jean de Broglie. Pierre Lemarchand a, semble-t-il, fréquenté – de près ou de loin – le commanditaire, Pierre de Varga. La fille de ce dernier, Pascale de Varga, reçoit le soutien de l'un de ses voisins, qu'elle présente en mars 1977 lors d'une réception dans le bureau de feu son père. Dans un coin, il fume son cigare et boit son whisky. Il porte des surnoms : « le boiteux », ou « monsieur François ». Cet invité étrange s'appelle François Marcantoni.

Le prince

« Tous ces gens me surprennent, qui ne savaient pas que de Broglie allait se faire assassiner. Toute la classe politique le savait. Bien avant les faits, il y avait une boutade favorite qui disait : "Celui-là, à force de fréquenter les trucs et les machins, il finira pas se faire descendre." Si j'avais été ministre de l'Intérieur cela m'aurait quand même mis la puce à l'oreille. »

Michel Jobert [94]

En conseil des ministres, Charles de Gaulle donnait du « prince » à Jean de Broglie. De haute lignée nobiliaire, la famille de Broglie s'honore des maréchaux, savants et académiciens donnés à la France, outre un ministre de Louis-Philippe et un président du Conseil de la Troisième République. Un aïeul, Louis de Broglie, a obtenu le prix Nobel de physique en 1929. N'étant pas doté de facultés scientifiques, ni de la plume de son ascendante Germaine de Staël, Jean de Broglie a choisi la politique pour exercer ses talents. Né en 1921, le prince se retrouve au Conseil d'État à vingt-cinq ans. Douze ans plus tard, il est député de la première législature de la Cinquième République. Vice-président du Conseil général de l'Eure, il est bientôt nommé secrétaire d'État au Sahara et aux Dom-Tom du gouvernement de Michel Debré. À ce titre, Jean de Broglie négocie les accords d'Évian en 1962, signant ainsi la fin de la guerre d'Algérie. Il sera ensuite secrétaire d'État aux Affaires étrangères. En 1969, le prince que Valéry Giscard d'Estaing appelle « cousin » en raison des liens familiaux de De Broglie avec son épouse Anne-Aymone, décroche la présidence de la commission des affaires étrangères de l'Assemblée nationale. Une belle carrière lui est promise.

Puis la courbe ascendante s'infléchit jusqu'au drame. À la veille de Noël 1976, sur le trottoir de la rue des Dardanelles à Paris, une fine équipe de Pieds Nickelés en goguette criminelle lui assène un coup fatal. Ce matin-là, le prince sort d'un rendez-vous avec son conseiller financier Pierre de Varga. Devant l'immeuble, un tueur à gages de seconde zone, Gérard Frèche, tire sur le prince et ne lui laisse aucune chance de survie. Pendant ce temps, un autre membre du complot, le policier Guy Simoné, est allé garer sa voiture. Frêche s'enfuit en courant. Arrivé à sa hauteur, Frèche avertit Simoné : « C'est fait ! » L'inspecteur rétorque : « Tu es fou ! » Intrigante repartie de la part d'un homme ayant préparé l'opération. Simoné ne s'attendait-il pas au crime, alors qu'il a participé à tous les préparatifs ? « C'est la preuve, argue aujourd'hui l'ancien policier, que je n'étais pas l'âme du complot. La police était au courant du contrat. J'ai surveillé ce qui se tramait, sans penser que Frèche allait un jour tirer sur de Broglie[95] », explique Guy Simoné.

Révoqué, puis condamné à dix ans de prison par la cour d'assises de la Seine en décembre 1981, Guy Simoné ne désespère pas de convaincre qu'il a été naïf plutôt que coupable. À près de soixante ans, l'ancien inspecteur, né en Tunisie, persévère à protester contre son procès. Libéré en catimini de sa prison de Fleury-Mérogis deux ans après son procès, réhabilité – réintégré dans tous ses droits – en 1988, Simoné a refait sa vie dans le conseil en gestion, à titre libéral, et dans la musique, sa passion première. L'ancien policier de la Défense arrondit ses fins de mois en grattant la guitare dans des soirées. Mais Simoné veut être rejugé. En 1999, il a déposé une requête en révision rédigée par son avocat, Emmanuel Ludot. En décembre 2002, la Cour de cassation a rejeté la demande du policier. Comme la loi lui en donne le droit, il a demandé à consulter son dossier à la Direction centrale des Renseignements généraux. Vu son implication dans une affaire d'État, l'ancien fonctionnaire considérait que le dossier serait épais. Le 16 septembre 1999, dans les locaux de la Commission nationale informatique et liberté, l'amateur de guitare a enfin les pièces entre ses mains : une liasse de sept feuilles ; trois articles de presse et deux notes des RG, rédigées en 1997 et 1998. Son dossier des RG, ce n'est donc que cela ? De son passé, il a été fait table rase. Cette anecdote est à l'image d'une affaire à tiroirs secrets et à portes dérobées.

André Giresse fut aux premières loges. En novembre 1981, ce magistrat ouvre le procès des assassins de Jean de Broglie devant la cour d'assises de Paris. Le président de la cour se souvient d'une dissimulation organisée. « Jamais encore dans l'histoire criminelle, judiciaire et politique de la France, il n'y eut comme dans l'affaire de Broglie un tel mensonge collectif, concerté, orchestré, de tous les responsables policiers[96]. » Dès les préparatifs du crime, la police avait eu vent de la funeste entreprise, mais n'avait rien fait pour l'empêcher. Pour occulter cette faute qui est au moins une cruelle méprise, la haute hiérarchie policière se compromet dans une conspiration du silence.

Comme dans l'affaire Ben Barka, un policier, l'inspecteur Simoné, a apporté son concours au forfait. L'histoire se répète. Elle bégaie. Deux hommes, Gérard Frèche et Serge Tessèdre, tiennent lieu de « bande à Boucheseiche ». Sauf que le tireur, Frèche, n'appartient pas à la noblesse du larcin de Georges Boucheseiche. Ce garçon paumé, assidu des bars, exécute de Broglie contre la promesse d'empocher 50 000 francs, histoire d'offrir un poste de télévision à sa fiancée. Le commanditaire, l'escroc Pierre de Varga, censé être mû par un misérable mobile pécuniaire, à propos d'un restaurant, *La Reine Pédauque*, fait pâle figure à côté du général Mohamed Oufkir, l'homme le plus puissant du Maroc après le roi Hassan II. Piètre galerie de portraits par rapport à l'affaire Ben Barka, mais la police se blesse dans un bris de miroirs déformants autour de la silhouette de De Broglie.

Le président des assises André Giresse ne souffre pas que la police moque la justice en cachant des rapports, en soustrayant des faits, en s'abstenant de chercher « toute la vérité ». Devant la tromperie, le magistrat s'agace, s'irrite, s'énerve. À l'audience du 20 novembre 1981, le président des assises pique une colère froide. D'un ton badin, de ce même ton dont il avait quelques jours plus tôt levé l'audience en invoquant le coup d'envoi du match de football France-Pays-Bas[97], le juge sermonne : « Ce procès concerne une affaire où la victime, qui avait un nom prestigieux et a connu à un certain moment une notoriété politique, a été abattue sur un trottoir d'une voie publique, comme s'il s'agissait d'un simple règlement de comptes dont les mobiles seraient d'ordre financier, pour ne pas dire crapuleux [...]. La police [...] a gardé pour elle [...] des pièces et des informations que la plus élémentaire lecture du code lui commandait de transmettre à la justice [...]. Le ministre de l'Intérieur a menti par omission après l'événement dramatique [...]. Cette affaire de droit commun est ainsi devenue un Watergate français[98]. » Le Watergate ? Avant l'élection présidentielle américaine de 1972, des « plombiers » à la solde de la Maison Blanche avaient posé des écoutes dans les bureaux démocrates du Watergate Building. Le scandale avait obligé le président des États-Unis, Richard Nixon, à la démission.

Des branquignols tuent un ancien ministre, les policiers se font rosser comme dans Guignol. L'ancien ministre de l'Intérieur, Michel Poniatowski, qui de son propre aveu entretenait des relations « médiocres, sinon mauvaises » avec la victime, apparaît dans la ligne de mire du juge. Par contrecoup, l'allusion vise aussi l'ancien président de la République, Valéry Giscard d'Estaing. Le juge qui ne veut « plus de mensonges » achève ainsi de politiser le procès. De notoriété publique, André Giresse avait pris partie pour François Mitterrand avant même que le Charentais ne fondât le parti socialiste. Nul n'en ignore, en tout cas, dans les journaux. Au lendemain de sa spectaculaire injonction, la gauche loue André Giresse, la droite le conspue. *Libération* soutient le magistrat : « Il n'est jamais trop tard pour bien faire. » *L'Humanité* approuve la référence au Watergate : « Faire cette comparaison revient à situer les responsabilités au plus haut niveau. Oui, au plus haut. » À l'autre bord, *L'Aurore* évoque un « règlement de comptes politiques ». *Le Figaro* assène : « Est-ce M. Giscard d'Estaing qui a armé Frèche ? Non ! Alors, pourquoi Watergate, et pourquoi le président Giresse se permet-il, sans preuve, de jeter l'opprobre ? »

Le procès de quatre comparses transforme la salle des assises en enceinte politique. Le box des accusés n'abrite pourtant qu'un escroc, un tueur à gages improvisé, un gérant de boucherie et un inspecteur de police. Que d'énigmes pour un si minable quarteron ! L'un des avocats de la défense n'est autre que Roland Dumas. Au premier jour d'audience, cet esthète du barreau a sollicité que deux témoins soient convoqués à la barre : Roger Chinaud, le seul homme politique à être resté fidèle à de Broglie, son vieux camarade de Sciences Po, et l'ancien président de la République, Valéry Giscard d'Estaing, qui, six mois avant, a prononcé de l'Élysée un « au revoir » un peu compassé avant de sortir, patibulaire, par la porte du fond à gauche. L'intention de Dumas ? Demander à Giscard d'Estaing et Chinaud la raison de l'ostracisme subi par de Broglie depuis que lui fut refusée la présidence de la commission des finances de l'Assemblée nationale en 1973. Le futur ministre des Relations extérieures de François Mitterrand compte sans doute aussi s'amuser à creuser le rôle obscur du prince dans le financement des Républicains indépendants, parti fondé par deux frères ennemis fidèles à Giscard. Les deux hommes sont d'illustres princes : Michel Poniatowski et Jean de Broglie.

Roland Dumas échoue à faire convoquer Giscard d'Estaing, mais Chinaud défère à la justice. À la barre, l'élu parisien proteste : « C'est à la limite de la diffamation que d'avoir exigé ma présence. » De la défense, Chinaud passe à l'attaque. Sa première saillie vise Dumas : « Tout homme qui aspire à de hautes fonctions, comme un des avocats présents dans ce procès, et ne les obtient pas, n'est pas forcément douteux. » Chinaud s'acharne sur Dumas, qui « a du mal à faire la synthèse entre un dossier criminel et son engagement politique [99] ». À la barre, des députés de gauche font contrepoids. Le communiste Georges Gosnat, membre de la commission d'enquête parlementaire sur l'affaire de Broglie, s'exaspère : « Nous avons eu affaire à de nombreux menteurs... qui ont été couverts par la hiérarchie politique. » Le président du groupe socialiste à l'Assemblée nationale, Pierre Joxe, enfonce le clou : il est « incroyable et pas crédible que M. Poniatowski n'ait pas été au courant du projet d'assassinat [100] ».

Vingt ans plus tard, le conseil des enfants de Broglie,

François Gibault, reçoit à son cabinet, un hôtel particulier de la rue Monsieur. Dans ces murs où il a vu le jour au début des années 1930, l'avocat eut la surprise, en 1966, au dernier jour du procès de l'affaire Ben Barka, de trouver à sa porte le colonel Ahmed Dlimi. Le chef de la sûreté marocaine lui susurra : « Je me livre. » À la reprise du procès, le juriste obtint l'acquittement de Dlimi. Libertaire de droite, colonel de réserve de l'armée française, Gibault n'appartient pas à la confrérie des avocats suspicieux toujours prompts à jeter leur dévolu sur les détails qui clochent. Pour cet ancien commandant du 8e régiment de hussards en Algérie, « Ben Barka et de Broglie, ces affaires reviennent au même : l'État était alerté mais n'a rien fait [101] ». La politique a fait le reste, est-il convaincu. Dans un autre procès retentissant, celui des assassins de Yann Piat, l'avocat mondain a défendu les filles de la victime. Pour lui, « l'assassinat de la députée du Var et celui du prince ne furent pas des crimes politiques ; dans ces deux affaires, il n'y a plus d'énigme qui vaille, mais une même exploitation politique à l'origine d'un mystère artificiel ».

Dans son réquisitoire, l'avocat général Marcel Dorwling-Carter avertit : « Ce n'est pas en fonction de la politique que je veux qu'on juge les hommes. C'est en fonction de leur propre nature [102]. » Le procureur s'adresse aux quatre hommes. À Gérard Frèche, d'abord : « Vous êtes le tueur. Un être falot, instable, psychopathe qui ne s'assume pas lui-même. Personnage de second plan. D'un comportement scabreux sur un trottoir de Pigalle, vous êtes tombé plus bas encore. Vous avez été propulsé vers le crime. » À propos de son complice, Serge Tessèdre : « Aussi quelconque que le premier, il a tout essayé et tout échoué, même ses suicides. » À l'inspecteur Guy Simoné : « Vous êtes hâbleur, prétentieux. Vous êtes l'organisateur du crime sur le terrain. La courroie de transmission. Vous auriez pu être un policier excellent, mais vous n'avez pas de morale. » Le commanditaire présumé, Pierre de Varga ? « C'est un être double. Il y a la façade de Varga et le vrai Varga. Celui qui trompe tout le monde. Pendant la guerre, il a travaillé avec les Allemands et les a trompés. Déporté pour marché noir, il a trompé les Résistants. Revenu en France, il a trompé les petites gens. En prison, il a trompé les gardiens, jouant de sa maladie cardiaque. Libéré, il a trompé de Broglie. Les escroqueries sont ses seuls quartiers de noblesse [103]. » Au final, Pierre de Varga, Guy Simoné et Gérard Frèche seront condamnés chacun à dix ans de prison, et Serge Tessèdre à cinq.

L'affaire de Broglie mêle le sucre des faits divers, le sel des cuisines policières et le poivre des officines politiques. Le mélange des genres incombe d'abord à l'homme qui occupe le fauteuil de Cambacérès, Michel Poniatowski, homme de droite anti-gaulliste qui avait dénoncé « la république des copains et des coquins ». Le 24 décembre, un contrat sur la tête de De Broglie est exécuté. Le 29 décembre, le successeur de Joseph Fouché et de Georges Clemenceau profite d'une conférence de presse sur les résultats de la police pour mettre un point d'orgue en forme de point final à l'affaire. Assis face à une nuée de journalistes sous les ors du palais de Beauvau, cet homme rond dans une fonction carrée annonce que l'enquête a été bouclée en cinq jours. Dans les annales de la police, telle célérité constitue une exception : « Le coup de filet est complet. Toutes les personnes impliquées dans l'assassinat de Jean de Broglie sont appréhendées [104]. » Après les félicitations d'usage, le ministre confie au directeur de la police judiciaire de la préfecture de police, Jean Ducret, le soin de divulguer le mobile du crime : « Il existait depuis décembre 1975 un accord financier entre M. Jean de Broglie d'une part et MM. Patrick Allenet de Ribemont et Pierre de Varga d'autre part. M. de Broglie avait consenti à ses deux conseillers juridiques et financiers un prêt de quatre millions de francs qui devait lui être restitué sur sept ans. » Le chef de la brigade criminelle, Pierre Ottavioli, précise : « MM. De Varga et de Ribemont avaient sollicité ce prêt de M. de Broglie parce qu'ils avaient besoin de disponibilités pour l'achat du restaurant de *La Reine Pédauque*. La mort de M. Jean de Broglie exonérait de toute dette MM. De Varga et de Ribemont... » Moins d'une semaine après le crime, les hiérarques policiers estiment avoir établi la répartition des rôles. Ils sont allés vite en besogne, un peu trop vite même. Le second associé de *La Reine Pédauque*, Patrick Allenet de Ribemont, bénéficiera finalement d'un non-lieu après avoir été publiquement cloué au pilori. La Cour européenne des droits de l'homme condamne même la France à lui verser deux millions de francs pour l'avoir présenté « sans nuance ni réserve » comme l'un des instigateurs.

Pourquoi tant de hâte à rendre publics les noms des suspects, et sans y mettre de conditionnels ? Parce que la veille, le 28 décembre, deux hebdomadaires, *Minute* et *Le Canard enchaîné*, ont levé le voile sur les affaires peu orthodoxes du prince. Dans le journal satirique paraissant le mercredi, sous le titre *Un prince qui se tuait à faire des affaires*, un article ironise sur les « combines montées naguère en sa compagnie pour financer le parti giscardien [...] , de quoi donner quelques insomnies à l'autre prince, ministre de l'Intérieur celui-là ». Ces sueurs froides, considère-t-on place Beauvau, justifient des entorses à la règle. À l'heure où les coupables présumés sont cloués au pilori de l'opinion publique, aucun d'entre eux n'a même été inculpé. Ils ont été entendus pour des broutilles annexes, des prétextes pour les placer en garde à vue. Mais la vérité officielle n'attend pas. Surtout quand elle est fragile. « Cela ne tient pas debout », s'offusque la veuve du prince sur les ondes d'une radio périphérique [105]. « Vulgaire opération de propagande », accuse François Mitterrand dans l'organe du parti socialiste. Lequel, avant le procès, dédouanera le ministre : « Il n'y a pas, pour moi, d'affaire Poniatowski. » Exonération du ministre, certes, mais mise en cause tout de même : « Il y a une affaire d'État ; tout le montre [106]. »

L'intention de Poniatowski, lors de sa conférence de presse, est de placer sous l'éteignoir les bougies autour du linceul. Aucun ministre ne daigne assister aux obsèques. La faute « aux intempéries », selon les « empêchés de la météo ». Le ciel bas et lourd pèse comme un couvercle, dit le poète. Ce couvercle-là couvre une marmite bouillante. Les anciens amis de l'ex-secrétaire d'État rechignent à s'y brûler. Jean de Broglie s'était mêlé d'affaires étrangères à son rang, victime d'une dérive « affairiste ». Le dilettante passionné d'histoire goûtait les marginaux, les sulfureux, les gens « à la limite ». En réserve de la République, il avait besoin d'espèces et fréquentait les amateurs de fortunes faciles. En 1968, Jean de Broglie et son conseiller financier fondent au Luxembourg la Sodetex, une société souscrivant des emprunts sur le marché des eurodollars. La Sodetex collecte des capitaux pour sa maison mère, une firme espagnole de machinerie textile, la Maquinaria Textil del Norte de Espagna (Matesa). En échange de cette manne pécuniaire, la prospère Matesa reverse de juteuses commissions. Las ! La *success story* de la Matesa s'évanouit dans le scandale. L'entreprise textile est emportée dans une gigantesque faillite. Le gouvernement espagnol lui versait des primes à l'exportation indues [107]. La note se chiffre en milliards de pesetas. Le scandale retentit d'autant plus fort que la Matesa semble adossée à une société religieuse très puissante à Rome et Madrid, l'Opus Dei. L'administrateur judiciaire de la Matesa réclame à la Sodetex les sommes perçues. Mais les actifs financiers de la société luxembourgeoise administrée par de Broglie ont été grevés par de curieux prélèvements, d'une vingtaine de millions de francs. À l'époque, la rumeur impute ces « trous » dans la comptabilité au financement des Républicains indépendants, le parti créé à l'initiative de Valéry Giscard d'Estaing, dont le prince fut le secrétaire général et le trésorier. Après l'échec calamiteux de la Sodetex, de Broglie tente de se refaire avec la Sofradec, destinée au négoce avec le monde arabe, puis fonde la Brincom, une société de commerce d'armes sous couvert d'activité de promotion des entreprises françaises au Moyen-Orient. Les services secrets s'intéressent de près à la Brincom, car l'associé de De Broglie agit en cheville avec la Sécurité militaire algérienne. Ces accointances dangereuses signent la mort politique du prince [108]. Nouveau dirigeant des Républicains indépendants, Michel Poniatowski tire argument de ces « affaires privées » et d'un « contentieux fiscal alors en cours d'étude » [109] pour réduire l'influence de De Broglie.

Le 1er avril 1976, l'inspecteur Michel Roux, affecté à la dixième brigade territoriale (10e BT), rédige un rapport qui n'a rien d'un poisson d'avril. Il évoque une émission de faux bons du Trésor, dont « les commanditaires étaient deux hommes de grand renom, l'un étant propriétaire de grands restaurants parisiens, l'autre exerçant une activité politique ». L'informateur de Michel Roux lui glisse l'identité des protagonistes. Le « restaurateur » s'appelle Pierre de Varga. L'homme politique : Jean de Broglie, soixante ans. Le 27 septembre 1976, l'inspecteur apporte une information cruciale : « À la suite d'une indélicatesse commise par l'homme politique lors d'une affaire précédente portant sur plusieurs millions, ce dernier devait être abattu par des hommes de main dans les jours prochains. » Le 24 septembre 1976, donc, un policier de la 10e BT avertit sa hiérarchie noir sur blanc : la vie du prince est menacée. Après le passage à l'acte, la police se gardera bien de faire état de sa prescience auprès du juge d'instruction Guy Floch. De cette révélation prémonitoire, les hiérarques de la police se seraient bien passés. Ils la taisent et toisent le juge. Lequel juge passe d'ailleurs le plus clair de son temps, lors des premiers jours de l'enquête, dans les locaux de la brigade criminelle. Pendant que dans les couloirs les policiers murmurant se passent le mot sur les rapports Roux, Guy Floch visionne la conférence de presse de Michel Poniatowski sur le téléviseur du chef de la brigade, Pierre Ottavioli. Mais, le 22 janvier 1977, Gérard Frèche met la puce à l'oreille du magistrat, en attirant son attention sur « monsieur Albert ». Lors d'une conférence de presse, l'avocat de Frèche, Marcel Ceccaldi, nargue la police : « Mon client vient de révéler au juge qu'à trois reprises un certain monsieur Albert avait filé le prince avec lui. Le jour même du crime, il devait l'aider à s'enfuir en voiture. J'espère que la police va communiquer rapidement l'identité de ce personnage au magistrat. Si elle ne le faisait pas, mon client se ferait un plaisir de lui rafraîchir la mémoire[110]. » Monsieur Albert – c'est son surnom – se retrouve ainsi dans le bureau du juge, puis écroué à la Santé. Sur procès-verbal, ce tenancier de bar s'en tient au mutisme. Mais lorsque le juge Guy Floch lui rend visite derrière les barreaux et l'interroge d'homme à homme, monsieur Albert devient volubile. Il raconte avoir informé l'inspecteur Michel Roux des projets d'assassinat contre de Broglie. Ce tuyau, selon lui, a fait l'objet de rapports destinés à la hiérarchie.

Un point à vérifier, songe Guy Floch. Le 20 décembre 1977, le juge convoque le directeur de la police judiciaire, Jean Ducret. Sans fard, il lui pose la question : « Monsieur le directeur, avez-vous été informé de menaces pesant sur la vie de Jean de Broglie avant le meurtre ? » Réponse formelle du haut responsable policier : « Non. » Délibérée ou pas, la spirale du mensonge commence à cet instant. La dénégation d'État va durer plus de deux ans. Jusqu'à ce que *Le Canard enchaîné* publie le rapport de Michel Roux, en avril 1980. La preuve est alors faite que la police, au moins par impéritie, a fermé les yeux. « L'accusation est d'une extrême gravité puisqu'elle signifie que la police a laissé s'accomplir le crime. Ce qui implique nécessairement l'accord des plus hautes autorités de l'État », écrit un substitut. Le directeur de la police judiciaire, Jean Ducret, se défend au plus mal. Devant l'opinion publique, il persévère dans l'erreur volontaire : « Les informations contenues dans ces rapports ont été portées verbalement et en totalité à la connaissance du juge d'instruction dès le début de l'enquête. » Au ministre de l'Intérieur en exercice, Christian Bonnet, le grand flic écrit que Michel Poniatowski n'a jamais été mis au courant de l'existence de ces rapports, pas même après le crime [111]. À l'évidence, c'est faux.

Ce rebondissement entache le dossier judiciaire, clos le 21 mars 1980 par la juge Martine Anzani, qui avait succédé à Guy Floch. Avant le procès, le président de la chambre d'accusation de Paris, André Chevalier, procède donc à un supplément d'information. Surtout, l'opposition de gauche demande la constitution d'une commission d'enquête parlementaire. La majorité n'a pas le choix. Sauf à absoudre la hiérarchie policière sans autre forme de procès, elle ne peut que souscrire à cette requête. L'enquête des députés porte sur la violation du secret de l'instruction et la connaissance des rapports de police justifiant le cas échéant un renvoi de Michel Poniatowski devant la Haute Cour de justice. Une instance présidée autrefois par Jean de Broglie. À vrai dire, ce travail parlementaire présente peu de risques pour l'ancien ministre de l'Intérieur. La commission élit en effet à la fonction de rapporteur le député Gérard Longuet (UDF), ex-cofondateur du groupuscule d'extrême droite Occident et ancien chargé de missions au ministère de l'Intérieur. Volonté de « cadenasser[112] », selon les termes du député socialiste Louis Odru ? Gérard Longuet concède être l'ami de « Ponia », « comme d'ailleurs l'ensemble des membres du groupe UDF », mais à la table, selon lui, personne ne saurait être neutre. Devant les députés, le conseiller à la Cour de cassation André Braunschweig s'insurge contre « l'affirmation d'une culpabilité et le caractère de certitude conféré au mobile proclamé » lors de la conférence de presse du 29 décembre. Cet ancien président de l'Union syndicale des magistrats, qui avait instruit le dossier du faux attentat de l'Observatoire contre François Mitterrand, critique la « pression » exercée sur le juge d'instruction[113]. Garde des Sceaux au moment des faits, Olivier Guichard rappelle le « profond étonnement de la Chancellerie ». Le juge Guy Floch n'a pas été consulté, ni même averti, avant la conférence de presse. Il a assisté « à sa retransmission télévisée dans le bureau du commissaire Ottavioli[114] ».

Le défilé des policiers devant la commission confine à la cacophonie. À la lecture du rapport de l'inspecteur Roux du 27 septembre 1976, qui « pour la première fois à sa connaissance, mettait nommément en cause M. Jean de Broglie, et faisait état d'une menace sur sa vie[115] », le directeur de la police judiciaire à la préfecture de police, Jean Ducret, affirme avoir « demandé à la brigade financière des renseignements complémentaires et, à la 10e brigade territoriale, de poursuivre ses investigations ». A-t-il rapporté ces informations à ses supérieurs, au préfet de police de Paris, au directeur central de la police judiciaire, au ministre de l'Intérieur ? Réponse négative, « aucun renseignement de nature à étayer les éléments contenus dans ce rapport ne lui étant parvenu ». Le préfet de police, Pierre Somveille, ne voit pas matière à critique[116]. Diffuser des informations aussi « fantaisistes », c'eût été sombrer dans la « basse police ».

Et après la mort du prince ? Le chef de la brigade criminelle, Pierre Ottavioli, ne cache pas avoir reçu copie des rapports au début de l'après-midi du 24 décembre. Mais il s'est abstenu d'en faire mention au juge, car « cette communication aurait inéluctablement amené la divulgation du nom de l'informateur [117] ». Au magistrat, la police a dissimulé d'autres avatars. À savoir que la petite bande qui allait tuer de Broglie était depuis longtemps sous étroite surveillance. René Plouy, ancien inspecteur divisionnaire à la brigade de recherches et d'intervention (BRI), explique aux députés qu'il « a été chargé, à la fin de septembre 1976, d'exercer des filatures sur [un] individu qui avait été signalé comme étant susceptible de commettre des agressions à main armée [118] ». Ce truand présumé aurait été pressenti pour assassiner le député de l'Eure. Selon le policier, la BRI l'ignorait. Du péril sur la tête de De Broglie, la brigade n'avait pas été tenue au courant. Il n'était question que d'une enquête sur des tableaux volés à Ville-d'Avray, notamment un chef-d'œuvre de Corot, *Saint Jérôme prêchant dans le désert*.

Un mois jour pour jour avant le crime, les limiers de la BRI « filochent » leur suspect jusqu'au café *Chez Simone*, rue de Maubeuge. Caché dans son véhicule de planque, René Plouy décèle des interférences dans ses messages radio, puis détecte la présence d'un autre « sous-marin ». À l'intérieur, des agents de la 10ᵉ BT. Eux ont à l'œil l'inspecteur de police Guy Simoné, sur qui l'informateur monsieur Albert a attiré leur attention. Se marcher sur les pieds ne peut pas durer. Ordre est donné à la 10ᵉ BT de se retirer pour laisser toute la place à la BRI. Sur cet incident, un ancien inspecteur de la BRI, Jean-Bernard Vincent, « bave », comme on dit dans le jargon de la police. Son chef de groupe et lui-même ont déjeuné avec leur collègue Michel Roux le lendemain de l'algarade devant *Chez Simone* : au cours de ce déjeuner, ce dernier a parlé très précisément de tous les éléments contenus dans ses deux rapports, avec notamment le nom de Simoné. Le nom de M. de Broglie a également été cité à ce moment-là par l'inspecteur Roux, après cependant beaucoup d'hésitations [119]. Michel Roux confirme. Le 25 novembre, il a bien tenu ces propos au restaurant de l'Assistance publique, à proximité de l'hôtel de ville. D'ailleurs, ajoute le policier, il avait déjà mis au parfum des agents du « groupe Plouy » « au cours des mois d'octobre et de novembre 1976 ».

Le jour de l'audition de l'inspecteur Jean-Bernard Vincent par la commission d'enquête parlementaire, *Le Canard enchaîné* dépose une nouvelle pierre dans le jardin de la préfecture. Un relevé d'écoute téléphonique daté du 5 octobre 1976 mentionne que la BRI a surpris un voyou en train de parler d'une « affaire » à l'un de ses amis : « Le contrat, le château, le prince, dans l'heure ». Il ne faut pas être grand clerc pour décoder les allusions. La retranscription, affirme Vincent, « correspond tout à fait au type de document qu'il a eu l'occasion de lire à ce moment ». Jamais « il n'a été question de contrat », proteste Plouy, qui s'insurge contre un « faux manifeste ». Chef de la BRI à l'époque des faits, le commissaire divisionnaire Marcel Leclerc conteste aussi l'authenticité des propos du voyou publiés dans *Le Canard enchaîné* : « La mise sur écoute de sa ligne téléphonique a été demandée le 14 octobre et a été pratiquée effectivement le 20 octobre. Elle s'est poursuivie jusqu'au début du mois de mars 1977 [120]. » Dans ses mémoires, le commissaire Leclerc est plus précis : « Cette prétendue fiche d'écoute est un faux intégral. Et nous n'aurons aucune peine à démontrer la supercherie. L'indicatif "Ronéo 13" apposé sur le document ne correspond pas à celui qui a été officiellement attribué à l'écoute de Bernard. Le timbre "confidentiel" apposé sur la fiche est complètement bidon. Sur les fiches originales d'écoutes, figure une seule et unique mention : “source secrète”[121]. »

Impossible d'épuiser tous les mystères de l'affaire de Broglie. Une simple date du calendrier, le 8 décembre 1976, recèle moult énigmes. Ce jour-là, les hommes de la BRI font le pied de grue aux abords de l'auberge Henri IV à Marly-le-Roi. Guy Simoné a installé son quartier général dans cet établissement. L'inspecteur qui n'a pas les yeux dans sa poche se rend compte de la présence de l'Estafette de la police, en planque aux abords. Le policier qui se sait surveillé s'approche du « sous-marin » de ses collègues, colle son front contre les vitres du fourgon pour deviner les silhouettes à l'intérieur. Simoné pousse la provocation jusqu'à prendre la camionnette de police en filature sur l'autoroute. Le monde à l'envers. Suite à cet incident, la hiérarchie policière met fin aux surveillances. À la même date, le 8 décembre 1976, l'agenda de Jean de Broglie contient une mention étonnante : « Dîner Ponia. Ministère de l'Intérieur[122]. » Poniatowski démentira avoir eu le moindre rendez-vous avec de Broglie ce soir-là. À cette heure, le commando s'est posté devant le domicile de De Varga pour exécuter le contrat sur le prince, censé passer chez son conseiller. Mais Jean de Broglie a droit à un sursis. Par chance, il annule son rendez-vous chez son conseiller financier. Le 8 décembre, le jour même où la police a interrompu ses filatures, il a bien failli passer de vie à trépas. La mort lui accorde deux semaines de sursis.

Le « crime fortuit »

> « Jamais un coup de dés n'abolira le hasard. »
>
> Stéphane Mallarmé

De cet enfant des bords de la Vilaine, le curé du village de Sainte-Anne voulait faire un instituteur. Premier prix de philosophie de l'Académie de Rennes, le jeune Marcel Leclerc n'a pas entendu l'appel de l'ecclésiastique. Au lycée Chateaubriand de Rennes, il lit avec délectation une brochure de l'École universelle, vantant la police. Un professeur tente de le détourner de ce « métier négatif ». Mais l'étudiant a la vocation, et cela ne se commande pas. En 1960, à vingt-cinq ans, Leclerc réussit le concours de commissaire de police de la préfecture de police de Paris. Cinq ans plus tard, le jeune homme met le pied dans les remugles des affaires d'État. La première à lui échoir concerne la disparition de l'opposant marocain Mehdi Ben Barka. Affecté à la Brigade criminelle, 36 quai des Orfèvres, le commissaire en herbe participe à une perquisition dans le bureau d'un policier à la Brigade mondaine, puis dans son appartement du boulevard Richard-Lenoir. « Pour moi, jeune policier témoin de ces rebondissements, l'expérience est surréaliste : ce sont des hommes de la maison que l'on suspecte, que l'on confronte à leurs informateurs, qu'il faut interroger sans complaisance. C'est le monde à l'envers[123]. » Le code de procédure pénale est aussi à l'envers. Normalement, la justice donne les ordres et la police s'incline. Mais cette fois-ci le chef de la Brigade criminelle, Maurice Bouvier, résiste aux injonctions du juge d'instruction Louis Zollinger. Marcel Leclerc assiste à ces anicroches. Plus de dix ans plus tard, le commissaire a pris de la bouteille et du galon, quand survient l'affaire de Broglie, qui donne lieu à des bisbilles plus virulentes encore entre la robe et l'uniforme. Chef de la brigade antigang, Marcel Leclerc défend sa cause. Non, jure-t-il, lui et ses hommes n'étaient pas au courant du contrat sur la tête du prince. Non, la hiérarchie n'a pas voulu soustraire des éléments à la justice. Selon Leclerc, si le directeur de la police judiciaire a menti, ce n'était qu'un pieux mensonge, pour éviter de divulguer le nom de l'informateur de la dixième brigade territoriale.

Ardent défenseur de la police et des policiers, le Breton, qui a traqué Mesrine et les frères Zemmour, parle comme si Charles Péguy avait tort dans *Notre jeunesse*, comme si la mystique ne dégénérait jamais en politique. À l'épreuve des faits, il y a pourtant de quoi se raviser. Leclerc prétend n'être « pas politique pour un rond ». Le commissaire sort malgré tout de l'affaire de Broglie avec une étiquette de droite, car le ministre de l'Intérieur giscardien Michel Poniatowski et la hiérarchie policière avaient partie liée. En 1982, le socialiste Gaston Defferre choisit de le muter à la direction du SRPJ de Marseille. Marcel Leclerc traîne les pieds. Dépité de n'être pas obéi, le ministre de l'Intérieur s'énerve. Le cas Leclerc déclenche une polémique entre le Syndicat des commissaires, plutôt orienté à droite, et la Fédération des syndicats de police, classée à gauche. Cette dernière réclame sa tête et vise son talon d'Achille : Leclerc a échoué à élucider des crimes symboliques, les assassinats d'Henri Curiel et de Pierre Goldman. Don Quichotte de la Révolution, braqueur flamboyant et poète, le frère du chanteur de variétés Jean-Jacques Goldman avait été abattu le 20 septembre 1979 à Paris et ce crime revendiqué par un mystérieux groupe Honneur de la Police qui n'a jamais été identifié.

Il est une autre affaire ayant résisté à la sagacité du commissaire : la mort de l'ancien ministre Joseph Fontanet. Trois mois après le suicide de Robert Boulin, trois ans après l'assassinat du prince Jean de Broglie, un troisième habitué des maroquins ministériels décède dans la violence. Cette trilogie maudite empoisonne le septennat de Valéry Giscard d'Estaing. En charge du portefeuille de la Santé du temps du général de Gaulle, ministre de l'Éducation nationale puis du Travail sous la présidence de Georges Pompidou, Joseph Fontanet avait la réputation d'un parfait honnête homme. Pour la présidentielle de 1974, il avait soutenu Chaban-Delmas. Ruiné politiquement pour avoir misé sur le mauvais cheval, l'ancien député se reconvertit dans le privé. En 1977, il lance un journal, *J'informe*, avec l'espoir de concurrencer *Le Monde*. Mais l'expérience éditoriale est de courte durée. *J'informe* n'est pas viable. L'épilogue de la vie de Jean Fontanet approche. Le point final de son histoire s'écrit le soir du 31 janvier 1980. Durant la soirée, l'ancien serviteur de la République anime une conférence à Viarmes, dans le Val-d'Oise. Devant un groupe d'élus, il disserte sur la « gestion économique d'une municipalité ». Dirigeant de la Société d'études et de réalisations pour les équipements collectifs (Soderec), l'ancien ministre présente un plan de financement géré par informatique[124]. Après la conférence, Jean Fontanet décharge de sa Renault cinq le matériel audiovisuel ayant servi à son exposé. Il le porte dans son appartement, boulevard Émile-Augier à Paris. Puis le chrétien-démocrate raccompagne un collaborateur dans le XVe arrondissement. Au coin de la rue Violet et de la rue de Grenelle, l'ancien ministre prend congé de son passager et fait demi-tour. Un quart d'heure plus tard, son dernier geste consiste à se pencher sur le coffre de sa voiture. Soudain, une balle de calibre 11,43 lui perfore le torse. Fontanet s'écroule en face du numéro 36 du boulevard. Peu après, un couple sort d'une réception par le porche du numéro 40. Coïncidence incroyable, Sylvie et Emmanuel de Las Cases arrivent les premiers sur les lieux. Sylvie est la sœur du président de la République Valéry Giscard d'Estaing et Emmanuel son époux. Avec deux autres invités de la soirée, les Las Cases appellent du secours et se penchent vers le blessé. Comme dans les films, Fontanet a tout juste la force d'articuler « voiture... tirer » avant de perdre connaissance. Une rapide réanimation à l'hôpital Laennec, puis une intervention chirurgicale de six heures, ne le sauvent pas. Il décède le lendemain sans avoir prononcé un autre mot.

En quelques heures, de multiples revendications brouillent le travail des enquêteurs de la Brigade criminelle. Les « Brigades juives », la « Section arabe du refus », un « Groupe d'intervention antifasciste et pour l'unité du patronat armé », un « Mouvement contre le gouvernement fasciste », les « Brigades autonomes révolutionnaires », des organisations pour la plupart fictives, prennent à leur compte la mort de l'ancien ministre (*Le Matin de Paris*, 2 février 1980). Mais aucun détail dans leurs communiqués ne permet de les authentifier. Les « Brigades autonomes révolutionnaires » affirment seulement à l'Agence France Presse que « l'attentat a été commis à bord d'une Alfetta de couleur bordeaux à minuit dix-sept ». Rien ne permet de le vérifier. Aucun témoin n'a vu la voiture. Malgré cette profusion de revendications, ou à cause d'elle, les enquêteurs ne savent pas dans quelle direction chercher. Pour la police, Joseph Fontanet est un homme « sans histoires », sans zones d'ombre. Certains trouvaient falot cet homme de bonne famille. Avec son visage sec, il déclinait l'outrance. Des combats de l'ombre de la Résistance, il avait conservé une sobriété, une raideur, une droiture. Jacques Chaban-Delmas adresse des louanges au défunt : « S'il y avait beaucoup de Joseph Fontanet, la France et le monde ne connaîtraient ni méchanceté, ni violence, ni haine. » L'ancien ministre de l'Intérieur Michel Poniatowski participe au concert de compliments : « Vous connaissez ce beau poème du Kipling : "C'était un homme, mon fils" *[sic]*. Eh bien il s'applique à lui[125]. » Même le premier secrétaire du parti socialiste, François Mitterrand, vante la « délicatesse de cœur[126] » de Fontanet. Le Premier ministre, Raymond Barre, que la perspective d'un nouveau scandale façon Boulin ou de Broglie inquiète, lance une phrase maladroite : « Nous n'avons pas d'informations sur les auteurs de cette attaque. Il serait exagéré de conclure de cet acte criminel que la sécurité des Français est en péril. Cet événement est sans doute inquiétant, mais il n'est pas significatif d'un degré d'insécurité dans notre pays[127]. »

Que s'est-il passé cette nuit-là sur le boulevard Émile-Augier ? Dans son lit, la concierge de l'immeuble a entendu une détonation. Elle ne s'est pas levée, ayant cru à une explosion de gaz. Les hommes de Marcel Leclerc ne retrouvent pas de témoins directs. Ce qui ne les empêche pas d'échafauder aussitôt des hypothèses. Entre « crime fortuit » et « meurtre absurde », leur esprit balance. L'ancien député de la Savoie leur semble avoir un profil si lisse qu'ils ne croient pas qu'on l'ait visé lui. D'où l'idée d'une erreur sur la personne ou d'un tir au hasard, un geste à la Lafcadio, le personnage gidien des *Caves du Vatican*. En douze ans, les altercations entre automobilistes ont fait cinq morts dans les rues de Paris. Fontanet serait-il le sixième nom d'une liste aberrante ? Les enquêteurs s'orientent vers une équipe de jeunes malfaiteurs, la « bande à Thérèse », versée dans les chevauchées sauvages en voiture. Au lendemain de l'assassinat de l'ancien ministre, ces malfrats du quartier de la Goutte d'Or, dépravés comme dans *Orange mécanique*, braquent leur fusil sur un automobiliste. Ils appuient sur la détente, mais sans gravité. Une semaine plus tard, les voyous enivrés de drogue et d'alcool, grisés d'actions violentes, tirent sur une voiture dans le Bois de Boulogne. Le chauffeur avait eu le tort de doubler leur 504. Ces bandits sont alors dotés d'une arme d'un calibre de 11,43. Voilà qui semble coller. Quand, fin février, les policiers mettent fin à la folle cavale de la « bande à Thérèse », ils jureraient que l'expertise du 11,43 n'est plus qu'une formalité. La police tient ses coupables. Le dossier est bouclé. Las ! L'expert balistique est formel : le pistolet de la « bande à Thérèse » n'est pas celui qui a servi à tuer Fontanet. Mandatés à leur tour, des spécialistes allemands confirment la première expertise. La bande est mise hors de cause. Mais le commissaire ne démord pas de cette piste. Dans ses mémoires, *De l'antigang à la criminelle*, Marcel Leclerc invoque deux courriers envoyés par des détenus, l'un en 1980 au garde des Sceaux Alain Peyrefitte, l'autre en 1986 au chef de la Brigade criminelle, dénonçant Thérèse et son ami Stéphane, qui se seraient vantés derrière les barreaux d'avoir tué Joseph Fontanet. Le problème est que Stéphane s'est suicidé en 1983 dans sa cellule de la prison de Fresnes. À cette thèse, la veuve de Fontanet, Hélène, est disposée à croire en dépit de la faiblesse de l'argumentation. Elle incline en même temps pour une autre hypothèse, celle d'une erreur sur la personne. Les tueurs auraient confondu son époux avec leur véritable cible, un général iranien qui avait donné des ordres sanguinaires sous le régime du

Shah. En 1984, ce général était abattu tout près du boulevard Émile-Augier. D'un premier attentat, il était sorti indemne. Or le militaire oriental ressemblait à Joseph Fontanet. En tout cas, Hélène Fontanet récuse toute piste sulfureuse, autour des négociations pour la construction d'un palace et d'un casino à Annecy. Le lendemain de sa mort, Fontanet, en tant que directeur d'une filiale du Crédit mutuel, devait se rendre en Savoie pour discuter d'un tel projet. « Le hasard a voulu qu'un des collaborateurs de mon mari soit agressé quelque temps plus tard », confie la veuve [128], qui sait pertinemment que dans les salons des beaux quartiers la rumeur court qu'elle est forcée de se taire. En 1982, un membre du gang des Lyonnais cambriolait la maison des Fontanet en Savoie. Des « dossiers explosifs » [129] ont disparu, selon les bruits de couloirs. Pure affabulation. En 1981, à l'arrivée de Gaston Defferre au ministère de l'Intérieur, la veuve de l'ancien ministre rencontre le titulaire de la place Beauvau et son directeur de cabinet, Maurice Grimaud. Les deux hommes lui font part de leur intention de faire la lumière sur l'assassinat de son mari, qui, pendant sa jeunesse, avait fréquenté l'établissement du 104 rue de Vaugirard, tenu par les pères maristes, en compagnie d'un certain François Mitterrand. « Defferre et Grimaud m'ont répondu à la fin qu'il ne pouvait s'agir d'un complot contre mon mari », se souvient la veuve.

L'ennemi public n° 1

> « Le jour où tu liras ces lignes... je serai mort ! »
>
> Jacques Mesrine,
> testament.

Les coïncidences n'arrivent pas toujours par la faute du hasard. Un judicieux démiurge, un tireur de ficelles, se charge semble-t-il d'arranger les aléas. Cet organisateur de conjonctions s'appelle-t-il « providence » ou est-il de chair et d'os ? Obéit-il à un ordre immanent ou aux ordres du pouvoir ? En tout cas, la subtilité de ce maître ès chronologie laisse parfois pantois. Ainsi d'une semaine de l'automne 1979. À l'aube du mardi 30 octobre, le corps de Robert Boulin est découvert, baignant dans l'Étang du Rompu, dans la position de la « prière du musulman ». Le ministre doit être porté en terre quatre jours plus tard, le samedi 3 novembre. Toute la semaine, les chroniqueurs reniflent l'odeur d'une « affaire ». Un malodorant parfum de scandale menace d'empuantir ces obsèques.

La « main invisible » tombe à point. Elle profite de l'instant propice, et exhibe sa baguette magique. La veille de la cérémonie d'enterrement, se produit un événement que le pays tout entier attendait : la mise hors d'état de nuire de l'ennemi public numéro un, Jacques Mesrine. Le vendredi après-midi, donc, les journalistes affluent sur la place de la porte de Clignancourt. Le truand vient d'être criblé de balles par quatre policiers cachés et juchés dans un camion. Les photographes mitraillent le truand comme pour l'achever. Tel un attaché de presse, le préposé au commandement de l'opération, Robert Broussard, trie les photo reporters, autorise ou interdit l'approche selon son bon vouloir. Durant sa « carrière », Mesrine a souvent usé de la communication, publiant ses Mémoires prématurés, intitulés *L'Instinct de mort* où il narrait sa vie et son œuvre. Mesrine entretenait des liens épistolaires avec la presse, revendiquant trente-neuf crimes, bien plus qu'il n'en avait commis. Directeur adjoint de la police judiciaire, Honoré Gévaudan avait eu ce bon mot : « Mesrine, c'est un malfaiteur plus l'agence Havas. » À sa mort, la police retourne l'arme de la publicité contre celui qui la maniait si bien.

Tué en place publique, le malfaiteur honni a le sang qui lui dégouline des cheveux, et ce sang fait oublier celui de Boulin, ce trépas cache l'autre. Aurait-elle été choisie à dessein, la date ne serait pas mieux tombée. Un gardien de la paix à la retraite, Gérard Gatineau, s'est présenté de sa propre initiative à un magistrat, en décembre 2000. Le 2 novembre 1979, ce policier syndicaliste était affecté à la circulation à 300 mètres de la porte de Clignancourt. Il a été surpris de voir un député tôt arrivé sur le site. Aussitôt, tel un enquêteur, Gérard Gatineau a fait le rapprochement avec la mort de Boulin. Il en a reparlé à ses collègues du commissariat du XVIIIe arrondissement de Paris. À la mort de Mesrine, ils ont ressenti un malaise. Ces policiers ont réagi à l'instar de la Ligue des droits de l'homme : « La mission de la police est d'arrêter les criminels et non de les tuer. »

Ces questions taraudent également la parentèle de Jacques Mesrine : l'a-t-on « exécuté », pour lui faire payer d'avoir nargué les autorités et pour arranger le coup d'un gouvernement en butte aux rumeurs ? À l'épilogue de sa vie, Jacques Mesrine conduit sa voiture BMW 528 dans les quartiers nord de Paris. Il a quitté l'appartement qu'il occupe rue Belliard, en direction de sa nouvelle planque. Par nature aux aguets, l'ancien évadé ne voit pourtant rien de la nuée de policiers en filoche. Sa compagne, Sylvie Jeanjacquot, est installée à sa droite, à la « place du mort », mais elle survivra. Un camion bleu, la bâche à moitié enroulée à l'arrière, double la voiture du couple. Il est 15 h 15, ce 2 novembre 1979. Dans quelques secondes, l'homme qui vivait à tombeau ouvert ne sera qu'un cadavre dans une veste de cuir, retenu par sa ceinture de sécurité. Sur ces secondes fatales, pendant des lustres, la justice rechignera à faire la lumière.

La mère et la fille du défunt déposent plainte après dix jours de deuil, pour « assassinat avec guet-apens ». La manifestation de la vérité est un accouchement après une grossesse, mais cette gestation-là dure deux décennies au bas mot. Vingt ans de procédures, de non-lieux en arrêts, d'ordonnances de « refus d'informer » en pourvois. Vingt ans durant lesquels l'appareil judiciaire met la patience et la résistance des parties civiles à rude épreuve. Vingt ans de chausse-trapes, de pièges fondés sur le Code pénal. Le procureur de la République de Paris avait annoncé la couleur lors d'une conférence de presse, le dimanche soir, deux jours après la mort de l'ennemi public numéro un. Ce dimanche soir-là, dans un bureau de l'île de la Cité, les journalistes avaient pu prêter l'oreille à un monologue posthume de Mesrine, enregistré pour sa compagne, sur fond musical : « Bonjour mon amour, il est certain que si je te parle maintenant, c'est que je suis mort [...]. Tu sais, on se retrouvera peut-être... En enfer, évidemment. Mais tu sais, là-bas il fait bien chaud et il n'y a que des gens qui ont voulu se marrer dans la vie... » Sur la bande magnétique, Mesrine chantonnait la mélodie de *Midnight express*.

Ce dimanche soir-là, d'un bureau dont les fenêtres donnent sur les lampadaires du quai des Orfèvres, à un cénacle de journalistes qui ont écouté le testament sonore de Mesrine, le procureur de la République Christian le Gunehec assène : « Rechercher Mesrine, c'était être en état de légitime défense permanente. » Cette trouvaille de droit évite de justifier la « légitime défense ». Ce n'est guère une surprise si, par la suite, la diligence de la justice est prise en défaut. En juillet 1980, le doyen des juges d'instruction de Paris refuse d'enquêter : « Les policiers n'ont commis aucune faute [...] Le gangster ayant affirmé lui-même qu'il se battrait jusqu'au bout. » Le professionnel du hold-up et de l'évasion avait en effet averti les policiers : « Celui qui tirera le premier aura raison. » Mais est-ce une raison pour tirer ?

Le mort a-t-il, avant sa mort, servi sur un plateau les raisons de sa propre mort ? L'argutie n'est pas du goût de la famille. On passera sur les pérégrinations du dossier jusqu'à la Cour de cassation. La juridiction suprême finit par retourner l'affaire à l'envoyeur, au tribunal de grande instance de Paris. En juillet 1984, soit quatre ans après son collègue, un juge d'instruction obtempère aux réquisitions du parquet, qui n'ont pas varié d'un pouce. En bref, refus d'informer, à nouveau. Au risque de lasser, on imagine la suite : recours, avant un retour. Le dossier passe entre les mains de plusieurs juges qui ne l'ouvrent guère, voire pas du tout. Il faut attendre 1991 pour qu'un magistrat mieux disposé que ses collègues exige que l'Identité judiciaire lui fournisse un album photographique. La justice se hâte un peu, mais lentement. Enfin, Hervé Stéphan vient. En 1995, il hérite du dossier. Deux ans plus tard, ce magistrat de bonne réputation sera chargé d'enquêter sur l'accident de la route le plus célèbre du monde, qui, sous le pont de l'Alma à Paris, a coûté la vie à la princesse Diana. Dans le dossier Mesrine, Stéphan convoque des vedettes du petit monde de la « Grande Maison » : les commissaires Robert Broussard, Lucien Aimé-Blanc et Charles Pellegrini. Mais le parquet veille. Pour des motifs juridiques, le ministère public demande et obtient l'annulation pure et simple d'une partie majeure de la procédure. Le feuilleton vire à la farce. Un magistrat reprend le dossier vidé de sa substance : au lieu de ranimer cette survivance judiciaire bien mal en point, le juge lui assène le coup de grâce. Il invoque l'argument « affaire prescrite » pour mettre fin à l'enquête.

Tout ça pour ça. « On nous a fait lanterner vingt ans pour finir par invoquer que vingt ans c'est trop », s'étonne en substance la famille. L'avocate de la fille Mesrine, Me Martine Malinbaum, lasse mais point désespérée, tente un baroud d'honneur : un ultime recours. Jacques Mesrine a déjà passé plus de vingt ans dans sa tombe du cimetière de Clichy. En mars 2000, un miracle judiciaire : la cour d'appel de Paris rétablit la fille de feu le truand dans son droit de connaître la vérité. La magistrate Hélène Sottet s'y emploiera, en tentant de remonter le temps, vérifiant si, comme l'a confié sur les ondes le commissaire Pierre Ottavioli, les policiers ont tiré « d'entrée de jeu ». À force de volonté, la magistrate réussit à faire sortir des tiroirs un rapport d'époque qui établit que Mesrine a reçu des balles dans le bras droit. La position des blessures tend à infirmer la version policière selon laquelle, à la vue d'une horde de policiers qui accourent, Mesrine « d'un geste brusque [...] ouvre sa portière tout en se penchant sur sa gauche, comme pour saisir quelque chose sous son siège [...]. Depuis son évasion, il n'a cessé d'affirmer qu'il utiliserait des grenades pour sauver sa peau [130] ». Des grenades, il n'y en a pas.

Sylvia Jeanjacquot avait rencontré l'homme le plus recherché de France en 1978, dans un bar américain où il avait eu le coup de foudre pour cette barmaid brune au si joli sourire. La belle Italienne ne lisait pas les journaux, ne connaissait rien de son épopée déjà triste et légendaire ; elle s'était entichée du voleur à la prétention romantique sans savoir qui il était, et après ne s'était jamais posé de questions. Près de vingt ans plus tard, en octobre 2000, Sylvia Jeanjacquot est de retour au Palais de Justice de Paris. Pas dans une salle d'audience, mais dans le cabinet confiné de la juge Hélène Sottet. Le témoin, qui perdit un œil dans la fusillade, note que les policiers ont tiré aussitôt une rafale de quelques secondes. Sylvia a regardé Jacques, elle l'a appelé « Bruno », elle a vu qu'il était mort. Un policier l'a sortie de la voiture, elle l'a traité d'« assassin ». La scène narrée par la compagne de Mesrine hésite entre un polar de base et *Les Choses de la vie*. Dans le film de Claude Sautet, le personnage joué par Michel Piccoli repose dans l'herbe : là, Jeanjacquot gît sur le macadam. Sa conscience l'abandonne peu à peu, on lui demande : « Où sont les grenades ? » et elle ne parvient pas à formuler une réponse, elle a froid, elle est mal, elle cherche une main, les secouristes découpent ses habits, on lui enlève sa perruque. Un flic, un blond, la nargue en lui assenant : « Tu me reconnais, je t'ai suivie... » Un individu lui ôte son alliance et sa montre, lui lève le bras et comme ça le laisse retomber sur la chaussée.

Face à la juge, la « belle Italienne » sanglote. Hélène Sottet demande à sa greffière de consigner ces pleurs sur le procès-verbal. Sylvia témoigne : elle n'a pas entendu la moindre sommation, le plus petit cri des policiers. Sylvia se souvient seulement des cris de son caniche hurlant à la mort. De ce chien, Geneviève Adrey parle aussi à la juge. En 1979, ce régisseur de cinéma étudiait la musicologie à la Sorbonne. Le 2 novembre, en début d'après-midi, jeune femme, elle téléphonait d'une cabine publique. Elle assista aux congratulations des policiers, leur sourire aux lèvres. L'un d'eux s'approcha, un chiot dans les bras, sollicitant du secours pour la pauvre bête. Geneviève Adrey a insulté ce policier soucieux pour l'animal. Un homme était mort au volant. Elle a crié : « Assassin ! » Un des tireurs a porté le petit chien dans une pharmacie pour qu'on le confie à un vétérinaire. Il a laissé la carte de son service, la Brigade de recherches et d'interventions, afin qu'on lui envoie la facture. Quand le docteur appela, il paraphrasa la phrase d'Agnès dans *L'École des femmes* : « Le petit chien est mort. »

« Mesrine est mort », aussi. La police avait-elle reçu l'ordre de cette fin tragique ? Non, répondent en chœur les responsables des services. Robert Broussard dirigeait l'opération, à la demande de Maurice Bouvier, directeur de la police judiciaire parisienne. Le 31 octobre, Bouvier a dit à Broussard de ne pas prendre trop de risques, ni pour lui-même, ni pour ses hommes. Impatient Bouvier. Impatient à cause d'une impatience de Matignon, voire de l'Élysée. Robert Broussard se remémore clairement une affaire suivie de près par un pouvoir pressé d'en finir avec cette cavale humiliante. Alors dès la première occasion Broussard donne le signal : « C'est bon, les enfants ! On y va ! »

« Police ! Ne bouge plus ! » Par ces mots hurlés, un des tireurs embusqués dans le camion avait sommé Mesrine de se rendre. Le tireur lui-même s'en explique devant la juge. Tout le monde n'a pas entendu les « gueulantes », comme disent les policiers, mais selon eux cela est de peu d'importance. Alors responsable de l'Office central de répression du banditisme, Charles Pellegrini ne se voile ni la face ni la mémoire : d'accord, il ne se souvient pas de cris préalables, avant-coureurs au tir. Mais lui-même avait averti ses hommes. En substance : « Faites les sommations si possible, sinon tant pis. » En dépit de cette incitation, son témoignage reste formel : jamais le commissaire Charles Pellegrini n'a entendu d'ordre, voire de suggestion, de tuer la cible de l'opération. Autre figure de la police, le commissaire René Georges Querry, alors adjoint de Robert Broussard, use de deux arguments, un de nature morale, l'autre logique, pour réfuter l'hypothèse d'un « permis de tuer ». *Primo* : la culture maison l'interdit. *Secundo* : l'effectif intégral de l'opération comportait quarante hommes, sans que les autorités sachent à l'avance lesquels d'entre eux allaient se trouver les premiers face à l'homme à l'instinct de mort. Il aurait donc fallu les mettre tous au parfum au risque que l'un de ces policiers décline l'ordre « manifestement illégal ». Il n'empêche que les secrets de l'opération n'ont pas tous été éventés. La date à laquelle Mesrine a été, dans le jargon policier, « détronché », c'est-à-dire reconnu, reste inconnue. Un inspecteur de l'Office central de répression du banditisme se souvient : c'était « trois ou quatre jours avant » l'intervention de la porte de Clignancourt. La date de la fin de la cavale de Mesrine a-t-elle été choisie en raison d'impératifs politiques ?

Le mystère de la rue Rollin

> « Un jour, je finirai comme cela, de mort violente. Et c'est bien ainsi que je souhaite finir. C'est la plus belle mort : celle du soldat. »
>
> Henri Curiel [131]

Au Père-Lachaise, le nom d'Henri Curiel ne figure pas sur le répertoire des célébrités distribué aux touristes. La tombe de ce militant révolutionnaire se trouve à gauche après l'entrée principale du cimetière, pas loin de celle de l'écrivain Jules Romains. Sur le marbre noir, l'épitaphe rappelle au visiteur que l'homme sous la pierre est né le 13 septembre 1914 au Caire et a été « assassiné le 4 mai 1978 à Paris, tombé dans sa lutte pour le socialisme et la paix à laquelle il avait consacré sa vie ». Sur un pupitre, un cliché noir et blanc montre Henri Curiel un coude sur une table, dans la posture du militant refaisant le monde. Au numéro 4 de la rue Rollin, dans le Quartier latin qui était pour lui « le plus beau quartier de la plus belle ville du monde [132] », aucune plaque ne prévient le passant du crime perpétré dans l'ascenseur de cet immeuble. Henri

Curiel appartient à ces morts que la République préfère oublier, ces défunts ayant un pouvoir de scandale.

Henri Curiel était un homme composé de strates que l'histoire et la géographie agencèrent dans un seul homme qui aurait pu en être plusieurs. Ce rejeton d'une famille de la bourgeoisie juive italienne a vu le jour en Égypte où il a fait ses études secondaires à l'école des Jésuites de Fagallah puis à la faculté de droit de l'université du Caire[133]. Dès sa majorité, le jeune homme, tiers-mondiste convaincu, choisit la nationalité égyptienne. En 1943, Curiel fonde une organisation clandestine. Expulsé d'Égypte en 1950, le révolutionnaire communiste continue sur les rives de la Seine le combat politique engagé sur les berges du Nil. En 1957, le militant prend fait et cause pour la lutte d'indépendance de l'Algérie, et apporte sa contribution au financement du FLN, à l'instar d'un Francis Jeanson. Arrêté en octobre 1960, il assiste à la fin de la guerre d'Algérie du fond de sa geôle à la prison de Fresnes. À sa sortie, Henri Curiel, désormais apatride, crée Solidarité, un mouvement semi-clandestin dont la raison sociale consiste à aider tous les groupes de libération contre les colons, les dictateurs et les régimes fascistes européens. En octobre 1965, Curiel et l'un de ses proches, Jehan de Wangen, obtiennent pour le futur président de la conférence tricontinentale, Ben Barka, un rendez-vous avec le président de Gaulle. La veille du rendez-vous, le Marocain est enlevé. Treize ans plus tard, Henri Curiel meurt à son tour.

Le 4 mai 1978 est jour de l'Ascension. À 14 h 02, Henri Curiel descend en ascenseur de son appartement de la rue Rollin. Il parvient au rez-de-chaussée mais n'a pas le temps de pousser la porte à double battant de la cabine que quatre détonations résonnent sous le porche. Un homme a pressé sur la détente de son Colt 45 à travers le panneau de l'ascenseur. Atteint de deux balles au thorax et d'une à la gorge, Curiel tombe. Le voilà effondré au sol, les genoux surélevés, la tête inclinée sur sa poitrine. Il tient son agenda à la main. Son décès, d'une hémorragie interne au poumon et au foie, est constaté à 14 h 40. La chape de plomb se fend très vite, au moins en apparence. À 15 heures, un interlocuteur auprès de l'Agence France Presse revendique l'attentat au nom d'un mystérieux « groupe Delta ». Le texte est ainsi rédigé : « Aujourd'hui à 14 heures, l'agent du KGB Henri Curiel, militant de la cause arabe, traître à la France qui l'a adopté, a cessé définitivement ses activités. Il a été exécuté en souvenir de tous nos morts ; lors de notre dernière opération, nous avions averti. » L'opération à laquelle il est fait allusion est l'assassinat du gardien de l'Amicale des Algériens en Europe le 2 décembre 1977, revendiqué par les commandos Delta, en ces termes : « Nous avons exécuté Laïd Sebai, gardien barbouze ; cet avertissement adressé à l'Amicale des Algériens en Europe, soutien financier du FLN de Boumedienne, n'est que le prologue d'actions à venir. » L'expertise balistique prouve en effet que la même arme a servi à tuer Laïd Sebai et Henri Curiel. Quant aux commandos Delta, émanation née de l'Organisation de l'armée secrète (OAS) pendant les « événements d'Algérie » sous la férule de Roger Degueldre, ils n'avaient plus donné signe de vie depuis cette période. Des vétérans ont-ils décidé de reprendre du service ou des tiers usurpent-ils le nom pour mieux se cacher ?

L'assassinat a été exécuté de main de professionnel. Il faut maîtriser son sujet pour parvenir devant l'ascenseur à l'instant où la cible s'apprête à en ouvrir la porte. Penché à sa fenêtre d'un immeuble voisin, un agent huissier de dix-sept ans avait suivi du regard deux individus en train de monter l'escalier entre la rue Monge et la rue Rollin. L'un des deux, en caban bleu foncé, avait enfilé des gants, ce qui, en pleine chaleur, avait surpris le jeune homme.

Au rez-de-chaussée, une dame en visite chez une amie les aperçut en direction de l'immeuble du fond. Aux inspecteurs de la brigade criminelle, elle dit : « Dès qu'ils ont été dans le hall d'entrée de l'immeuble sur cour, j'ai entendu trois coups [134]. » Ponctuels au rendez-vous surprise, les tueurs avaient mené un assassinat parmi « les mieux minutés des annales criminelles [135] ». Même si Henri Curiel était doté d'une nature confite en habitudes, le révolutionnaire n'était pas réglé comme une horloge au point de prêter le flanc à une mécanique criminelle aussi précise sans « top départ ». Qui a donné le signal aux tueurs ? Le surlendemain de l'attentat, interrogée par des policiers, la veuve d'Henri Curiel, Rosette, se souvient d'un curieux manège la veille du décès de son mari. Dans la cage d'escalier, en compagnie de son époux, elle a croisé un individu de 1,75 mètre, cheveux mi-longs. Après coup, elle saurait que cette silhouette correspondait au signalement d'un des tueurs. À la main, il tenait un talkie-walkie. Peut-être venait-il dès ce jour-là procéder à sa sinistre besogne, y renonçant car le militant en ligne de mire n'était pas seul.

Rosette Curiel fut soumise à une volée de questions à la vitesse de la mitraille. Elle répondit : « J'ignore tout du mobile ou des mobiles qui ont fait agir les meurtriers [136]. » Joyce Blau, une amie intime d'Henri Curiel qu'il devait voir au club de yoga cet après-midi-là, ne lui connaissait comme ennemis que « la droite et l'extrême droite ». D'après elle, un article paru dans un hebdomadaire avait constitué un véritable « appel au meurtre [137] ». Dans son numéro du 21 juin 1976, l'hebdomadaire avait brossé un portrait critique de Curiel, affirmant que l'apatride était le « patron des réseaux d'aide aux terroristes ». L'hebdomadaire prétendait lever le voile sur une organisation de soutien terroriste, « probablement la plus importante » du monde. Résumé de cet acte d'accusation contre

Solidarité : « Elle fonctionne à Paris ; elle dispose de correspondants dans près de vingt organisations terroristes dont nous donnons la liste. » Parmi les mouvements cités : l'ETA, le Front de libération du Québec, l'ANC, l'Association des étudiants kurdes en Europe, le VRP brésilien, et le parti communiste en Irak ou en Israël. Cette liste – non exhaustive – mélange alors des structures terroristes à des groupes ayant pignon sur rue adeptes de la non-violence[138]. L'auteur de l'article avançait que Solidarité offrait une assistance technique aux groupes de libération en mettant à disposition logements, caches, passeports et argent. Selon l'hebdomadaire, la direction de la Surveillance du territoire (DST) détenait la preuve que Curiel avait infiltré les milieux gauchistes pour le compte du KGB, les services spéciaux russes. L'article comportait des erreurs, mais Rosette et Raoul Curiel furent déboutés quand, après la mort de leur consort, ils attaquèrent en justice. Dans son offre de preuves, le journaliste avait fourni les statuts de l'organisation de Curiel. Cet extrait mérite une exégèse : « Les activités de Solidarité ne sont pas une participation directe aux luttes de libération, mais une aide à ceux qui mènent ces luttes comme ils l'entendent. » « Comme ils l'entendent », cela signifie en creux « même de manière violente ». La cour d'appel de Paris a considéré que « ceux qui ont choisi d'agir dans le secret et la clandestinité » ne peuvent se plaindre lorsque manquent « les preuves tangibles qu'ils s'efforcent eux-mêmes de faire disparaître de façon systématique »[139].

Qui a confié au journaliste un dossier sur Curiel ? D'après deux spécialistes des services de renseignement, Roger Faligot et Pascal Krop, un faux « officier de la CIA ». Cet agent de renseignement, présenté par un ami commun, aurait livré des documents au journaliste à l'aéroport d'Orly. Une opération de manipulation rondement menée. Car l'espion ne travaillait pas pour les services secrets américains, mais pour les Français. À la sortie de l'aéroport, l'« Américain » aurait jeté son chewing-gum, repris son accent parisien et serait rentré à la « Piscine », le siège des services secrets français dont il dépendait[140]. À la lecture du magazine, Henri Curiel sent que le ciel de France lui tombe sur la tête. Selon Rosette Curiel, son mari souffre alors le martyre : « Il ne supportait pas d'être associé au terrorisme. Le terrorisme représentait pour lui le comble de l'idiotie politique et une horreur sur le plan humain. Il a eu honte, comme si on en avait fait un pestiféré, un lépreux[141]. » Mais le 6 juin 1977, l'hebdo remet une couche au vitriol sur Curiel. Cette fois, il est question de son cousinage avec l'un des espions les plus célèbres du monde, George Blake. Cet agent de Sa Majesté s'est révélé, après son arrestation en 1961, avoir travaillé au profit de Moscou. Blake avait livré au KGB des éléments ultrasecrets sur la manière dont les Alliés espionnaient à Berlin leurs ennemis de la Guerre froide. Blake, qui s'échappa de prison en 1966 et réussit à rejoindre Moscou, n'avait-il pas été influencé par son cousin germain Henri, fréquenté alors que la Seconde Guerre mondiale n'avait pas encore eu lieu ? Le 24 octobre 1977, le magazine allemand *Der Spiegel* cloue à son tour Curiel au pilori. Une semaine auparavant, l'on a retrouvé la dépouille d'Hans-Martin Schleyer, patron des patrons allemand, dans le coffre d'une voiture à Mulhouse. La presse allemande s'en prend alors aux réseaux d'aide au terrorisme et, singulièrement, à Curiel.

En France, le gouvernement doit montrer sa poigne. D'octobre 1977 à janvier 1978, le militant tiers-mondiste se retrouve assigné à résidence à Digne. À l'hôtel où la police le cantonne, Henri Curiel subit la compagnie de sept anges gardiens. La nuit, après avoir verrouillé la porte de l'hôtel, ces armoires à glace la bloquent en plaçant leur lit contre les battants. À certains signes les visiteurs se demandent si les gardiens ne sont pas plutôt des gardes du corps et si la vie de l'intéressé n'est pas menacée [142]. Un jour, deux policiers de la répression du banditisme de Marseille sont même interpellés par des gardiens de la paix locaux car ils tournent un peu trop près autour de Curiel. Mais l'incident est vite étouffé [143]. Postés derrière les murs de la chambre de Curiel, deux inspecteurs de la DST prêtent l'oreille à ses conversations. Pour le service de la rue Nélaton, c'est une habitude. Le contre-espionnage, qui a déjà arrêté le Cairote en 1960, a réussi le coup de force de recruter une source au sein de la direction de Solidarité. Semble-t-il, la DST sait de l'intérieur que Curiel n'a rien d'un agent du KGB parce que ce communiste atypique soutient des mouvements en butte à la ligne soviétique [144]. Aux enquêteurs de la Préfecture de police, le directeur de la DST, Marcel Chalet, concède que son service a souvent diligenté des enquêtes sur Curiel dans le cadre de la surveillance de l'espionnage et des ingérences étrangères. Mais Marcel Chalet ne révèle rien des résultats de ces travaux de l'ombre, à cause du « secret défense ». Au juge d'instruction Guy Joly, le directeur du contre-espionnage jure que son service n'est pas à l'origine des articles de presse sur le personnage de Curiel. Marcel Chalet insiste pour que le juge consigne sur procès-verbal que la DST ne détient aucune information sur « l'origine, les auteurs et les motivations de cet assassinat [145] ». Mais le service ne montre pas d'empressement à aider le juge. Lors de la séance de l'Assemblée nationale du 7 décembre 1979, le député Jean-Pierre Chevènement interpelle le ministre de l'Intérieur Christian Bonnet : « N'est-il pas curieux que dans l'affaire Curiel, le juge d'instruction ait dû attendre jusqu'à ces dernières semaines pour obtenir communication du dossier détenu par la DST, alors que dans *Minute* [...], le 10 mai 1978, Roland Gaucher et Jacques Tillier étaient en mesure de donner le numéro du dossier, à savoir

531-916, et même le nombre de sous-cotes – il y en avait 144 ? » Chevènement se demande « quelle puissance occulte décourage à ce point les recherches ».

Lors de l'enquête sur la mort de Curiel, la DST craint que ses ficelles et les fils qu'elle a tissés autour du résident de la rue Rollin ne soient déroulés comme une pelote par les policiers. Lors de l'enquête de voisinage, les inspecteurs de la Brigade criminelle font défiler devant leur machine à écrire toute une cohorte d'habitants du quartier. Le cortège à la table des enquêteurs compte cent vingt-sept personnes au total. Mais les policiers commettent une très étrange lacune : alors qu'ils ont noté les noms des absents pour repasser, ils omettent d'interroger la voisine habitant au plus près des Curiel. Au numéro 4 de la rue Rollin, Anne-Marie Lepage réside au huitième étage, à hauteur du second étage du duplex du couple Curiel. Elle ne les connaît que de vue, elle ne se souvient pas d'« avoir jamais adressé la parole[146] » au natif du Caire. De cet homme « tranquille, très discret, très doux, souriant », Anne-Marie Lepage ne sait que ce qu'elle a lu dans un journal, qu'il est « homme politique de gauche, aux multiples activités dont certaines étaient considérées comme pouvant être dangereuses pour la France ». Cette chirurgien-dentiste demande à être entendue. Convoquée le 13 novembre 1979, plus d'un an après l'assassinat contre son voisin, Anne-Marie Lepage évoque des bribes de vie, le spectacle des époux Curiel assis dans le divan à regarder la télévision, car elle a vue sur la salle de séjour du duplex et voit ce qui s'y passe. « Pour moi, Henri Curiel ne donnait pas l'impression de déployer une grande activité et j'ai été surprise en lisant la presse où on le présentait comme un homme très occupé et actif[147]. » Le 4 mai 1978 à l'heure de l'assassinat, Anne-Marie Lepage se promenait au jardin du Luxembourg avec ses deux enfants ; elle apprit la nouvelle chez sa mère, à la télévision.

Quelques jours plus tard, comme une réminiscence, il lui revint en tête la visite de deux hommes à son cabinet, plusieurs années auparavant. Il souhaitaient installer chez elle « un appareil », sans lui en dire plus. Ne voulant rien laisser paraître de leurs intentions, les visiteurs tentèrent de la rassurer. Mais, en réponse à ses questions, le duo campait dans sa confusion. En guise d'indice : « Les deux hommes m'avaient dit qu'ils appartenaient à la DST ; ils m'avaient laissé une carte de police [...]. Ils m'avaient laissé un nom, un numéro de téléphone ainsi qu'un numéro de poste. » Le problème, c'est qu'Anne-Marie Lepage a gommé les détails de sa mémoire. Tout juste se souvient-elle d'avoir rappelé au numéro indiqué pour décliner la proposition, au motif que son psychiatre le lui interdisait. C'était un prétexte de pure invention. « Mon interlocuteur n'était pas content ; il s'est montré très déçu ; il m'a dit de n'en parler à personne. » Le soir même de son audition au Quai des Orfèvres, la voisine de Curiel, fouillant ses affaires personnelles, donne un tour plus tangible à son témoignage. Elle met la main sur l'aide-mémoire dans lequel elle a gardé trace de cette visite. La dentiste détruit aussitôt cet agenda afin que la Préfecture de police ne fouille pas son passé en compulsant les pages. Non sans avoir noté un passage intéressant pour l'enquête. Le paragraphe porte la date de novembre 1972. Mention y est faite de deux policiers : « Insp. Rey tél rue Rollin 265 28 30 poste 34 55, 34 54 Dulac poste 34 50, il s'agit d'installer un ampli, un relais rue Rollin, importance de la situation de l'appartement point haut [148]. »

Anne-Marie Lepage n'a pas rêvé ni réécrit le passé. En février 1980, le directeur de la Surveillance du territoire, Marcel Chalet, répond aux questions du chef de la Brigade criminelle, le commissaire divisionnaire Marcel Leclerc. Il lui fournit par courrier de quoi vérifier les notes cryptées de la dentiste. Premier point : « Au mois de novembre 1972, la DST avait parmi ses fonctionnaires des services centraux un inspecteur Rey. » En revanche, aucun Dulac ne figure sur le fichier. Second point : « L'inspecteur Rey pouvait être joint au numéro de téléphone : 265 28 30 – poste 34 54. » Puis : « Il n'y avait pas d'inspecteur Dulac au poste 34 50. » Quatrième et dernier point : « L'inspecteur Rey n'est plus en activité à la DST. Mis en congé maladie de longue durée le 1er juillet 1973, il a été admis à faire valoir ses droits à la retraite le 22 décembre 1978 [149]. » Deux ans après, André Rey répond à ses collègues de la police judiciaire. À toutes les questions, le retraité de la DST répond par la négative : non, il ne s'est jamais occupé de la surveillance de Curiel ni de se protection ; non, il n'a aucun souvenir d'avoir vu la dame Lepage ; non, il ne se connaît pas d'homonyme à la DST ; non, il n'a pas eu de collègue nommé Dulac ; non, il n'a pas en mémoire son numéro de poste téléphonique ; le 34 54 et le 35 55 ne lui rappellent rien. À force de dire non, l'inspecteur finit donc par contredire le directeur.

Henri Curiel était-il sous surveillance au moment de sa mort ? Un épisode reste sans explication. Le 5 mai 1978, au lendemain de l'assassinat, l'inspecteur Bernard Ozanon entend Joyce Blau, amie intime du défunt, dans un bureau du Quai des Orfèvres. Soudain, un homme élancé, aux cheveux blancs, fait irruption dans la pièce. Cet individu ne décline pas son identité. Cinglant, il demande : « Qui est le docteur ? » La question étonne l'amie de Curiel. Le matin de sa mort, il était resté chez elle jusqu'à 10 heures et elle lui avait dit « de ne pas oublier son rendez-vous avec le docteur ». La police a dû avoir les oreilles qui traînaient. Dans un appartement privé, cela confine à la gageure... À moins que ce ne soit une atteinte à la vie privée perpétrée par un service capable d'actions clandestines. Le magistrat instructeur, Guy Joly, profite de l'alternance de 1981 pour tenter de débloquer les portes du secret. Par courrier, il demande au Premier ministre Pierre Mauroy de faire sortir des archives « tous rapports, pièces ou documents » des services secrets pouvant éclairer sa lanterne. Le chef du gouvernement assure le juge que tous les dossiers en question seront « à sa disposition ». Le 25 mai 1982, Guy Joly se transporte à la caserne Mortier, siège du Sdece, rebaptisé DGSE, Direction générale de la sécurité extérieure. Mais les agents secrets conservent sous le coude l'essentiel des notes sans en faire part au magistrat. Lors de la seconde visite du juge, la masse des documents lui est livrée. De milliers de papiers, le juge parvient à retenir un portrait de Curiel, façon service secrets. En 1960, le Sdece le décrit « travaillant à l'instigation de l'URSS » ; en 1967, à la tête d'un réseau présentant « le caractère incontestable d'une centrale de subversion » ; en 1976, les notes affirment qu'il soutient « en sous-main la réalisation de certaines actions dénoncées officiellement par les soviétiques [150] ». Guy Joly croule sous les pistes. Dans une note de synthèse rédigée par ses soins, il mentionne : « C'est ainsi qu'il est apparu qu'une vingtaine de pays étaient susceptibles de considérer Henri Curiel comme "cible", compte tenu des activités clandestines qu'il était réputé soutenir et encourager sur leurs territoires respectifs. » Devant le juge d'instruction, le directeur de la DST, Marcel Chalet, avait même avancé une piste, impossible à vérifier : Curiel aurait été assassiné par des extrémistes palestiniens du groupe Abou Nidal pour le compte des autorités syriennes. Cousin d'Henri Curiel, le haut fonctionnaire Guy Braibant, président de section au Conseil d'État, réfute cette piste. Selon lui, Abou Nidal se vante de ses crimes. Le terroriste a l'habitude de signer ses forfaits [151]. La seule chose dont Braibant soit certain, c'est des défaillances de l'État : « Il y a eu une omerta du pouvoir malgré une intervention du chef du gouvernement et de plusieurs ministres, en 1982 et

1983. » Guy Braibant se désole : pour « la famille des services secrets occidentaux, et pas seulement en France », l'assassinat à venir de Curiel était « un secret de polichinelle ».

Le peintre du Lot

« Ce n'est pas toujours le pire que les hommes cachent. »

François Mauriac, *Journal*.

L'avenir est dangereux à ceux qui croient tromper la vérité. À cause de la tectonique des archives, les éléments souterrains, cachés sous des couches de mensonges et de manipulations, finissent toujours par sourdre. Lorsque le directeur de la DST, Marcel Chalet, indique en février 1980 que « le nom de Dulac n'a jamais figuré, ni en novembre 1972, ni antérieurement parmi les fonctionnaires de tout grade en service à la DST », il ne se méfie pas suffisamment des résurgences de la réalité tangible. Au mieux, il joue sur les mots. Car un Dulac a bien travaillé pour la DST dans les années 1970. A-t-il été recruté après 1972 ? Dans ce cas, Marcel Chalet n'a pas menti, mais n'a pas tout dit non plus. Frédéric Dulac n'est peut-être pas le Dulac de l'affaire Curiel, mais en 1979, cet inspecteur du contre-espionnage s'est fait remarquer du sérail de la police. En compagnie de trois collègues policiers, dont l'un des RG de la Préfecture de police de Paris, Frédéric

Dulac a mis à profit un congé maladie pour rendre service à Pierre Debizet, conseiller ès sécurité du président du Gabon, Omar Bongo. Connu pour avoir fondé le Service d'action civique (Sac), sorte de police parallèle gaulliste, Debizet avait confié aux quatre hommes la délicate mission de surveiller Marie-Joséphine Bongo, la femme du président gabonais, lors de ses voyages à Paris. Le chef d'État, ami de la France et de sa frange gaulliste en particulier, veut avoir « Marie-Jo » à l'œil car la présidente rencontre souvent un peintre en bâtiment du nom de Robert Luong, et il ne le tolère pas. Le 5 février 1979, les deux amis se retrouvent aux Galeries Lafayette avant de déjeuner dans un restaurant chinois de la rue de Provence. Les quatre hommes en service commandé pour Debizet sont repérés par leurs collègues des Voyages officiels alors qu'ils filent Luong. Invités à décliner leurs qualités, ils refusent de céder à cette injonction. Voilà Dulac et ses amis embarqués au poste de police de la place Dauphine. Deux jours plus tard, le directeur général de la Police nationale se tourne vers l'Inspection générale, la police des polices, afin de tirer au clair les activités parallèles de ces policiers. Quatre heures après la requête du patron, le contrôleur général Jean Brosseau soumet déjà les agents à ses questions. Dans son rapport, le lendemain, Brosseau mentionne que deux d'entre eux « se refusent à commenter la coïncidence entre le congé de maladie qu'ils ont obtenu, et l'opération à laquelle ils ont participé [152] ». La confusion des genres ne plaît pas au contrôleur général, qui invoque le triste précédent de l'affaire Ben Barka pour souligner le danger des accointances entre policiers et puissances étrangères : « Un coup d'arrêt doit être donné à leur fâcheuse inclination. Un précédent fracassant a en effet montré que la collaboration avait eu des répercussions dramatiques et traumatisantes pour la Police et pour l'État. » Brosseau a de l'instinct et sa phrase est prémonitoire.

Il arrive malheur à Robert Luong : un « accident de crocodile », comme on dit en Afrique. Le 27 octobre 1979, le peintre en bâtiment déjeune avec sa sœur au *Lotus Bleu*, un restaurant parisien de la rue Monge, attenante à la rue Rollin où Curiel a été assassiné. Ce hasard peut passer pour un signe du destin. Du restaurant, la sœur de Luong avertit sa fille au téléphone qu'elle et son frère seront de retour à Villeneuve-sur-Lot dès le soir [153]. Robert Luong y habite avec sa femme et ses deux enfants. À 22 heures, une panne d'électricité obscurcit le quartier. Environ une heure après l'extinction des lampadaires, Luong, de retour, s'apprête à ouvrir la porte de sa voiture pour rejoindre sa famille qui l'attend. Deux tueurs fourbissent leurs armes. Dans l'habitacle de sa voiture, Luong est comme Curiel dans son ascenseur, dans un moyen de transport qui se transforme en corbillard. Le peintre connaît ses tueurs, qui, avec leur Renault 5 orange, se sont garés à sa hauteur ; les apercevant, il leur lance « Qu'est-ce qu'il y a encore [154] ? » Les hommes, de « type européen et de taille moyenne », lui répondent par deux balles dans le corps. L'enquête établit que le premier projectile, tiré à bout touchant dans le nez, est mortel. À trente mètres du cadavre, les tueurs laissent une douille percutée de calibre 32 portant une inscription sur le culot : « auto ww ».

Aussitôt, l'enquête commence. Premier objectif : retrouver la R5 orange des tueurs. Les policiers font le tour des garagistes et loueurs de voitures de la région. Un militaire de carrière, possédant un tel véhicule, est entendu ; « après vérification », ce soldat est mis hors de cause même s'il a tourné autour de Luong, comme s'il le surveillait. L'enquête de voisinage amène à témoigner le facteur préposé aux tournées du quartier. Jean-Louis Gallois affirme que, six mois avant la mort du peintre en bâtiment, un individu et une femme noire ou métisse lui proposèrent de le rémunérer s'il les renseignait sur les voyages de l'artisan à Paris. Le postier avait refusé de jouer les « indics » pour des inconnus, mais se souvenait que le couple lui ayant mis ce marché en main utilisait une Citroën DS noire immatriculée dans les Alpes-Maritimes. La brigade criminelle du SRPJ de Toulouse en trouve une, au fond du garage d'Omar Bongo, sis boulevard Sperling à Nice. Mais Jean-Louis Gallois ne la reconnaît pas.

Deux témoins essentiels sont privés d'audition, faute d'être présents sur le territoire : un officier de la garde présidentielle gabonaise, et un retraité de la DST, reconverti dans les services secrets de Bongo. Début 1979, ces deux officiers s'étaient chargés de ramener Luong du Gabon en France après un arrêté d'expulsion pris contre lui sous le prétexte de trafic de drogue et de livraison de livres pornographiques. Les deux agents ont fait le voyage avec leur colis vivant dans un avion Mystère 20 de la présidence gabonaise. L'opération a tourné à une expédition hors normes quand les barbouzes à la solde du pays pétrolier ont demandé, à leur arrivée à l'aéroport de Marseille Marignane, que des policiers français leur prêtent main-forte pour ramener leur « colis » à Villeneuve-sur-Lot. Le problème est que la France n'avait rien à reprocher à Luong[155]. Ce qui n'empêcherait pas la police française de tolérer cette « assignation à résidence ». Natif de Cayenne, Luong est français, mais le pouvoir n'en a cure, qui laisse l'un de ses ressortissants flanqué par des gardes étrangers sur son propre territoire. Cet épisode sera rendu public après la mort de Luong. Dans son édition du 29 juillet 1981, *Le Canard enchaîné* met à mal les efforts de discrétion de l'État. L'hebdomadaire publie le fac-similé d'un courrier dans lequel Albert Haroyan, chargé de mission auprès du directeur général de la Police nationale, requiert le patron des Renseignements généraux de lui faire parvenir « tous renseignements sur M. Robert Luong Nhu Truat ainsi que sur sa sœur Marie-Thérèse ». Les mentions

« confidentiel » et « signalé » prouvent que la demande émane des « sphères supérieures », la métaphore désignant l'Élysée, à la requête du palais présidentiel du Gabon. Valéry Giscard d'Estaing aurait donc mis son nez dans une pièce de Labiche revue et corrigée par Gérard de Villiers.

Sachant ces intrusions clandestines de la police dans la vie du peintre, l'on comprend que l'enquête sur sa mort ait été placée sous contrôle. Dans un rapport daté du 2 juillet, le commissaire Roger Marion, qui depuis a fait une glorieuse carrière jusqu'à la Préfecture de police de Marseille, écrit que « Robert Luong [...] a essayé d'avoir, malgré interdiction, de nouvelles relations avec Mme Joséphine Bongo [...] ». Le grand flic qui, des années plus tard, arrêterait le terroriste islamiste lyonnais Khaled Kelkal et ferait la lumière sur l'assassinat du préfet Claude Erignac dans le centre-ville d'Ajaccio, est surnommé *Eagle four*, comme « y gueule fort ». Dans l'affaire Luong, Marion écrit fort : sous sa plume, on lit en conclusion que l'« insolente insistance » de Robert Luong « aurait conduit, selon le témoin N'doye, le « clan masculin de la famille Bongo » à faire exécuter » le peintre [156]. Omar Bongo n'est pas en cause. Le juge d'instruction dispose de synthèses précisant le mobile du crime, mais il les passe par pertes et profits. Le 15 juillet 1980, neuf mois seulement après les faits, le magistrat d'Agen ordonne un non-lieu. Outrés que le dossier soit enterré, les conseils de la famille Luong interjettent appel. En octobre 1980, les magistrats de la cour d'appel obligent le juge d'instruction à remettre son ouvrage sur le métier. En août 1981, le fameux officier de la garde présidentielle est entendu pour la première fois. Toutefois le magistrat instructeur persiste à traîner les pieds. Avocat de Liliane, la veuve de Robert Luong, Michel Gonelle, du barreau d'Agen, revient devant l'instance d'appel. Dans sa plaidoirie, il sollicite l'audition de quatre haut-gradés des services de police : le directeur de la Police nationale Jacques Solier, le directeur central des RG Raymond Cham et son adjoint Pierre Bergeret ainsi que celle du commissaire divisionnaire Albert Haroyan. Le souvenir de cette audience émeut encore l'avocat : « Devant les magistrats, j'ai énoncé l'identité des coupables et j'ai dit où ils habitaient[157]. » Pour la seule fois de sa vie, Michel Gonelle a vu un avocat général appliquer le principe « la plume est serve et la parole est libre ». La hiérarchie du ministère public lui avait donné l'ordre d'enterrer le dossier. À l'écrit, le magistrat s'est exécuté et a requis le rejet de la requête. À l'oral, au contraire, l'avocat général a demandé l'audition des sommités de la police. Le cour d'appel lui a donné satisfaction. Malgré tout, le dossier sera clos par un non-lieu en 1984. Mitterrand se comporte comme son prédécesseur à l'Élysée ; il dépêche des émissaires pour calmer son homologue du Gabon. Quand il y va des intérêts pétroliers, la raison d'État prévaut.

Disparition d'un pasteur

> « Cette affaire Doucé est gravissime. Par la possible implication policière qu'elle évoque, elle rappelle étrangement l'affaire Ben Barka [...]. Nous devons exiger la vérité, même et surtout si elle est sinistre. »
>
> Gilles Perrault[158], 1er octobre 1990.

Dans le quartier de la place Clichy, on l'appelait « le petit Claude ». Il portait de beaux costumes, des billets lui sortaient des poches et il conduisait des voitures rutilantes. Le « petit Claude » menait la vie de dandy de la truanderie. En fait, il cachait bien son jeu. Dans ce rôle, Claude Bardon a fait ses débuts à la brigade de recherche criminelle, où ses chefs le chargeaient d'infiltrer le milieu. De cette jeunesse à arpenter les trottoirs, le commissaire a conservé le goût du macadam et des arrière-cours. Pour identifier les invités de ces fameuses « soirées » de l'affaire Markovic, Bardon s'est amusé à faire « le tour des partouzards de la capitale ». René Patard, le juge d'instruction, voulait des noms ; des noms à consonance *people*. Les erreurs de l'enquête sur le cadavre de la décharge d'Élancourt, le flic les regrette, mais ce n'est pas sa faute selon lui : « Je porte devant l'histoire le poids de cette affaire pour avoir signé le rapport final ; j'étais le seul à n'avoir pas été viré par Pompidou [159]. » La trajectoire de Bardon a souvent croisé les grandes lignes de l'actualité. Le commissaire a travaillé sur la mort de Robert Boulin. Directeur du SRPJ de Versailles, il a supervisé la « contre-enquête » sur le suicide du ministre, à l'époque où la seconde autopsie permit d'établir la fracture du nez du ministre que les premiers légistes avaient omise. Comme pour le dossier Markovic, Bardon estime que le cas Boulin est devenu un mythe à cause de « ce qui a été mal fait ». La faute à la négligence, dit-il : « J'ai auditionné les pompiers qui ont sorti le cadavre de l'eau ; plutôt que de faire dans la dentelle ils avaient traîné Boulin par les pieds avec la tête rebondissant sur le sol. »

En 1989, Bardon a déjà un curriculum vitae rempli, *a fortiori* depuis l'arrestation des activistes d'Action directe dans une ferme de Vitry-aux-Loges en 1987. Le policier se fait malgré tout discret. Quand Pierre Joxe, le ministre de l'Intérieur, le nomme à la tête des RG parisiens, Bardon a le culte du secret au point de refuser que sa photographie soit communiquée à la presse. La mort intrigante d'un pasteur va lui donner une publicité forcée. Les scandales ont cette vertu, ou ce vice, d'orienter les projecteurs de l'actualité sur des hommes qui préfèrent l'ombre. Comme dans l'affaire Markovic, les montages, les scènes sexuelles, la suspicion sur le pouvoir produisent un mélange détonant sur fond de services secrets. L'homme par qui le scandale arrive s'appelle Joseph Doucé. En 1976, l'ecclésiastique marginal a créé le Centre du christ libérateur (CCL), un club de pensée pour minorités sexuelles. Avec sa barbe et son bréviaire, Doucé, pasteur flamand exclu de l'église baptiste, arbore un air de sage. Au siège du CCL, à Paris, le lecteur original de la Bible s'efforce de soigner les carences affectives de ses ouailles perdues plutôt que célébrer le culte. Des réunions dominicales sont consacrées au thème de la pédophilie. En juin 1990, le chef de la section « presse » des RG parisiens apprend l'existence de la curieuse association et en parle à sa hiérarchie. Bardon craint que ces mystérieuses assemblées ne soient fréquentées par des parents désireux de livrer leurs enfants à des amateurs de chair fraîche. Le directeur des RG parisiens ordonne à ses services de surveiller le CCL et la librairie *Autres Cultures* que le pasteur Joseph Doucé s'apprête à ouvrir. Mission est donnée au Groupe des enquêtes réservées (GER), dirigé par le commissaire Didier Adam, d'installer des « grandes oreilles » sur les lignes de téléphone du CCL et de la librairie. Le dossier est confié à une petite équipe, conduite par le chef de groupe Gilles Azéma. Parti en vacances le 8 juin, cet inspecteur se fait remplacer par son équipier, Jean-Marc Dufourg. L'inspecteur Dufourg va se retrouver au centre d'un maelström de manipulations et de coups tordus. Pour l'instant, sans faire de bruit, Dufourg mène son enquête sur les réunions mystérieuses du CCL. Pour infiltrer l'entourage de Doucé, le policier propose juste à sa hiérarchie de recruter un « informaticien pédophile », immatriculé sous le pseudonyme « Athénée ». Mais le 23 juillet une nouvelle retentit comme un coup de canon : le compagnon de Joseph Doucé, Guy Bondar, s'adresse à la police des polices et révèle que son ami a disparu quatre jours plus tôt. Le soir du 19 juillet, deux hommes soi-disant policiers sont apparus dans l'embrasure de la porte à leur domicile. « Suivez-nous », ont-il intimé à Doucé, qui leur a demandé : « Vous m'emmenez au château ? » L'un des deux hommes a répondu : « Non. » Inquiet, Bondar a insisté : « Vous en avez pour longtemps ? » La réponse l'a rassuré : « Vingt minutes tout au plus... » Sauf que quatre jours plus tard le pasteur Doucé n'a toujours pas donné signe de vie.

Dès le 23 juillet, le cabinet de délégations judiciaires

en charge des disparitions, le « 9e cab », diffuse un avis de recherche du pasteur, « né le 13 avril 1945 à Truiden, Belgique, de nationalité française »[160]. Aussitôt, le numéro deux du Groupe des enquêtes réservées, François Rieu, demande à l'inspecteur Dufourg s'il est au courant de la disparition. Étonnement de l'inspecteur, qui explique avoir lu un compte-rendu d'écoute téléphonique prouvant la présence du pasteur à la librairie *Autres Cultures* « après le 19 juillet ». Sur le relevé d'un entretien entre Guy Bondar et l'animateur de la librairie, le 20 juillet à 12 heures, on lit en effet : « Daniel à Guy. L'informe du coup de fil des Éditions du Souffle. Le pasteur est à la librairie en ce moment. » Le Hollandais n'a pas pu s'envoler... L'engrenage de l'affaire d'État accélère sa rotation. Les enquêteurs du « 9e cab », chargé des disparitions, apprennent que leurs collègues des RG surveillaient Joseph Doucé. Le chef de ce cabinet judiciaire s'interroge. Les RG étaient-ils au courant d'un épisode lourd de menaces raconté par Guy Bondar dans sa déposition ? Le 19 juin, trois individus s'étaient amusés à tambouriner dans sa porte. Avec le pasteur Doucé, il avait eu peur. L'ami du fondateur du CCL se souvient des cris : « Je vous préviens, si vous n'ouvrez pas, on reviendra vous chercher. » Dufourg a-t-il entendu parler de l'algarade ? L'inspecteur répond qu'il planquait au bout de la rue ce soir-là, en compagnie de deux collègues. Vers 1 heure du matin, selon lui, deux fauteurs de trouble ont provoqué du chahut. Pour rétablir l'ordre, il se serait approché avec ses acolytes, sans réussir à alpaguer les fuyards. Vérification faite, la scène était un peu différente. Un car de Police secours est arrivé sur les lieux et a établi que les braillards étaient justement l'inspecteur des RG et ses deux collègues, en état d'ivresse. Les gardiens de la paix, malicieux, ont déclaré aux victimes après le contrôle d'identité : « On ne peut rien dire, c'est la police secrète[161]. »

En vacances avec son épouse à Perpignan, Claude

Bardon est mis au parfum des avatars de la disparition de Doucé. À distance, il assiste à la mécanique infernale. Le 26 juillet, l'avocat de Guy Bondar, Olivier Metzner, dépose plainte pour « enlèvement et séquestration ». La juge d'instruction Catherine Courcol saisit la brigade criminelle dès le 27 juillet. Quelques heures plus tard, les policiers de ce corps d'enquête placent en garde à vue Dufourg et un collègue, avec lui dans ses pérégrinations autour du CCL. Ne sont-ils pas les deux policiers venus chercher Doucé « pour vingt minutes » ? Le deuxième jour de leur garde à vue, Dufourg et l'autre policier sont relâchés. Lors du « tapissage », cette opération consistant à présenter les suspects en rang parmi des policiers pour vérifier si les témoins les désignent, Bondar n'a pas montré du doigt les deux inspecteurs incriminés. Vu l'emploi du temps de ces derniers, les enquêteurs croyaient pourtant tenir une piste. En début de soirée, le 19 juillet 1990, le soir de la disparition de Doucé, les inspecteurs Jean-Marc Dufourg, Gilles Azéma et leur collègue ont divagué dans les bars du quartier. En début d'après-midi, les policiers ont joué au flipper pendant deux heures dans une brasserie en face de l'hôpital Lariboisière. Après quoi ils se rendent dans les parages de la librairie *Autres Cultures*, s'installant au *Voltigeur*, un bistrot du coin. Tandis que Dufourg y prend un verre, les deux autres font un tour à la librairie, en farfouillant, en quête de livres pédophiles. Mais les deux faux clients reviennent bredouilles au *Voltigeur*. Dufourg y a un rendez-vous avec l'un de ses contacts, « collaborateur auxiliaire », ex-garde du corps de l'ambassadeur du Liban à Paris. Ce petit monde lève le camp peu après 20 heures, il se peut que ce soit à 20 h 15. Les minutes qui suivent sont cruciales. Car les deux hommes venus chercher Doucé frappent à sa porte à 20 h 30. Où est donc, à l'instant, la fine équipe des dilettantes du renseignement ? C'est tout le mystère. À les entendre, les policiers ont pris la route en direction de Saint-Maur-des-Fossés, pour planquer sous la fenêtre d'un dealer, où ils seraient restés jusqu'à 23 heures. Ce n'est guère logique, puisque l'indic des RG signale que « c'est au plus tard à 20 h 30 chaque soir que le dealer sort sa BMW du garage et part[162] ». À la brigade criminelle, l'indic précise même que les policiers ont reconnu les lieux le 23 juillet, soit quatre jours plus tard.

Le 28 juillet, Dufourg et son subordonné retrouvent leur liberté après quarante-huit heures de garde à vue. Ce jour-là, Claude Bardon revient d'urgence de vacances, malgré l'accalmie. Éclaircie de courte durée, car la tempête fera rage durant tout l'automne. Début septembre, le préfet de police, Pierre Verbrugghe, craint qu'une « bavure » n'ait eu lieu. Le dossier sent le roussi pour sa maison. « Quand il y a un cadavre dans le placard, il faut le sortir, vite, et l'autopsier[163] », dit le préfet à ses directeurs. Mi-septembre, Bardon ne sait que penser. Il prévient Dufourg : « Si vous êtes mouillé dans l'affaire Doucé, je vous enfoncerai ; si vous n'y êtes pour rien, je ferai tout pour vous remettre en selle. En attendant, je puis vous assurer de ma neutralité bienveillante[164]. » Un dessinateur industriel de trente-quatre ans, Pierre Didier, rend visite à la brigade criminelle peu après. Il a des déclarations à faire. Pierre Didier raconte que Dufourg a tenté de le recruter en juin pour infiltrer la librairie *Autres Cultures*. Didier n'est pas pédophile, mais l'inspecteur, qui l'a repéré dans un dossier de cache d'armes d'un groupe terroriste espagnol, s'est dit que Didier ferait l'affaire. Pour parvenir à ses fins, le policier a menacé le dessinateur de le faire plonger. Didier n'était pourtant cité dans le dossier du Grapo que pour un service rendu à une amie activiste. Il avait signé le bail d'un appartement pour elle. À propos de l'enquête sur le pasteur Doucé, Didier considère que « cette histoire est dégueulasse[165] ». Il a refusé de collaborer à l'infiltration de la librairie. Pour Dufourg, le camouflet est grave. Il s'était vanté à sa hiérarchie d'avoir recruté la source « Athénée ». Pris au piège, le policier emploie la manière forte. Dans la soirée du 2 juillet, il tape à la porte de Pierre Didier à Sèvres. N'obtenant pas de réponse, Dufourg procède à l'instar des braconniers qui enfument les terriers pour faire sortir les lièvres ; il glisse sous la porte un papier enflammé. Figé dans son lit, Didier ne cède pas. Le policier franchit un cran dans la brutalité en tirant dans la serrure de Didier avec son 357 Magnum de service. Transi de peur, le dessinateur se taille les poignets au rasoir dans sa salle de bains. Il gît inanimé à l'arrivée des secours.

Ce récit de Pierre Didier à la brigade criminelle met le feu aux poudres. Inculpé pour la tentative d'intimidation, l'inspecteur Dufourg est incarcéré à la maison d'arrêt de Bois-d'Arcy. Le détenu sème alors une rare zizanie. Le 27 septembre, lors d'une audition à la brigade criminelle, le commissaire Patrick Riou tente de le faire avouer. Selon Dufourg, Riou lui met un marché en main : « Si tu avoues l'enlèvement et le meurtre probable de Doucé, tu en prends pour cinq ans et au bout de deux et demi, tu es libéré. Si tu refuses, c'est la perpétuité [166]. » Dufourg qui a traîné ses guêtres dans les marécages de l'antiterrorisme, connaît la musique. Il est passé maître ès manipulations. Au pied du mur, Dufourg se sert de ce qu'il a appris, la pratique de l'écran de fumée. Sur procès-verbal, il dicte des « révélations ». L'ordre lui a été donné, dit-il, de contacter un homosexuel et deux prostituées pour compromettre un avocat marseillais, mais aussi Philippe Guilhaume, président de la télévision publique, et Pierre Arpaillange, ministre de la Justice. Missions secrètes sous nom de code « Junon et Jupiter ». Le 2 octobre, le jour où *Libération* publie le contenu explosif des procès-verbaux, Dufourg est remis en liberté. À la même heure, le président de la République François Mitterrand rend sa liberté à son garde des Sceaux. Pierre Arpaillange « démissionné », voilà qui accrédite les thèses sulfureuses. D'autant que Gilles Azéma, chef du groupe au GER, passe devant les « bœufs carottes » de la police des polices le lendemain. Il confirme. Selon lui, le directeur Bardon l'a convoqué début juin dans son bureau, avec le commissaire Didier Adam, chef du GER, et leur a donné pour instruction de recruter des prostituées et des homosexuels, sans dire pourquoi. Trois jours plus tard, raconte Azéma, Adam aurait lancé à la cantonade devant une petite assemblée de policiers du GER : « Ça y est, j'ai compris, si l'on recrute des putes et des pédés, c'est pour les foutre entre les pattes de Guilhaume et d'Arpaillange. »

À la vérité, Dufourg brode. Pour construire le faux, il s'inspire du vrai. C'est le cas pour les prostituées recrutées. La réalité, débarrassée de ses fioritures, est simple. Après les profanations au cimetière de Carpentras, la 4e section des RG parisiens a voulu infiltrer les sectes lucifériennes. Mais il y avait un problème : l'intronisation. Impossible de s'immiscer dans les cultes de la secte avant de contracter le « mariage luciférien », une cérémonie agrémentée d'un acte sexuel du « grand maître suprême » sur la néophyte. Donc, aucun policier ne se portant volontaire, décision fut prise de faire appel aux services d'une prostituée malgache. Par ailleurs, un groupe du GER, auquel Dufourg n'appartenait pas, a bien enquêté sur Philippe Guilhaume, au début de l'année 1990. Il fallait vérifier au registre du commerce que le président de la télévision publique n'avait pas d'intérêts dans des sociétés commerciales. Sur Pierre Arpaillange, le GER n'avait pas travaillé. En septembre 1998, la section des RG avait mené une enquête d'honorabilité sur une avocate en « disponibilité de barreau », conseiller technique auprès du ministère de la Justice.

Le 17 octobre, Jean-Marc Dufourg goûte aux joies de la liberté depuis quinze jours quand un retraité des Halles de Paris avertit la gendarmerie qu'il a découvert un corps en forêt de Bulion, aux abords de Rambouillet. L'homme se baladait à la cueillette des champignons lorsqu'il a vu des « débris »[167]. La silhouette en décomposition ne portait pas de vêtements ni de chaussures. Les gendarmes ne trouvent pas non plus de papiers d'identité. À l'hôpital de Garches, le cadavre est enregistré sous le numéro X 3805. Au vu des conclusions de l'autopsie – « Taille : 1,63 mètre. Pointure 39-40. Cheveux mi-longs, châtain grisonnant, barbe courte, irrégulière, à prédominance blanche » –, les gendarmes se rendent compte que c'est le portrait craché du pasteur. Une autopsie est diligentée à l'Institut médico-légal, à la demande du juge d'instruction. Vérification faite, il s'agit bien des restes de Doucé. Douze ans plus tard, l'instruction est toujours ouverte, telle une boîte de Pandore à l'envers, dont il ne faudrait jamais fermer le couvercle. Personne n'a jamais été inculpé pour la mort du pasteur. Dans un livre publié en 1991 et qui porte bien son titre, *Section manipulation*, Dufourg lance des pistes à tire-larigot. Il évoque un cambriolage à la librairie *Autres Cultures*, perpétré peu avant que le pasteur ne soit enlevé. Récit : « Qu'avait-on dérobé ? De l'argent ? Non, un appareil photo. » D'où l'inspecteur suspendu déduit que le pasteur « aurait pu organiser des parties chaudes et exercer ensuite un chantage sur quelques personnalités ». Célébrité visée par l'allusion : « Un personnage proche de l'Élysée, aux mœurs particulières, et qui collectionnait des photos très spéciales. » Ce personnage de l'entourage du pouvoir aurait fait l'objet d'un chantage et le maître chanteur aurait été supprimé. Le corbeau, pour Dufourg, c'était Doucé. Interrogé sur ces éléments à la brigade criminelle, en juillet 1991, l'inspecteur déchu plaisante avec les journalistes à la sortie : « Je suis sûr que ce nouveau passage à la Crim' va me permettre de vendre plus de bouquins[168]. »

Des avatars de l'affaire, la politique se mêle aussi. Le 26 octobre 1990, les députés de la commission des lois de l'Assemblée nationale débattent. Faut-il une commission d'enquête parlementaire sur le fonctionnement des RG ? Le triumvirat des députés Jean-Louis Debré, Jacques Toubon et Henri Cuq, encartés au RPR, veut que la représentation nationale vérifie « si l'on assiste ou non à une déviation d'un service de police nationale [169] ». À François d'Aubert, qui évoque les « révélations » de Dufourg, la pasionaria socialiste Ségolène Royal rétorque qu'on ne peut jeter la suspicion sur des responsables politiques « en rapportant des ragots de caniveau sans les avoir vérifiés ». Jack Lang a des mots encore plus vindicatifs sur l'inspecteur, selon lui « champion toutes catégories dans l'art de la manipulation policière et de la domestication des médias ». La majorité de gauche de l'Assemblée nationale refuse la proposition d'une commission d'enquête. Motif : une instruction est en cours et la loi interdit que les députés marchent sur les plates-bandes des juges. Sur le principe, c'est exact. Mais le souci de l'opportunité politique subsiste dans les têtes : au tout début du premier septennat de François Mitterrand, la majorité acquiesçait à l'enquête parlementaire sur le SAC, dont l'exposé des motifs mentionnait la « tuerie d'Auriol », sur laquelle un juge enquêtait. Cinq ans après la mort de Doucé, Charles Pasqua, qui conduit les destinées de la place Beauvau pour la seconde fois, revient sur l'affaire pour contre-attaquer en plein scandale Schuller/Maréchal, ce piège tendu au beau-père du juge Eric Halphen par les autorités policières. La meilleure défense, c'est l'attaque ; Pasqua qui prend des coups en assène. Lors d'une réunion électorale à Marseille, le ministre de l'Intérieur n'y va pas de lèvres mortes : « Le pasteur Doucé a disparu, enlevé par des inspecteurs des Renseignements généraux. Ceux qui me donnent des leçons ne se sont pas tellement manifestés à l'époque. » Pis, Pasqua stigmatise les « socialistes » qui ont « soutenu un pouvoir qui a commis des crimes et des assassinats [170] ».

L'agent secret

« J'irai cracher sur vos tombes. »

Boris Vian

La scène initiale de l'« affaire Nut » semble inspirée d'un poème de Rimbaud, « Le dormeur du val », mais en une version revue et corrigée par Ian Fleming, le père de James Bond. Le soldat rimbaldien somnole dans « un trou de verdure où chante une rivière ». Son sommeil est faux : il a deux « petits trous rouges au côté droit ». Comme lui, le militaire de l'histoire vraie a froid. À l'aube du 15 février 1983, il est allongé sur le bas-côté d'une route nationale dans le haut pays niçois. À droite, en contrebas, le Var coule dans son lit. À gauche, de l'autre côté de la chaussée, une couche boisée couvre la montagne de Dina. L'homme, dont on verra qu'il était féru de poésie, dort à plat ventre ; il est « bien habillé », comme le gravent les gendarmes dans le marbre de leurs procès-verbaux. Son corps et ses membres, rangés droit, donnent l'impression que Nut est au garde-à-vous à l'horizontale. L'armée a l'habitude de cet ordre. La tête creuse la neige, en guise de coussin. Le procès-verbal précise que les mains sont « plaquées à l'extérieur de l'aine, les paumes dirigées vers le ciel », sorte d'incantation à l'envers. Mais l'arrière du crâne est fendu d'une large plaie.

Selon les mentions des préposés de la maréchaussée, l'homme est couché à « l'avant droit d'une Peugeot 305 » et à l'avant gauche « se trouve un revolver à barillet[171] », un Smith et Wesson 357. Le mort est vite doté d'une identité. De la poche de sa veste, les gendarmes exhibent une carte de membre du cercle national des Armées, portant le nom du lieutenant-colonel Bernard Nut. Cet officier supérieur d'active a officiellement la charge d'un « bureau d'études alpines » à Nice. Une fausse carte de visite, à vrai dire. À la caserne Filley, le lieutenant-colonel dirige le poste local de la Direction générale de la sécurité extérieure (DGSE). À quarante-huit ans, cet officier a consacré un tiers de sa vie à mener sa barque dans les flots tumultueux des services spéciaux. Affecté à Dakar à ses débuts, en 1969, Bernard Nut fraya ensuite dans les eaux de Thaïlande, de Chine et du Japon. Cantonné sur la Grande Bleue à compter de 1980, l'agent traquait dès lors les requins de l'espionnage qui nagent dans cette région riche en sites sensibles, entre la base de sous-marins nucléaires de Toulon et les silos de missiles du plateau d'Albion.

La mort du colonel, à l'hiver 1983, a un point commun avec sa vie : le poids du secret. Dans les services, tout est secret, sauf les services funèbres. Le service d'espionnage a mené dans l'ombre une enquête parallèle. L'ultime juge d'instruction en charge de l'affaire, Vianneytte Boisseau, a d'ailleurs consigné l'existence de ces influences souterraines. La magistrate écrit le fond de sa pensée, à propos de la collaboration de la DGSE à l'enquête : « Ce concours n'était peut-être pas absolument neutre[172]. » Les agents de l'antenne de police judiciaire de Nice se sont fendus d'une protestation, glissée dans un rapport de synthèse, contre les interventions des services secrets. Les policiers subirent des « entraves et barrières ». En raison de la fréquente invocation du « secret défense », mais aussi de plus subtils obstacles, ce que l'on appelle des « peaux de banane ».

Revenons aux prémices de l'enquête. Depuis près de vingt ans, Bruno Nut, le fils de Bernard, reste stupéfié par le théâtre d'ombre auquel lui et sa mère assistèrent le matin du 15 février 1983[173]. Des pandores, venus les chercher ches eux, les convoyèrent jusqu'à la gendarmerie de Puget-Théniers. La camionnette a emprunté la nationale 202 dans la vallée du Cians, passa sans s'arrêter devant la scène du décès, sans même que la veuve et le fils fussent avertis que c'était là, sur ce bas-côté, que leur proche avait été trouvé à l'aube. Parvenus à la caserne, Jacqueline Nut et Bruno perçoivent un enquêteur aux cheveux blancs, en train de scruter la voiture de service de Bernard sur toutes les coutures. Ce personnage n'est pas un officier de police judiciaire, mais un agent secret du service de sécurité de la DGSE. Sitôt avisée de la mort de Bernard Nut, la direction de la caserne Mortier a mandaté ce « bœuf carotte » pour « assurer la sécurité du poste, et assister la famille et le service enquêteur ». Il suit pas à pas les policiers chargés de l'enquête officielle, sans que sa présence soit jamais notifiée dans les procès-verbaux. Le 15 février en fin de journée, l'envoyé spécial de la « Piscine » – le surnom de la DGSE – assiste à une perquisition au domicile niçois de la famille Nut. Il y a beaucoup de monde à cette perquisition, puisqu'un agent de contre-espionnage de la Direction de la surveillance du territoire (DST) tient aussi compagnie à la police judiciaire. Le commissaire chargé de l'enquête, Jean-Pierre Cariven, saisit là un attaché-case. Bruno Nut, aujourd'hui notaire, a conservé cette scène à l'esprit ; le jeune homme « élevé dès la prime enfance dans le culte du secret » avait d'abord caché cette mallette, pour en réserver la primeur au service de tutelle de son père. Devant ses yeux, l'officier de sécurité de la DGSE prélève ce qui relève du « secret défense ». Ainsi le scellé est-il vidé de sa substance. Le commissaire de la section criminelle ne peut éviter de se laisser dépouiller de pièces à conviction. La loi est ainsi faite que la protection du secret défense prime sur les besoins de la manifestation de la vérité.

Dans son ordonnance de fin d'instruction, signée en juin 1992, la juge Boisseau s'étonnera que la liste des documents de la mallette – liste blanche, répertoriée en procédure, pas la liste noire des papiers classifiés – ait été établie vingt-quatre heures après la saisie des documents, comme si cette latence autorisait un subterfuge en douce. Dans la mallette figure une pièce à conviction majeure, à savoir une simple coupure de presse, la critique d'un livre intitulé *Le Droit au suicide*. Dans le bureau de Nut à la caserne Filley, une secrétaire fouillant la pièce trouve un exemplaire de ce livre. Des éléments probants en faveur de la thèse du suicide ? Les indices semblent disséminés par une main dont la magistrate doute parfois qu'elle soit celle de Bernard Nut. Pendant ce temps, la DGSE règle ses affaires. Dès son arrivée à Nice, l'officier du service ouvre les coffres-forts de Nut. Le militaire en extrait des obligations d'une valeur de 30 000 francs et les remet aussitôt à la mère du défunt. Une semaine plus tard, les collègues de Nut affirment avoir sorti d'un troisième coffre des « consignes en cas de disparition prématurée » et un message à l'attention d'une Libanaise. Les agents ajoutent avoir mis la main sur des lettres énamourées de l'agent secret à cette belle Orientale. Parente éloignée de l'ancien président libanais Charles Hélou et belle-sœur de Jo Abela, propriétaire d'un grand hôtel de Cannes, la jeune femme révélera aux enquêteurs que « Bernard Nut était lié à elle par un profond amour platonique ». Dans sa déposition, la

Libanaise raconte l'histoire d'une liaison, les fleurs que le militaire lui envoyait « deux ou trois fois par semaine[174] » et les mots d'amour qu'il dispensait. L'Amiel de caserne lui aurait demandé sa main. « Je suis en instance de divorce », lui aurait-il dit. Si la citation est authentique, l'affirmation est mensongère. Le chef de poste de la DGSE n'a pas entamé de procédure de séparation d'avec sa femme. Devant les policiers venus l'interroger en région parisienne, la Libanaise se souvient d'une scène, la veille de la mort de Bernard Nut. C'était le jour de la Saint-Valentin. Le matin, l'officier s'était rendu au consulat d'Italie en vue d'un voyage avec elle pour le lendemain. À midi, raconte la riche Libanaise, il est venu déjeuner avec elle avant de l'emmener à la banque puis à son institut de beauté. Pour la fête des amoureux, l'agent lui aurait envoyé vingt-cinq roses Baccarat, avec une carte. Lors de l'audition, l'Orientale signale que sur la carte il a « rédigé un poème avec des mots tendres ». Plus tard, elle ajoute un détail au récit : le poème était empreint de tristesse. Le dernier vers sonnait même « bizarre »[175] : « Ton nom restera toujours sur mon tombeau enseveli. »

L'histoire de la dulcinée cachée tant à la famille qu'au service accrédite la thèse du suicide. Bernard Nut aurait mis fin à sa vie à la manière du général Boulanger, ce César qui n'était qu'un Roméo de garnison et qui se tira une balle dans la tête sur la tombe de sa bien-aimée. Mais l'adultère n'a guère convaincu la juge qui clôt l'instruction. Cette version à l'eau de rose fleure le romantisme de papa, mais un parfum d'intrigue persiste à traîner dans l'air. Il ne fait pas de doute que la magistrate ne croit pas à la chronologie qui lui est présentée. D'abord, les policiers auraient eu vent de la « liaison » par un « renseignement anonyme ». Puis ce tuyau aurait été corroboré par le contenu du coffre-fort des courriers administratifs, prétendument ouvert une semaine après la mort de Nut. Dans celui-là, le service assure avoir trouvé les « consignes en cas de disparition prématurée » et plusieurs factures d'hôtels en Italie, attestant que l'homme de l'ombre et la dame du soleil s'y sont rendus moult fois ensemble. Pourquoi le lieutenant-colonel Camlann n'a-t-il pas fouillé ce coffre-là en même temps que les deux autres dès son arrivée à Nice ? L'une des secrétaires du poste de la DGSE, qui avait évoqué une « fouille complète » et des « investigations poussées » dans les affaires du défunt dès sa mort, fournit une explication : « Ce coffre ne s'ouvre que le mardi. » Drôle de raison. D'autant que le cadavre de Nut a été découvert à l'aube d'un mardi. Le coffre a finalement été fouillé le lundi suivant. Il faut croire que les espions des services français sont parfois distraits, à s'emmêler ainsi les pinceaux sur les dates. Les lettres échangées entre le soldat du renseignement et la belle Libanaise, « authentiques ou apocryphes [176] », ne prouvent de toute façon que l'existence d'une « relation constante entre les deux, sans établir le contenu, éventuellement professionnel, de cette relation ».

Les magistrats entérinent d'habitude les commissions rogatoires qu'ils ont diligentées. Vianneytte Boisseau déroge à cette tradition. Elle fait assaut de critiques contre les enquêteurs et certains témoins employés des services secrets. La juge note que l'entourage professionnel de l'espion oriente volontiers ses témoignages vers le « suicide » au fur et à mesure des auditions. L'une des secrétaires, qui le premier jour avait exclu que son supérieur se fût tiré une balle dans la tête, suggérait ensuite qu'il menait avec excès une existence de « bon vivant ». L'épicurien lui aurait fait la confidence qu'il en finirait avec la vie le jour où il serait incapable d'en profiter pleinement. Selon elle, Bernard Nut avait perdu de sa tonicité depuis quelques mois. Cela ne correspond guère à l'image du Cyrano transi et ardent. La magistrate s'étonne aussi du parti pris des enquêteurs. Par voie de questionnaire écrit, les policiers ont interrogé la DGSE. Mais l'interrogatoire à distance a été biaisé : « Le détail de la formulation des questions traduisait la permanence, dans l'esprit du rédacteur, de l'hypothèse privilégiée du suicide[177]. » Même les auditions de la famille reflètent le préjugé des policiers, sensibles à la version du « suicide de passion ». À preuve cette mention d'un procès-verbal d'audition de Jacqueline Nut. La veuve parle au fonctionnaire : « Vous me faites savoir que vous considérez en l'état actuel de l'enquête cette liaison parallèle à sa vie conjugale et professionnelle comme susceptible de constituer un mobile de suicide. Vous me dites qu'il aurait été amené tôt ou tard à choisir entre ces trois voies et qu'il allait se trouver dans une impasse. » À cette vérité apportée sur un plateau, l'épouse de Bernard Nut ne croit pas. Son mari avait dû jouer le rôle d'un amant pour infiltrer le milieu libanais. D'ailleurs, la liaison n'avait pas été consommée, comme le précisa la jeune femme dans la procédure. Des rapports sexuels ? « Je n'en ai jamais eu avec Bernard. Il ne m'a jamais demandé de faire l'amour[178]. » Il prodiguait à sa dulcinée des baisers, rien de plus. Étrange relation entre un militaire quasi quinquagénaire et une jeune étrangère bien plus riche que lui, liée à un groupe financier international.

Pour palper la vérité, mieux vaut revenir au corps de Bernard Nut dans la neige, sur l'accotement de la nationale 202. À l'aube du 15 février 1983, il gît à plat ventre à l'avant de la voiture de service, munie de plaques civiles fictives. Les gendarmes constatent que de l'autoradio émane le son d'un morceau de musique classique. Dans l'habitacle, il fait plus chaud qu'à l'extérieur[179]. Le chauffage, en position de marche, a dû fonctionner une partie de la nuit et s'arrêter à l'unisson du moteur. Le réservoir est à sec. Le moteur a-t-il tourné jusqu'à épuisement du carburant ? Possible. Mais le levier de vitesse est enclenché en seconde. Quelle main a poussé le pommeau ? Il serait tout de même étonnant que Bernard Nut soit tombé en panne d'essence à l'un des rares endroits où l'on peut stationner sur cette route de fond de vallée. Peut-être a-t-il plutôt attendu au volant, ventilation allumée, un rendez-vous nocturne. D'ailleurs, le chauffeur d'un camion, passant devant l'aire de stationnement sur le coup de 22 h 30, a remarqué la 305 garée, feux éteints et intérieur allumé : le témoin a le souvenir du conducteur la tête inclinée vers le siège passager, comme s'il lisait une carte.

Sur la carrosserie et l'armature de la voiture, aucune malveillance n'est à signaler. Deux experts relèvent bien une perte d'huile dans un cardan, l'absence d'une goupille sur un écrou de barre anti-roulis et le défaut de boulons sur le « cylindre bloc du support moteur ». Ce soir-là, Bernard Nut avait roulé seul en voiture, les trois portes passagers étant verrouillées à l'arrivée des gendarmes. Dans le cendrier de la Peugeot 305, les services spécialisés prélèvent des mégots de Gauloises, ce que l'intéressé fumait, et un reste de cigarette « Marlboro ». « Je fume cette marque », expliqua la Libanaise. Mais une expertise sur le mégot ne permet pas d'y déceler de rouge à lèvres.

Le revolver 357 Magnum Smith et Wesson reposait à l'avant gauche de la voiture. Dans l'arme, les gendarmes de Puget-Théniers trouvent trois douilles percutées – deux de calibre 357 Magnum et une, en face du percuteur, de 38 Spécial – et trois cartouches non percutées. Les experts ne savent dire quand les trois balles ont été tirées, si c'était ou non dans la nuit du 14 au 15 février 1983. Ce n'est pas exclu, c'est tout. L'autopsie ne précise pas l'heure du décès, mais établit que la mort est due à une blessure par arme à feu à la base du crâne, « dans la région médiane et postérieure ». À lire le rapport des médecins légistes, le projectile a suivi un « trajet tangentiel oblique vers la gauche dirigé de bas en haut ». Dans l'hypothèse où Nut se serait suicidé, Nut n'aurait pas choisi la facilité. Il lui aurait fallu « une contorsion peu naturelle et tout à fait peu ordinaire ». En tenant compte de la longueur du canon de l'arme, l'agent secret aurait dû forcer son épaule en arrière pour se tirer une balle dans la nuque. L'a-t-il fait ? D'autres éléments permettent de se forger une conviction. Dans son sang, les experts détectent un taux de 1,67 gramme d'alcool par litre. Au moment de sa mort, la victime était « dans un état d'imprégnation alcoolique proche de l'ébriété ». Sur les vêtements de l'officier supérieur d'active, aucune trace de poudre ou de brûlure n'apparaît lors des examens. Mais de nombreuses particules de goudron salissent les habits. Des projections d'un tuyau d'échappement, sans doute. Ces salissures n'ont pas émané de la Peugeot 305, trop éloignée. De quel véhicule alors ? Peut-être celui de la gendarmerie, qui aurait pollué la « scène de suicide » par mégarde. Au test de Gonzalès – à la paraffine –, le résultat est négatif : aucune trace de poudre n'apparaît sur les doigts de Nut. Pourtant, comme le prouve un tir de comparaison, l'arme découverte à côté du corps en laisse à la périphérie des doigts qui pressent sur la détente. Mais le lieutenant-colonel a séjourné des heures les mains dans la neige. Pas impossible que l'humidité les ait effacées. Indice une nouvelle fois troublant, mais pas probant. En revanche, il est une expertise au résultat éloquent : l'étude comparée des éclats métalliques prélevés dans la matière cervicale de la victime lors de l'autopsie et celle des balles laissées dans le barillet du revolver. Selon les docteurs Quicke et Vuillet, la composition chimique des éclats diffère « nettement » de celle des munitions. Pour Vianneytte Boisseau, ce résultat « fait retenir la thèse d'un événement criminel ». La police a-t-elle tenté d'éviter ces conclusions ? La juge ne s'explique pas une perquisition « spontanée » au domicile des Nut, le lendemain de cette expertise. Les enquêteurs y ont découvert d'autres munitions, expertisées à leur tour, comme s'ils voulaient faire « coller » les résultats scientifiques. La logique d'enquête échappe à la juge d'instruction : « La lecture des pièces du dossier n'explique pas la raison d'une seconde perquisition à cette époque précise. »

Suicide ou assassinat ? Entre les deux thèses, Vianneytte Boisseau croit plus volontiers à la seconde. En 1984, la brigade de la DST de Nice a prouvé que la longueur de l'arme du colonel Nut ne permettait pas un « coup tiré de très près, mais non à bout touchant », respectant l'angle constaté. Les policiers de la DST diligentèrent une expérience ; après avoir réédité cent fois des essais, ils parvinrent à la conclusion que « l'arme ne devait pas sensiblement échapper à la main de l'auteur, ou ne devait effectuer qu'un "saut" d'une amplitude maximale de 20 centimètres ». Par scrupule, les agents de la direction de la surveillance du territoire ont testé le cas d'un rebond du revolver sur le capot de la voiture. En vain. Jamais ils ne réussirent à recréer la scène de la nationale 202. Au juge en charge de l'instruction revient le dernier mot : « Le colonel Nut ne peut être l'auteur, avec cette arme et ces munitions, du coup de feu qui lui a été fatal. »

Le fils de Bernard Nut, Bruno, reste amer. À son goût, justice n'a pas été rendue à son père, même si lui-même a été reconnu « pupille de la Nation », dispensé du service national au motif d'un « père mort en service ». Jacqueline, sa mère, veuve d'un « militaire décédé dans l'exercice de ses fonctions », a bénéficié à ce titre d'un capital décès triple. Le mystère demeure sur la raison pour laquelle Nut a été assassiné. L'inspecteur de la Piscine avait brandi le secret défense pour ne pas s'étendre sur les activités du défunt, mais précisa qu'à sa connaissance Nut n'était « sur aucune affaire importante ou dangereuse ». La famille raconte en revanche que, peu avant sa mort, l'agent secret s'était rendu chez l'un de ses amis pour appeler un contact

« car il était sur une grosse affaire » qui « devait faire du bruit ». Chez lui et au bureau, ses lignes de téléphone n'étaient pas assez sûres. Il semble que le chef de poste de la DGSE enquêtait à l'époque sur une coopérative des Alpes-de-Haute-Provence Longo Maï. Installée alors près du plateau d'Albion et de ses missiles à têtes nucléaires, la coopérative internationaliste avait reçu la visite du consul soviétique. Contrairement aux rumeurs, ce diplomate n'avait pas été expulsé début 1983 parmi les quarante-sept espions du KGB que la France, informée par une source sous le nom de code de « Farewell », renvoya en Union soviétique [180]. Des journaux, notamment à l'extrême droite, décrivirent malgré tout la communauté comme un « nid d'espions » avec sa « flottille d'avions légers » pour le survol des sites du plateau d'Albion. L'évocation publique de cette piste n'était sans doute pas neutre, un responsable de la coopérative étant le fils de la secrétaire d'État à l'environnement alors en poste. Selon cette ministre, les services secrets mènent alors une campagne de « provocation et d'intoxication » contre le gouvernement socialiste [181]. Les journaux relatent aussi un épisode qui s'est produit la veille de la mort de Nut. Les services italiens arrêtaient Victor Pronine, le vice-directeur du bureau de l'Aeroflot à Rome, à l'instant où un contact italien lui passait sous le manteau des documents ultraconfidentiels sur l'Otan [182]. Coïncidence ne vaut pas preuve. Un vieil avocat du barreau de Nice livre toutefois de curieux éléments. Assis dans un canapé du « château de l'Anglais », une étrange masure sur la corniche à l'est de la ville, William Carruchet a les cheveux et sourcils blancs de longue date. Cet avocat de Cuba et de l'Iran raconte s'être engagé dans les brigades internationales à dix-sept ans, où il fut le collaborateur d'André Marty. Condamné à mort par une cour martiale de Franco, William Carruchet fit ses classes à l'Orchestre rouge, service de renseignement de l'armée du même nom. De la fréquentation des coulisses de l'histoire, l'avocat a conservé un carnet d'adresses dans les milieux de l'espionnage. À peu près deux ans avant la mort de Nut, raconte-t-il, l'agent secret a essayé par son intermédiaire de prendre attache avec un dirigeant du parti communiste, au siège de la place du colonel Fabien. La direction déclina, de peur d'une provocation [183].

Secret défense

« Toute vérité passée sous silence
devient venimeuse. »

Friedrich Nietszche,
Ainsi parlait Zarathoustra.

Dans les placards de la République, les cadavres se conservent longtemps. Près de quarante ans après le décès de Ben Barka, les circonstances de sa mort restent délicates pour la France. Comment expliquer, sinon, la pérennité du « secret défense » sur le dossier ? Les juges en charge de l'affaire ne cessent de buter sur cet obstacle qui jamais ne s'érode. Le premier magistrat, Louis Zollinger, n'avait pu vérifier dans quelle mesure le chef du « Service 7 » avait été mis au parfum par Antoine Lopez de l'opération prévue sous gouverne marocaine. Agent occasionnel des services secrets, Lopez écopa de huit ans de réclusion par la cour d'assises, le colonel du Sdece, poursuivi pour « non-dénonciation de crime », fut acquitté. Un rapport interne du Sdece prouvait pourtant que Lopez l'avait averti d'une

« récupération de Ben Barka par des moyens non orthodoxes ». Le patron du « Service 7 » avait transmis trois notes sur ce sujet à la section d'études « III-A Monde arabe » du Sdece. Des notes sans conséquences. La hiérarchie a péché au mieux par négligence. Le directeur général et le directeur de la recherche ont plaidé au procès d'assises que les rapports n'avaient « aucun caractère alarmant [184] ». De toute façon, le « secret défense » empêche de vérifier. En 1975, lorsque la famille Ben Barka dépose une nouvelle plainte pour faire la lumière sur la mort de Mehdi, elle mentionne que « dix ans après les faits, il n'y a plus de raison de continuer d'invoquer les prétendus secrets de la Défense, de la police, et même de la diplomatie, qui ont entravé la recherche de la vérité lors de la première instruction [185] ». Interrogés par le juge en 1977, les dirigeants du Sdece répondent que le « secret défense » jamais ne se prescrit. « Les impératifs de sécurité » demeurent valables. Voilà qui a le mérite de ne pas laisser de faux espoirs. Le président de la République, Valéry Giscard d'Estaing, refuse de lever le secret, parce que, argue-t-il, il ne veut pas intervenir dans un dossier en cours. Si tous les témoins usaient de ce genre de prétextes, ce serait la fin des enquêtes judiciaires. En 1982, le Premier ministre socialiste Pierre Mauroy tente d'en finir avec cette mascarade. Il donne l'ordre à la DGSE – ainsi fut rebaptisé le Sdece – de vider ses cartons au bénéfice de la justice. Les services secrets obtempèrent. Deux cents pièces sont ainsi placées sous scellés au palais de justice, sans que le secret défense soit toutefois levé. Le juge en dispose sous le coude, à condition de ne pas les utiliser, ni même de les lire, ce qui confine à l'absurde. Bachir Ben Barka, le fils du disparu, s'échine pour rien. Il constate la vanité des efforts : il a beau avoir « multiplié les démarches auprès de tous les responsables politiques français » pour la levée du secret défense, « ni François Mitterrand, ni aucun de ses premiers ministres, ni aucun des ministres de la Défense ne répondit à nos demandes ou à celles du juge ». Élu président de la République, Jacques Chirac ne se montre pas plus sensible. En janvier 2002, le ministre de la Défense, Alain Richard, suit l'avis de la « commission consultative du secret de la défense nationale ». Il ôte le caractère classifié d'une partie des documents. L'autre moitié reste gelée dans les frigos du secret. Elle contient peut-être les clés du scandale.

Dans la logique d'État, le « secret défense » est une notion extensible. Pourvu que les gouvernants y trouvent leur compte, l'élastique s'étend à volonté. L'assassinat du prince Jean de Broglie par une bande de farfelus en 1976 est présenté par la police comme un fait divers : un crime crapuleux, pour éteindre une dette sur *La Reine Pédauque*. Pourtant, des éléments essentiels pour la vérité, des relevés d'écoute notamment, ont été soustraits à la publicité normale. Le 22 septembre 1976, alors que le commando a déjà en tête son futur objectif, le chef de l'Office central de répression du trafic illicite de stupéfiants (Ocrtis) s'intéresse à l'un des proches du groupuscule, domicilié près du parc des Buttes-Chaumont. Après le repérage du bon appartement, la ligne de téléphone de cet individu est mise sur écoutes. Les conversations entre amis sont enregistrées. Évoquent-ils un contrat sur la personne du prince de Broglie ? On ne le saura jamais avec certitude. Devant la commission d'enquête parlementaire, le chef de la BRI, Marcel Leclerc, note que ces écoutes administratives « étaient placées sous la responsabilité du Premier ministre et du ministre de l'Intérieur et soumises aux règles du secret défense [186] ». Le commissaire ajoute que les relevés sont « détruits dans un délai maximum de deux ans » à compter de l'enregistrement. Premier ministre, Raymond Barre abonde dans ce sens : à propos de l'interception de sécurité sur cette ligne, il écrit que « les documents relatifs à cette écoute ont été détruits ». Une semaine auparavant, le garde des Sceaux a défendu une tout autre version en séance publique à l'Assemblée nationale : « Il n'existait aucune écoute téléphonique administrative. » Ce démenti est troublant. Quelqu'un a donné le feu vert aux « grandes oreilles ». Qui ? Le 23 juillet 1980, Michel Poniatowski a expliqué aux députés que « l'accord » du Premier ministre a été nécessaire pour ces écoutes. Mais pour en retrouver la trace, Raymond Barre se renseigne place Beauvau, et non à Matignon. Il rédige trois courriers en tout pour les députés, pour finir ainsi : « La production concernant l'écoute de M. Bernard a été détruite pour les raisons que je vous ai précédemment fournies. Quant aux documents relatifs à la demande, à l'autorisation et à la suppression de cette écoute, ils sont couverts par le secret défense. Il ne m'est donc pas possible de vous communiquer la documentation demandée [187]. » Le juge a été logé à la même enseigne que les députés : refus catégorique de lui remettre les relevés des écoutes de la rue Manin. Motus et bouche cousue donc, au sommet de l'État. Le 14 décembre 1981, le député RPR du Morbihan, Christian Bonnet, vient témoigner à la barre du procès de l'affaire de Broglie. Christian Bonnet n'est pas un témoin secondaire. Nommé ministre de l'Intérieur le 31 mai 1977, cinq mois après la mort du prince, ce Breton a dirigé l'hôtel Beauvau pendant la durée de l'enquête. Devant les juges, l'ancien ministre prend la défense du directeur de la police judiciaire, Jean Ducret, qui n'aurait pas pris assez au sérieux les menaces pesant sur de Broglie. Bonnet ramène sa faute à une négligence banale : « Que celui qui n'a jamais commis d'erreur lui jette la première pierre [188]. » Ducret a juste commis une « erreur d'appréciation assez largement excusable ». Erreur ayant permis que le crime fût perpétré. L'ex-ministre qui ne voit qu'étourderie sans conséquence fait soudain une révélation à la cour d'assises : les écoutes n'étaient pas couvertes par le « secret défense ». Bonnet le dit à la barre comme si de rien n'était, peut-être sans se rendre compte qu'il contredit la version officielle. À la barre toujours, Bonnet explique qu'à l'instar de l'assassinat de Kennedy ou des tentatives contre Reagan ou le pape Jean-Paul II, dans le dossier de Broglie « il y a des ombres qui ne sont pas le fait de la hiérarchie policière ». Les ombres ont pourtant bien été disséminées par la police et le gouvernement.

Le noir est la couleur préférée du pouvoir. Au cours de l'enquête sur l'assassinat d'Henri Curiel, à Paris en 1978, la DST et le Sdece invoquent d'abord le « secret défense » mais obtempèrent à l'injonction du Premier ministre Pierre Mauroy d'ouvrir leurs archives au juge. Ces services ont-ils livré tous leurs secrets ? Le juge n'y puise rien qui permette à son enquête de progresser. Dans une note de synthèse, il relève avoir trouvé la trace d'écoutes téléphoniques autour du fondateur de Solidarité jusqu'en 1972 : « Il nous a été verbalement indiqué qu'à la suite de "mesures internes", les comptes rendus d'écoutes sont détruits tous les "deux ans depuis 1976". » 1976, l'année de la mort du prince de Broglie. Dans l'affaire du pasteur Joseph Doucé, en période de gouvernance socialiste cette fois, la juge d'instruction Martine Anzani, qui enquête sur les rapports mensongers de l'inspecteur Dufourg et sur les écoutes téléphoniques de la librairie *Autres Cultures*, voudrait bien entendre la dame qui a retranscrit les bandes magnétiques. L'employée n° 21 du Groupement interministériel de contrôle (GIC) a couché sur le papier la fameuse conversation du 20 juillet 1990, qui semble attester de ce que le pasteur n'a pas encore disparu à cette date : « Daniel à Guy. L'informe du coup de fil des éditions Souffles. Le pasteur est à la librairie en ce moment. Une réunion a lieu ce soir. » Agent des RG détaché au GIC, l'employée n° 21 a été convoquée chez le directeur, Claude Bardon, en juillet 1990. Dans le secret du bureau, elle lui a raconté qu'elle faisait ses débuts au centre d'écoute installé aux Invalides, et qu'elle s'est scrupuleusement occupée des interceptions « Bonpland »[189]. La juge souhaite interroger elle-même le scripteur n° 21. L'administration le lui refuse en arguant du « secret défense ». Pour la mort d'un pasteur...

L'armée des ombres

> « J'ai devant moi les parents de ce garçon tué avec sa passagère, dans un accident d'automobile le 5 juillet 1964, à sept heures du matin. Ils ont le regard usé de ceux qui ont trop attendu. Depuis dix ans, ils cherchent une vérité qu'on leur refuse. »
>
> François Mitterrand,
> *L'Abeille et l'Architecte.*

Contre Goliath, David gagne par astuce, sur un coup d'adresse. La lutte tourne court. Andrée Saint-Aubin a fait plus fort. Car son combat a duré des lustres. Tel un David endurant, cette épouse d'un joaillier de Dijon ferrailla, non pas contre un monstre, mais contre toute une armée. On lui avait infligé le pire malheur qu'une mère puisse subir, tuer son fils. Il s'appelait Jean-Claude et n'avait pas vingt-trois ans. Ses obligations militaires, le jeune homme, stagiaire au garage Jaguar de Genève, les avait remplies. L'armée, en échange, ne respecterait pas ses obligations de vérité. Sa mère, donc, combattrait pour que justice soit rendue à sa mémoire. Son arme : la ténacité. Sa stratégie :

rester tenace. La guerre que la mère de Jean-Claude Saint-Aubin mena, avec son époux Jean d'abord, puis seule après la mort de celui-ci, emprunta beaucoup à la tactique d'usure. De chaque blessure, elle se releva. Tout ce qui ne la tuait pas la rendait plus forte.

Le 5 juillet 1964, Andrée Saint-Aubin baissa les yeux sur sa montre à 9 heures du matin, avec l'inquiétude au fond du crâne. Jean-Claude se faisait attendre sur le lieu de vacances familial, au domaine du Pin-de-la-Lègue, près de Fréjus. Son retard inquiétait sa mère. En fait, il était mort. Mort au volant de sa Volvo noire à toit blanc, prisonnier de l'amas de ferraille, coincé entre son siège et le volant. Sur le bord de la route nationale 7, sa voiture s'était littéralement encastrée contre un platane, au lieu-dit Les Esclapes, à Puget-sur-Argens (Var). Le tronc de l'arbre avait plié le toit et le choc, de plein fouet, n'a laissé aucune chance au jeune homme et à sa passagère, une fille de Dijon. À l'arrivée des gendarmes, un seul témoin raconte la scène. Ce chauffeur de métier se rendait à son travail sur un cyclomoteur. Il explique que la voiture « circulant à très vive allure » sur une chaussée « mouillée » zigzagua avant de « se jeter »[190] sur un platane. Les familles endeuillées ne souffrent jamais les scénarii de la mort de leurs proches. La réaction des Saint-Aubin est conforme à la règle. Que Jean-Claude, chauffeur du colonel durant son service militaire en Allemagne, rodé aux routes verglacées du Jura, licencié à la Fédération française des sports automobiles, que ce fils chéri ait dévié d'une ligne droite à cause d'un dos-d'âne, l'idée est insupportable pour eux. La douleur souvent incite à remettre en cause l'évidence. Les Saint-Aubin doutent de l'évidence, mais, une fois n'est pas coutume, l'avenir leur donnera raison de l'avoir fait.

Un mois après l'accident, la famille dépose plainte, à cause d'erreurs dans les constatations des gendarmes. Les relevés sur le terrain semblent faux. Le dos-d'âne se trouve en réalité à cent quatre-vingt-dix mètres de l'accident, et non pas à quatre-vingts mètres, comme il est écrit dans le rapport officiel. Entendu par les enquêteurs de la brigade de Draguignan, le témoin unique se rétracte. Lui qui indiquait sur place comment la voiture s'est « mise en travers » concède n'avoir constaté les dégâts qu'après les faits : « J'ai été doublé par la Volvo avant le dos-d'âne et le virage. Je l'ai perdue de vue jusqu'à ce que je l'aperçoive écrasée contre un platane. » Pour le couple de joailliers, ce revirement sonne comme une cloche au milieu de la conspiration du silence. Persuadés que les gendarmes leur cachent la vérité sur le dérapage fatal de leur fils Jean-Claude, les Saint-Aubin cherchent la clef du mystère. Elle leur est fournie comme par miracle alors qu'ils font le plein d'essence dans une station-service de la région. La gérante appelle sa fille, qui leur confie : « Il y a une chose, madame, que vous ignorez sans doute : votre fils ne s'est pas tué tout seul. C'est un camion militaire et une 203 qui sont en cause. Je l'ai appris par l'un de mes clients, un adjudant[191]. » Cet adjudant officie au camp Dessert, près du lieu du drame. Il a lui-même recueilli les confidences d'un témoin direct, un ancien des bataillons de harkis, Mohamed Moualkia. Avec sa famille, ce militaire ayant acquis la nationalité française après sept ans de service a habité au camp Dessert. À la fin du mois d'août 1964, on le prie de quitter les lieux. Près de Lodève, où le peintre a trouvé du travail sur un chantier, le couple lui rend visite. Devant huissier, Moualkia confirme : « Il y avait une camionnette militaire. » L'artisan a vu cette camionnette envoyer le véhicule du jeune homme dans le décor. « Une voiture noire suivait derrière. » À hauteur de l'accident, la 203 « ne s'est pas arrêtée ».

Le couple dijonnais touche-t-il du doigt la vérité ? En tout cas, une main invisible tentera d'empêcher la levée du voile. Cette silhouette chaparde les indices, vole les pièces à conviction ou les altère. Le fantôme se manifeste trop pour être de pure imagination. Son premier forfait, il le signe au poste de police du camp Dessert. Sur le registre des entrées et sorties de véhicules du camp, la main sans empreintes a arraché une page, celle du 5 juillet 1964. Le flux et reflux de camions dans les parages est ainsi relégué aux oubliettes de l'histoire. Au tout début de l'enquête, le chef de bataillon, responsable du camp, avait concédé à la maréchaussée que, à 7 heures le matin du drame, une camionnette, avec à son bord quatre militaires, avait quitté le cantonnement en direction des subsistances, puis était revenue vingt minutes plus tard. Le soldat de première classe au volant indique « être passé sur les lieux de l'accident vers 7 h 10 ». Ayant aperçu que des passants portaient déjà secours aux victimes détenues dans l'habitacle, le militaire d'origine africaine « déclare ne s'être pas arrêté en raison de la mission qu'il avait à remplir ». Au retour, le chauffeur de la camionnette « ne s'est pas arrêté non plus, les gendarmes canalisant déjà la circulation ». Témoignage varie... Un mois plus tard, lors d'une audition à l'initiative du général de corps d'armée commandant la IXe Région militaire de Marseille, le soldat du camp Dessert livre une autre version : « Je ne me suis même pas arrêté, parce qu'il n'y avait plus personne sur les lieux. » Le conducteur de la Volvo et sa passagère, à cette heure-là, étaient figés dans la carcasse de tôle. L'avocat des Saint-Aubin, René Floriot, se démène pour que la justice identifie et entende les soldats à bord du camion. Ce ténor du barreau a du poids. Plaideur de génie, ce défenseur d'Otto Abetz et du docteur Marcel Petiot fera bientôt usage de ses effets de manche au procès de l'affaire Ben Barka. En insistant auprès de la magistrate, Floriot obtient que les trois soldats soient recherchés. Le 10 mars 1965, la commission rogatoire est délivrée. Las ! La justice a trop tardé. Le bataillon africain du camp Dessert, dissous le

1er septembre 1964, n'est plus qu'un souvenir. Selon le chef de corps du bataillon, impossible donc « de donner le nom des militaires assurant le service de garde des subsistances, les archives de ce genre ayant été détruites ». Les archives sont en fait envoyées au bureau central d'archives à Pau au début de l'année suivante [192]. Mais les Saint-Aubin ne sont pas à un mensonge près.

La main invisible ne chôme pas. Elle soustrait tout ce qui pourrait aider la justice à établir les allées et venues de la camionnette, et n'hésite pas à s'introduire discrètement à la Sabac, l'usine située à deux cents mètres du platane dans lequel Jean-Claude Saint-Aubin a embouti sa voiture. Dans cette usine travaillait Mohamed Moualkia. Pour vérifier ses dires, les gendarmes compulsent le registre de pointage de la Sabac. Sur la feuille de présence du 5 juillet 1964, figure l'entrée de Moualkia dans l'usine à 5 heures du matin et sa sortie à midi. Le peintre maghrébin a donc menti ; faute d'ubiquité, l'ancien soldat ne pouvait être à sa machine dès 5 heures et assister à 7 heures à l'accident. En mai 1965, la famille s'était déjà vu opposer une ordonnance de non-lieu. Voilà que la réouverture de l'information sur charges nouvelles, qu'elle a sollicitée, lui est à nouveau refusée. La décision, notifiée l'avant-veille de la Saint-Sylvestre, ne désarme pas les vendeurs de bijoux. Les fêtes passées, le calme revenu à la boutique, le couple qui a perdu son fils se remet à traquer le fantôme. Jean et Andrée Saint-Aubin en détectent une trace dans l'usine de la Sabac. Les parents ont demandé à voir le tableau des pointages invalidant le témoignage essentiel de Mohamed Moualkia. Le père de Jean-Claude sursaute : « Ce registre a été falsifié ! » En effet, les horaires de l'ouvrier harki à la date de la tragédie ont été surchargés. Le lendemain, un huissier de Fréjus, à la requête des Saint-Aubin, constate les ratures. À l'heure de l'accident, le Maghrébin n'était pas à l'usine, comme ont tentés de le faire croire les gendarmes. Plus question d'un faux témoignage de Moualkia. Dans un courrier daté du 1er mars 1966, l'adjudant du camp Dessert à qui l'ancien du bataillon africain s'était confié, confirme que le peintre a livré une version sans variance depuis le matin de juillet où la Volvo fonça sur un platane. Ainsi les doigts de sorcière ont raté leur coup. Le filtre mystérieux continue à agir en dépit de cet échec flagrant. La famille Saint-Aubin reçoit de sa compagnie d'assurance une missive l'informant de ce que l'épave de la voiture de leur fils a été détruite. Mais le couple de joailliers, de passage au garage de Fréjus où elle était entreposée, découvre la fausseté du courrier. La Volvo est toujours là. Pour prouver sa bonne foi, l'assureur du véhicule montre aux parents de Jean-Claude les certificats de destruction établis par l'administration des Douanes. Deux fonctionnaires ont signé une attestation manuscrite rédigée de manière formelle : « L'épave a été “cassée” en présence du service. » Andrée Saint-Aubin en est certaine : le procès-verbal est faux, les signatures des douaniers ont été « grossièrement imitées ».

La mère de Jean-Claude prend des rides mais la main invisible ne faillit pas. Dix-sept ans après la mort du jeune mécanicien de Genève, un conseiller technique du ministre de la Justice Robert Badinter perçoit à son tour le sortilège inoculé au dossier. Ce magistrat, Hubert Dujardin, après un courrier des parents Saint-Aubin, les a reçus dans son bureau de la place Vendôme. Pour étayer son opinion sur l'affaire, le membre du cabinet du ministre demande à voir le dossier administratif de la chancellerie. À cette occasion, Hubert Dujardin apprend que le dossier judiciaire, censé être conservé au Palais de justice d'Aix-en-Provence, s'est envolé. Le double, lui aussi, a disparu. La carence surprend si l'on a en tête l'épaisseur de lustres de procédures, closes et sans cesse relancées sur l'insistance des proches du mort. Trois ans plus tôt, le parquet en avait averti le ministère qui avait omis de passer le message à la partie civile [193].

Il y a de quoi devenir fou. Les Saint-Aubin ne cèdent pas à cette pente. L'écœurement sédimenté par des années à remettre sans cesse l'ouvrage sur le métier les incite à ne plus avoir « confiance en la justice de leur pays ». En 1977, faute d'être entendus, ils se disent qu'ils seront peut-être lus. Sur le tronc d'arbre fatal à leur fils, le couple dijonnais écrit en lettres capitales : « Aff. Saint-Aubin. Ici deux tués par méprise, crime camouflé et étouffé par les gendarmes et les magistrats du lieu, lâches et serviles. » Signé : « Les parents. » Que la justice insulte le devoir de vérité, passe... Que l'appareil judiciaire soit insulté, voilà qui outrepasse la limite, surtout que les Saint-Aubin se vantent de leur délit. Les feuilles du platane sont tombées et ont repoussé quand le parquet de Draguignan ouvre une information [194]. À la fin novembre 1978, les fauteurs de trouble ayant rédigé leur complainte sur le tronc sont inculpés pour « discrédit de décisions juridictionnelles ». Le juge d'instruction Claude Gauze cherche-t-il un moyen de leur éviter les foudres de la justice ? Si le magistrat part de cette bonne intention, il choisit la pire voie. Il demande au couple de se soumettre à une expertise psychiatrique. Refus catégorique des Saint-Aubin, qui s'insurgent. Qu'à cela ne tienne. Le 6 novembre 1979, le juge d'instruction invoque l'article sur la non-responsabilité des malades mentaux pour ordonner un non-lieu : « l'attitude des inculpés » confirme, selon le juge, le « déséquilibre » dont ils ont fait preuve en écrivant sur le platane au bord de la nationale 7. L'avocat de ces déments de la vérité, Charles Libman, réagit dans *Le Monde* à cette « histoire de fous(s) » : « À quand les portes de l'asile pour les Saint-Aubin ? À quand le goulag pour la France [195] ? » Censément

« en faveur » des parents du défunt, ce non-lieu ne leur convient pas. Trop facile, pour la justice, de se sortir du piège par une pirouette. Le dossier a été « ficelé comme une camisole de force [196] ». Le couple échoue à annuler le non lieu, alors il attaque le juge, en vain.

Le chemin de croix judiciaire des Saint-Aubin compte autant de stations que de procédures lancées et avortées. À mener une guérilla judiciaire et une campagne publique, ils se sont constitué un réseau d'alliés. L'un d'eux n'est autre que François Mitterrand, rencontré le 4 novembre 1975. Le futur président de la République relate l'entretien dans son livre *L'Abeille et l'Architecte*. Le paragraphe consacré à leur combat se termine par ces mots : « Les parents Saint-Aubin, déboutés, errent de tribunal en tribunal. La Justice n'est pas curieuse. La Vérité a-t-elle besoin de tant mentir pour être vraie ? » À l'Élysée, le chef d'État pour qui la fidélité était la vertu cardinale n'oublie pas la famille bourguignonne. Une intervention du député de Côte-d'Or Roland Carraz provoque une réaction de Robert Badinter. Le ministre de la Justice ordonne à l'Inspection générale de la chancellerie de plancher sur la vieille histoire. L'Inspection, que l'on pourrait surnommer la « justice de la justice » comme il existe la « police des polices », mène une enquête de longue haleine. Le 7 juillet 1983, les inspecteurs procèdent enfin à une reconstitution sur le lieu du drame. Moulkia demande que la camionnette militaire stationne à cheval sur le bas-côté droit de la nationale 7. À l'instant où la voiture arrive, le peintre en bâtiment lui fait signe de se mettre en marche. La manœuvre a pour effet de projeter le véhicule léger en direction de l'arbre. Les inspecteurs de la chancellerie ne se contentent pas de cette scène. Ce qui s'est passé dans le secret des arrière-salles d'audience importe à leurs yeux plus encore. Pas à pas, ils suivent le cursus de la famille Saint-Aubin dans les arcanes de la justice. Dans leur rapport de deux cent trente-huit pages, ces limiers dénoncent la très longue « série des erreurs d'appréciation » et reconnaissent que le fonctionnement de la justice « n'a pas été satisfaisant ». De la Direction des affaires criminelles parisienne au parquet de Draguignan, les magistrats ayant eu à connaître de cette affaire en prennent pour leur grade. Les gendarmes, qui se sont rendus coupables d'avoir tenté de masquer l'existence du témoin Mohamed Moualkia, ne sont pas épargnés. À la fin de son rapport, l'inspection laisse la question pendante : les services d'État n'ont « jamais voulu admettre, ni même envisager, qu'un camion militaire pouvait être intervenu. Pourquoi ? »

À ce « pourquoi », Andrée Saint-Aubin a une réponse depuis longtemps. Après l'accident, des rumeurs évoquent la présence d'une base de « barbouzes » aux alentours de Fréjus. En novembre 1969, la commerçante de Dijon trouve dans sa boîte aux lettres un courrier lui indiquant qu'il peut y avoir un lien entre le décès de son fils et l'Organisation de l'armée secrète (OAS), la célèbre structure d'activistes pro-Algérie française, qui tenta d'imposer ses idées par une campagne d'attentats. L'expéditeur s'amuse à un jeu de piste. Il a noté une adresse en poste restante à Munich, en Bavière. Dans une seconde lettre, il écrit le nom d'un Français selon lui résidant à Genève, un certain « Meningaud », au fait des secrets de l'organisation terroriste fondée après la « journée des barricades » d'Alger. Tels des détectives privés, Andrée et Jean Saint-Aubin cherchent cet homme. En vain. Tels des historiens, ils se renseignent sur l'OAS. Avec l'un de ses anciens responsables, Jean-Jacques Susini, qui leur est présenté par une collaboratrice de leur avocat, les joailliers dijonnais parlent de l'attentat du Mont-Faron, à Toulon, le 15 août 1964. Lors de l'inauguration du Musée de Provence, une jarre remplie de 3 kilos d'explosifs devait atteindre le chef de l'État. Le général de Gaulle en réchappa, car la bombe n'explosa pas. Sans doute le complot avait-il été percé à jour. La clef est-elle dans une coïncidence de dates ? Le 5 juillet, Jean-Claude Saint-Aubin et sa passagère étaient projetés contre un arbre. Fondateur de l'OAS, Pierre Sergent raconte aux Saint-Aubin que leur fils a fait les frais d'une erreur sur la personne, que l'un de ses amis était visé par les barbouzes sur la nationale 7. Le nom de cet ami ? En juin 1976, Pierre Sergent le leur révèle enfin. Un ancien militant de l'Algérie française, un « très gros poisson », exilé sur les rives du lac Léman. Ce soldat de la cause antigaulliste se déplaçait en Volvo noire, immatriculée à Genève comme la voiture de Jean-Claude. D'ailleurs, les plaques minéralogiques des véhicules des membres de l'OAS et de Jean-Claude Saint-Aubin étaient dotées de numéros susceptibles d'avoir été confondus[197]. Le jeune mécanicien a-t-il été victime d'une tragique méprise, commise par les barbouzes d'un régime ébranlé par la crise algérienne ? Les enquêteurs de l'Inspection générale des services judiciaires ont épluché les dossiers de l'OAS, sans tirer de conclusions.

En avril 1992, Hubert Dujardin, l'ancien conseiller de Robert Badinter qui garde sous le coude le dossier, reçoit, à l'en croire, les confidences d'un colonel du service du Sirpa en fonction au fort d'Ivry. Cet officier lui aurait glissé qu'en préparant un projet de lettre de réponse du ministre de la Défense aux époux Saint-Aubin, il aurait consulté dans les archives un dossier permettant de conclure à un « accident volontairement provoqué ». Lorsque des tiers l'interrogent, le colonel infirme : il n'a lu que des coupures de presse, dit-il. En 1997, Andrée Saint-Aubin croit apercevoir le bout du tunnel, c'est-à-dire la vérité en pleine lumière : un retraité des commandos paras, Michel Enaud, affirme détenir trois ordres de mission pour « intercepter », « neutraliser » le membre de l'OAS en question. L'ancien parachutiste refuse de les lui donner, mais accepte leur transcription manuscrite. Quand la mère soumet ses notes au ministère de la Défense, le directeur de cabinet d'Alain Richard lui répond, le 6 février 1998, qu'il s'agit de « faux grossiers ». Les documents comportaient un en-tête portant la mention « Service de renseignement et d'action – SRA » de la caserne Mortier, siège des services secrets dans le XXe arrondissement de Paris. Certaines mentions paraissent tout à fait aberrantes.

Obligée de pousser inlassablement son rocher vers le haut de la montagne, tel un Sisyphe de la cité des ducs, la joaillière à la retraite n'a jamais cessé de frapper à toutes les portes. François Mitterrand lui rouvrit celles de l'Élysée en 1993. La victoire de la mère de Jean-Claude Saint-Aubin ne consiste pas à avoir eu le fin mot de l'histoire ; elle ne l'a toujours pas. Sa victoire est de n'avoir jamais cédé aux injonctions de laisser en plan sa quête de vérité. Quand, en 1990, le médiateur de la République, Paul Legatte, parvient à convaincre le garde des Sceaux, Pierre Arpaillange, d'accorder aux Saint-Aubin une indemnité de cinq cent mille francs en compensation des « conséquences inéquitables provoquées par un mauvais fonctionnement des services de la justice », la mère de Jean-Claude Saint-Aubin juge cela « très important du point de vue moral ». Mais elle ne s'en tient pas quitte avec la justice. Le 5 avril 2000, elle donne une conférence de presse dans les locaux de la Ligue des droits de l'homme pour demander à Lionel Jospin, alors Premier ministre, de nommer un « sage au-dessus de tout soupçon » pour élucider l'affaire. À son côté se tiennent le procureur adjoint d'Evry, Hubert Dujardin, qui a pris fait et cause pour elle lorsqu'il officiait au cabinet de Robert Badinter, et Antoine Sanguinetti. Ce vice-amiral d'escadre a été mis à la retraite d'office en 1976 après avoir critiqué la politique de Défense. Le militaire contestataire milite au Rassemblement national pour la vérité sur les « accidents » à l'armée. Ironie de l'histoire, ce Corse est le frère d'Alexandre Sanguinetti, chargé à partir de 1961 de la lutte contre l'OAS au ministère de l'Intérieur. Le nom de ce gaulliste qui fut secrétaire général de l'UDR figure sur les faux « ordres de mission » qu'Andrée Saint-Aubin eut en main. Quelqu'un a-t-il voulu régler des comptes en lui imputant une tragique erreur sur la personne ?

Deux princesses

> « On doit des égards aux vivants ; on ne doit aux morts que la vérité. »
>
> Voltaire, *Lettre écrite sur Œdipe.*

Le 15 septembre 1982, le journaliste Bernard Langlois apparaît derrière le générique de l'édition d'information de la chaîne Antenne 2, à 12 h 45. La mort s'impose dans l'actualité. Le présentateur annonce à la France les décès de deux personnes que l'histoire n'archive pas dans le même carton : Bechir Gemayel, élu président du Liban vingt-trois jours plus tôt, et Grace Kelly, la première dame d'un rocher qui fait rêver. L'un et l'autre sont morts la veille, le premier d'un attentat au fond de la Méditerranée, la seconde d'un accident de voiture sur la corniche de ce côté-ci de la mer. Avec ce style littéraire que les journalistes de télévision ont perdu, Bernard Langlois raconte que ces deux trépas, celui du président et celui de la princesse, furent reconnus avec retard. Les sources autorisées ont démenti l'évidence avant d'avouer que l'homme de trente-quatre ans et la femme de cinquante-deux ans étaient bien décédés. Langlois s'interroge sur la raison d'État : « À 18 heures hier soir, Gemayel était officiellement sorti indemne de l'attentat. Quant à Grace de Monaco, ses blessures, nous disait-on, n'étaient pas graves. Même la mort, chez les grands, échappe au commun... »

Dans son allocution, Bernard Langlois annonce que l'attentat contre Bechir Gemayel « risque fort de rallumer les feux mal éteints de la guerre civile » tandis que l'accident de Grace Kelly « ne changera rien au destin de l'humanité ». Cette plume de l'audiovisuel rend un hommage au « deuil ordinaire d'une famille célèbre qui nous était familière par la grâce des gazettes ». À propos de la famille Grimaldi, le présentateur invoque « l'image du bonheur sucré véhiculé jusqu'à l'écœurement par la presse du cœur ». En quelques jours, la direction de la chaîne de télévision reçoit un amas de courriers en guise de bordée d'injures. Le président d'Antenne 2, Pierre Desgraupes, sanctionne l'impétrant. Cette liberté de ton lui vaut une mutation au service Société de la rédaction. Le présentateur a eu le tort de ne pas arborer une mine de fausset. Quinze ans plus tard, le 31 août 1997, l'accident de voiture d'une autre tête couronnée donne aux successeurs de Langlois l'occasion de singer les pleureuses. La mort de la princesse Diana sidère par la consternation terrestre, la contagion d'un deuil à l'échelle de la planète, la transe en mémoire d'une femme plus simple que son icône. « La mort, chez les grands, échappe au commun », disait le présentateur Langlois. La princesse de Galles incarne cette sentence, tant elle va donner lieu à des manipulations, des rumeurs parfois fomentées, des thèses du complot.

Deux juges d'instruction de Paris, Hervé Stéphan et Marie-Christine Devidal, ont établi la vérité judiciaire sur l'accident d'automobile le plus célèbre de l'histoire. « Le 31 août 1997, à 0 h 26, le standard téléphonique de l'état-major des pompiers de Paris recevait un appel d'urgence signalant qu'un grave accident de la circulation venait de se produire dans le tunnel routier du souterrain du Pont de l'Alma à Paris, dans le VIIIe arrondissement[198]. » Quelques minutes plus tard, des passants alertaient une patrouille de police sur le quai Albert-Ier. Les deux gardiens de la paix arrivaient sur les lieux de l'accident avant que les pompiers de Paris ne rejoignent le pont de l'Alma, à 0 h 32. Les policiers et les secouristes « constataient la présence d'un véhicule de marque Mercedes de couleur noire, type S280, immatriculé 680 LTV 75 ». Sur le siège arrière droit, « Lady Diana Spencer, en position assise sur le sol du véhicule », tournait le dos à la route. La passagère était à cet instant « encore consciente », en dépit de graves blessures. À ses côtés, Emad Al Fayed, alias Dodi pour les gazettes *people*, gisait sur la banquette arrière, en état de mort apparente. Malgré la tentative de réanimation, « le médecin constatait le décès du blessé à 1 h 30 ». L'adjoint au directeur de la sécurité de l'hôtel *Ritz*, Henri Paul, était prostré au volant ; son décès « était constaté à l'issue des opérations de désincarcération ». Le passager à la place du mort, « Trevor Rees Jones, garde du corps au service de la famille Al Fayed, toujours conscient, présentait notamment de graves et multiples traumatismes de la face ». Le ministre de l'Intérieur se rend au chevet de la princesse. Jean-Pierre Chevènement a espoir : « J'ai vu qu'elle respirait, son visage n'était pas tuméfié. Jusqu'au bout, j'ai cru qu'on pouvait la sauver. Vu sa jeunesse et sa robustesse, je ne pensais pas qu'elle ne tiendrait pas le choc[199]. » La moribonde échoua à la rémission. À 4 heures du matin, les médecins annonçaient sa mort.

Autour de l'amas de tôle fracassée, des paparazzi ont pris des clichés qui auraient pu leur rapporter des fortunes, et qui ont bien failli leur coûter plutôt un revers de fortune. Ces photographes ont été mis en examen pour « homicide involontaire » et « non-assistance à personne en danger ». Finalement, un non-lieu les exonéra de ces infractions. Les juges ont estimé que les courses poursuites auxquelles les chasseurs de scoop s'étaient adonnés n'ont pas eu de lien direct avec la mort de Diana et Dodi. Les événements en font foi. La princesse et son amant ont atterri à l'aéroport du Bourget le matin du jour fatal, avec leurs gardes du corps, Trevor Rees Jones et Alexander Wingfield. Les deux amants, de retour d'une croisière en Méditerranée qui avait échauffé les rubriques *people* de la presse magazine, avaient l'intention de passer une dernière soirée à Paris, en toute discrétion, sans avertir les services de sécurité. Les juges d'instruction font mention de cette lacune dans leur ordonnance de non-lieu : « La princesse n'avait pas avisé l'ambassade d'Angleterre de sa présence en France » ni « demandé à bénéficier d'une protection particulière des autorités françaises »[200]. Plusieurs paparazzi attendaient à l'aéroport l'ex-épouse du prince Charles et le fils d'un homme d'affaires égyptien à la fortune colossale, Mohamed Al Fayed, propriétaire du magasin *Harrod's* de Londres et de l'hôtel *Ritz* à Paris. Alors les photographes prennent ces célébrités en filature jusqu'à la résidence de la villa Windsor, dans le bois de Boulogne. Selon le garde du corps Alexander Wingfield, certains paparazzi font preuve d'un « comportement dangereux ». La princesse et l'amant ne parviennent pas, de toute la journée, à échapper à ces voleurs de vie privée. Le soir, Dodi et sa conquête, reclus au *Ritz*, décident de partir dîner dans un appartement d'Al Fayed, rue Arsène-Houssaye à côté des Champs-élysées. Le responsable de la sécurité, Henri Paul, arrive à l'hôtel à 22 h 07, comme l'ont établi les enquêteurs sur la foi du film de surveillance de l'hôtel. À peine pousse-t-il la porte tourniquet que le salarié s'accoude au bar et y consomme deux verres de *Ricard*. Henri Paul est « jovial », « hilare » à en croire des photographes. Il est ivre, mais ce soir-là un seul employé du bar remarque son état alcoolique. Des expertises en feraient la preuve. Le chauffeur avait « entre 1,73 et 1,75 gramme » d'alcool pur par litre de sang. Les analyses du sang d'Henri Paul, de sa moelle épinière et de ses cheveux révèlent que le salarié du *Ritz* avait l'habitude de consommer du *Prozac* et du *Tiapridal*, des substances provoquant « une altération de la vigilance », *a fortiori* associées à l'alcool. Après minuit, Henri Paul s'installe au volant d'une Mercedes cachée rue Cambon, à l'arrière de l'hôtel. Il est 0 h 20 quand le chauffeur démarre avec le couple célèbre et le garde du corps à son bord. Henri Paul passe outre un feu rouge, traverse la place de la Concorde à allure interdite et s'engage, en trombe, le long de la Seine, sur le quai rectiligne qui le mène, lui et ses passagers, tout droit à la mort.

L'esprit se refuse parfois à considérer que les grands de ce monde sont capables de mourir comme les humbles, d'une embardée à vitesse trop élevée. L'imagination refuse l'évidence, trop prosaïque, trop absurde. L'accident déçoit les amateurs d'histoire interdite. La nature a horreur du vide, la nature humaine a horreur du vide d'explications. Mais l'accident de la route ne fait guère de doute. Bernard Dartevelle, avocat de Mohamed Al Fayed, dénonce malgré tout une enquête selon lui « peu orthodoxe[201] ». Le juriste ne verse pas dans la paranoïa. Sa critique reste rationnelle. Cet avocat proteste sur des points de procédure. Deux dossiers ont été ouverts, l'un pour homicide involontaire, l'autre du chef d'atteinte à la vie privée. Instruits par le même juge, ils n'ont jamais été joints. « Pour analyser la course-poursuite avec précision, il fallait cette jonction ; elle nous a toujours été refusée », s'offusque Me Dartevelle, qui s'indigne que le magistrat ait incité les policiers à s'abstenir d'enquêter sur le second point et soit d'ailleurs resté lui-même inactif trois ans dans ce dossier. En septembre 1999, sept mois après les avoir saisis de l'atteinte à l'intimité de la vie privée, le juge donnait aux policiers du quatrième cabinet de délégation judiciaire de la préfecture une directive : « Mettre le dossier en attente. » Afin d'éviter un reproche pour l'apathie des enquêteurs, un lieutenant de police a consigné sur procès-verbal les ordres réitérés de s'abstenir d'enquêter sur ce point. Le juge peut être comblé : le 20 septembre 1999, le service d'enquête renvoie la commission rogatoire sans l'avoir exécutée. « Cette affaire ne devait pas avoir de débouché judiciaire », analyse le conseil d'Al Fayed. Tout procès aurait pu fournir l'occasion d'un déballage, et Londres n'en voulait pas, telle serait la raison de ces consignes. Les photographes sont finalement mis en examen en 2001, mais bénéficient d'un non-lieu au bout de quelques mois. L'avocat du père de Dodi dépose une requête en « responsabilité de l'État ». La justice lui donne tort, mais reconnaît en première instance des « défauts de diligence, indéniables en l'espèce [202] ».

Bernard Dartevelle, qui connaît les affaires d'État car il a été l'avocat du gouvernement américain au procès du terroriste Georges Ibrahim Abdallah, considère que l'État a fait prévaloir ses intérêts lors de l'enquête sur l'accident de l'Alma. Un jour, il fait part au juge d'instruction du doute sur la qualité des soins apportés à Diana, qui n'est arrivée à la salle d'opération que deux heures après l'accident. Le 25 février 1998, le juge ordonne une expertise pour vérifier la pertinence des secours. Il confie cette mission au chef de l'Institut médico-légal, Dominique Lecomte, qui a procédé à l'autopsie du corps d'Henri Paul, et au professeur André Lienhart. Leur rapport confine au satisfecit. Les opérations *post mortem* n'ont pourtant pas toutes été réalisées dans les règles de l'art. Quelques heures après l'accident, les policiers mentionnent qu'il a été procédé sur Dodi Al Fayed à des prélèvements de sang et d'urine. Cinq jours plus tard, un commandant de police rectifie l'erreur, « causée par une mauvaise manipulation informatique » : aucun prélèvement n'a été effectué sur

Emad Fayed. Le 31 août 1997, le commandant requiert le directeur des Pompes funèbres générales de Paris de porter la dépouille mortelle de Diana jusqu'à Villacoublay, d'où elle doit être rapatriée par avion en Grande-Bretagne. Les besoins du protocole retardent quelque temps l'opération. En novembre 1997, le médecin Dominique Lecomte répond au juge qu'elle n'est pas en mesure d'écrire si les lésions sur les corps de Diana et Dodi ont « pu entraîner un décès immédiat ». Elle ne le peut pas car leurs cadavres ont subi des examens externes à Paris, en revanche pas d'autopsie. La dépouille d'Henri Paul a seule été soumise à cet examen interne. Il apparaît, selon un médecin légiste britannique, le docteur Chapman, que le corps de Diana a été embaumé « avant le départ de France », ce qui a rendu plus difficile l'autopsie réalisée à Londres. Aux professeurs Lecomte et Lienhart, les autorités de Sa Majesté remettent les rapports des autopsies de Dodi et Diana, mais, selon eux, « à titre personnel ». Si bien que les deux Français les gardent par-devers eux sans les verser à la procédure.

Le 7 janvier 2002, les parents d'Henri Paul lancent à leur tour une contre-offensive. Dépités que leur fils porte à titre posthume la responsabilité de l'accident, ils déposent plainte pour contester les expertises dont le chauffeur a fait l'objet. « Les prélèvements, les expertises ou l'autopsie sont en contradiction complète avec les données extra-médicales concernant M. Henri Paul », protestent-ils. Le défunt n'était pas dans un tel état d'ébriété, clament-ils. Henri Paul, féru de pilotage aérien, avait passé des épreuves techniques peu avant, et n'était pas sujet à l'alcoolisme ; avec 1,74 gramme d'alcool par litre de sang, il aurait été impossible au pilote de prendre le volant sans que Trevor Rees Jones remarque son ivresse ; de ces axiomes, les parents déduisent qu'une confusion lors des analyses est possible. Et si ce sang n'était pas le sien ? La requête fait état du rapport très critique de légistes européens, qui contestent la manière dont le corps d'Henri Paul a été pris en charge le soir de sa mort. Surtout ils ne comprennent pas que le taux de carboxyhémoglobine du sang du chauffeur s'élève à 20,7 %. Cette teneur du sang en oxyde de carbone dépasse largement la norme, même si on considère que celui d'un fumeur invétéré s'élève à 10 %. La différence est imputable aux airbags, ont avancé les experts français. Leurs collègues étrangers ne sont guère réceptifs à cet argument. Et si ce sang n'était pas celui d'Henri Paul ? se demandent les légistes. Leur conclusion : « L'hypothèse d'une erreur d'échantillonnage » peut être « envisagée ».

Le principal propagateur de mystères est tout de même Mohamed Al Fayed. Dès la mort de Dodi, Al Fayed père met en doute la thèse de l'accident. Le 31 août, le milliardaire natif d'Égypte dépêche deux de ses hommes de confiance, Franz Klein et Claude Roulet, auprès de Patrick Riou, directeur de la police judiciaire. Comme en atteste un procès-verbal de la procédure, les *missi dominici* du riche propriétaire du *Ritz* déclarent avoir reçu « de Londres une information disant que la police française aurait des renseignements selon lesquels la mort de M. Dodi Al Fayed serait suspecte[203] ». Dès lors, le père de Dodi ne va cesser de défendre et promouvoir la thèse du complot. Cette mort devait bien profiter selon lui à quelqu'un, à la famille royale britannique, qui ne pouvait souffrir qu'un Égyptien ait commandé dans un magasin de la place Vendôme un bijou « Dis-moi oui » annonciateur de fiançailles avec la princesse de Galles. Au Caire, l'écrivain Mohamed Ragab publie peu après l'accident son ouvrage *Qui a tué Diana ?* Les libraires le vendent sous le bandeau : « Un ordre du Palais, exécutez Emad Fayed. » Mohamed Al Fayed met en cause les services secrets de Sa Majesté. Même si, comme le déclare l'avocat François

Meyer[204], les enquêteurs n'ont pas éclairé les éventuelles surveillances de la princesse par les services britanniques, rien n'étaie les accusations du milliardaire. En Autriche, un escroc a tenté de vendre un faux document prouvant l'implication de la CIA américaine et du MI6 britannique. Puis l'agent secret du MI6 Richard Tomlinson, sorte de James Bond qui s'est illustré en Bosnie, a demandé rendez-vous au juge. Le 28 août 1998, l'espion défroqué déclarait, sur procès-verbal dans le cabinet du juge, qu'Henri Paul avait été recruté par les services secrets de Sa Majesté et que l'accident de l'Alma avait des traits communs avec les opérations déguisées perpétrées avec le service dans lequel il s'était trouvé. Ainsi le MI6 avait-il, selon lui, projeté d'assassiner le dirigeant serbe Miroslav Milosevic dans un faux accident sous un tunnel. Dans des courriers au juge, Richard Tomlinson expliquait que les services de renseignement de Sa Majesté exerçaient une surveillance permanente sur Diana. L'agent à la dérive ajoutait que le directeur de cabinet du chef du MI6, Richard Spearman, était présent en France au moment des faits, sous la couverture de « conseiller politique à l'ambassade britannique à Paris ». Sans preuve, Tomlinson, qui avait sans doute des comptes à régler, évoquait la prétendue implication de ce haut fonctionnaire ainsi que celle de Nicholas Langman, conseiller économique, mais agent du MI6 selon Tomlinson. Le témoignage est toutefois sujet à caution. De son propre aveu, l'espion avait pris langue avec Mohamed Al Fayed avant de prendre attache avec le magistrat. Il concédait même agir en bonne intelligence avec le milliardaire[205]. Le juge n'a pas poussé très loin la diligence. Il s'est contenté d'écrire, les 1er et 22 décembre 1998, au secrétaire aux Affaires politiques à l'ambassade de Grande-Bretagne à Paris, Paul Johnston, qui naturellement lui a répondu sans livrer de secrets.

Parmi les mystères non élucidés de l'affaire demeure

celui de la Fiat Uno blanche. Une éraflure sur la carrosserie de la Mercedes concassée sous le tunnel a prouvé, au vu des expertises des résidus de peinture, qu'une voiture de ce modèle et de cette couleur, construite entre 1983 et 1994, a heurté la voiture de Diana et Dodi. Était-ce sous l'Alma ? Sans aucun doute. Car des débris de phares d'une Fiat Uno ont été trouvés sur les lieux de l'accident. Un témoin assure avoir vu « un homme de type européen, plutôt méditerranéen », au volant d'une Fiat Uno blanche, sortir hagard du tunnel juste après l'accident. La voiture était immatriculée soit dans les Hauts-de-Seine, soit dans les Yvelines. Les enquêteurs s'intéressent alors aux cent douze mille véhicules d'Île-de-France correspondant au profil. En vain. Un enquêteur privé recruté par Mohamed Al Fayed, Pierre Ottavioli, qui du temps où il dirigeait la brigade criminelle avait enquêté sur l'assassinat du prince Jean de Broglie, découvre qu'un photographe de presse, James Andanson, auteur de clichés de la princesse Diana, était propriétaire d'une Fiat Uno blanche. Les gendarmes vérifient. Le tuyau est juste, la piste fausse. Le soir du drame, James Andanson était en Corse. Mais la mort du photographe va donner l'occasion à Al-Fayed de relancer la suspicion. Fumeur de cigares et amateur de bons vins, fondateur de l'agence de presse Sygma, James Andanson, de son vrai prénom Jean-Paul, est retrouvé carbonisé dans sa nouvelle voiture, une BMW noire, sur le plateau du Larzac, le 4 mai 2000. James Andanson s'est suicidé sur le bord de la départementale D666, selon l'enquête des gendarmes. Avant de monter une dernière fois dans sa voiture, le photographe a acheté un bidon d'essence à la station-service de Millau. L'habitué des stars, qui avait fréquenté Pierre Bérégovoy et qu'un cliché montre avec Lionel Jospin pour passager à l'arrière de son scooter, a envoyé à l'agence Sipa un courrier, daté du jour de sa mort, demandant que ses droits soient versés dorénavant sur le compte en banque de son épouse. Ces indices n'empêchèrent pas Mohamed Al Fayed de crier une nouvelle fois au complot, dénonçant cette fois-ci le crime dont aurait été victime James Andanson. Selon le propriétaire de *Harrod's*, les services secrets britanniques ont voulu faire taire un témoin crucial de la tragédie dont fut victime son fils. « La mort de mon mari, c'était trop beau pour Al Fayed », regrette la veuve du photographe, Elisabeth Andanson. Après le décès de son mari, cette femme a eu le sentiment de se faire sans cesse manipuler. À force d'écrans de fumée, elle ne sait d'ailleurs elle-même plus trop quoi penser de la mort de son mari[206]. Ce dont elle est sûre, c'est que les gendarmes ont, à son goût, trop enquêté avec l'idée de contrecarrer les affabulations d'Al Fayed plutôt que de chercher la vérité. Elisabeth Andanson est en même temps exaspérée que des officines se soient intéressées à une piste sur fond de trafic d'armes. Dans le village du Cher où elle réside, un marchand d'armes belge a aussi une résidence. Cité dans des dossiers judiciaires, cet intermédiaire, longtemps retenu en Iran, connaissait à peine Andanson, mais un lien ténu suffit parfois aux amateurs de scandales pour assouvir leur passion.

La raison d'État

> « Depuis cent ans, la police bénéficie d'une propagande extraordinaire. L'écrasante majorité des livres et des films traite de la police. Ce qui était curiosité chez Victor Hugo, Balzac et Gaboriau, exercice de style chez Edgar Poe et Conan Doyle, est devenu *Le* sujet. »
>
> Louis Casamayor, *La Police*.

L'inspecteur Jean-Marc Dufourg, le flic de l'affaire Doucé, a découvert un « véritable scandale [207] ». Le sous-directeur de la recherche de son service, raconte-t-il, lui demanda en 1985 d'enquêter sur l'assassinat du général René Audran. Cet ingénieur général de l'armement avait été abattu de huit balles devant sa villa de banlieue. La police judiciaire de Versailles s'occupait de l'affaire ; la direction centrale des RG avait l'obligation de s'abstenir de s'y consacrer. Seulement, la piste de la police judiciaire, qui consistait à incriminer Action directe, ne satisfaisait pas le gouvernement socialiste. Pourquoi ? Au début du premier septennat de François Mitterrand, le pouvoir avait négocié avec les amis de Jean-Marc Rouillan, réduisant leurs peines de prison contre la promesse de se tenir à carreau. Action directe avait repris sa besogne terroriste, mais de manière plus violente encore. Avoir négocié avec le groupuscule devenu l'ennemi public numéro un ne réjouissait pas le ministre de l'Intérieur. D'où l'intérêt de la hiérarchie des RG pour des pistes alternatives – quoique érronées – à propos de l'assassinat du général René Audran. Jean-Marc Dufourg fut ainsi dépêché dans le sud-ouest de la France pour vérifier les tuyaux du milieu bordelais selon lesquels deux tueurs s'étaient vantés d'être montés à Paris pour « exécuter un contrat » visant un militaire de haut rang. Dans la ville de Montaigne, le flic ne mit pas la main sur des indices comblant sa hiérarchie. En revanche l'inspecteur mit le doigt sur l'affaire des groupes antiterroristes de libération (Gal). La raison sociale de ces groupuscules consistait à éliminer les terroristes de l'ETA, l'organisation indépendantiste basque coupable d'une série de crimes qui n'en finit pas. Les Gal avaient pour vocation de répondre à la terreur par la terreur. Une informatrice de Dufourg désigna un appartement dans une cité HLM de la périphérie de Bordeaux. C'était, selon cette indic, un lieu de réunion des Gal. Dans ces murs, le consul d'Espagne, à l'en croire, venait distribuer de vrais faux passeports et de l'argent aux tueurs du Gal.

De retour à son bureau parisien, Dufourg s'étonna de voir souvent traîner dans les couloirs un haut fonctionnaire espagnol repartant avec des dossiers sous le bras. Dans les enveloppes, qu'y avait-il ? Selon le policier qui ferait des siennes en traquant le pasteur Doucé, les « photographies, noms et adresses des militants de l'ETA militaire réfugiés en France ». À quoi servaient ces informations ? À instruire les tueurs qui les décimaient, devina le policier. Le récit de Dufourg est corroboré par certains de ses anciens collègues. À l'un d'eux, la hiérarchie demande à l'automne

1979 de se renseigner sur deux réfugiés politiques basques, Francisco Martin Izaguirre et Fernandez Carlo Aurelio. L'inspecteur s'exécute ; il mène une enquête de voisinage, lit le dossier de la carte de séjour, etc. À la remise de son rapport, notre policier découvre que, sans en avoir été averti, il a travaillé en sous-traitance pour les autorités espagnoles. Lesquelles se font un plaisir de l'inviter au restaurant, sans oublier à la fin du déjeuner de lui demander s'il ne peut pas essayer de fouiller plus avant la vie des deux Basques. Réticent, il doit néanmoins obtempérer à la requête de son chef de service, qui lui ordonne d'établir leurs horaires journaliers. « C'est la dernière fois », se promet le policier. Deux semaines plus tard, à la fin juin 1979, l'inspecteur découvre que Francisco Martin Izaguirre, désigné dans un journal espagnol lié à la police comme une « cheville ouvrière » de la mouvance du terrorisme basque, a été assassiné à Paris. Le lendemain, à son tour son camarade Carlo Aurelio tombe sous les balles des Gal.

Créés sous les auspices du gouvernement madrilène de Felipe Gonzales, les Gal étaient destinés à mener contre l'ETA une guerre de l'ombre en France. Avec ce bras armé, les autorités espagnoles atteignaient leur cible jusque sur le territoire français, « sanctuaire » où l'organisation basque a longtemps bénéficié d'une relative quiétude. Aux Gal, l'on prête une trentaine d'assassinats. Quand l'État dispense la mort parmi les militants sanguinaires, il s'abaisse à imiter ce qu'il dénonce. La justice espagnole ne l'a pas toléré. En juillet 1998, le Tribunal suprême d'Espagne a condamné un ancien ministre de l'Intérieur, José Barrionuevo, à dix ans de prison, et sanctionna aussi l'ancien secrétaire d'État à la Sécurité, Rafael Vera, et le directeur général de la Sécurité, Julian Sancristobal[208]. Ces trois hommes sont responsables de la séquestration d'un représentant de commerce français en 1983, confondu avec un hiérarque d'ETA. Le successeur du socialiste Felipe Gonzales, José Maria Aznar, accorda à ces condamnés une grâce partielle. Qu'il s'agisse de complicité en âme et conscience ou de contribution naïve, la question des soutiens français aux Gal n'a jamais été discutée à la barre d'un tribunal. Ce n'est pas faute de pistes judiciaires. Après l'enlèvement du représentant de commerce français pris à tort pour un hiérarque de l'ETA, le nom d'un policier français était apparu dans la procédure. L'erreur sur la personne serait d'ailleurs de son fait[209]. Il existe d'autres cas. En septembre 1995, un officier de police espagnol, ancien du dispositif de lutte anti-ETA du royaume, confiait à un quotidien madrilène que « jamais le Gal n'aurait pu agir sans la collaboration de la police française[210] ». Ce policier, entré dans les forces de l'ordre en 1976, un an après la mort du dictateur Franco, assurait avoir remis de fines coupures à un commissaire, ancien responsable de la police de l'air et des frontières d'Hendaye, en échange de ses services. Le commissaire de police visé par ces accusations intenta des procès en diffamation et les gagna. En 1997, au cours d'un autre procès, l'un des exécutants du Gal, qui contestait les faits qui lui étaient reprochés, affirmait malgré tout avoir collaboré dans la région avec un agent de la DST sous le pseudonyme « Cartier ». « Cartier », en fait, était affecté à la direction centrale des RG. Le commandant de police avait en charge la collecte des renseignements sur les mouvances terroristes[211]. D'autres exécutants du groupe cornaqué par les services espagnols affirment avoir avisé les autorités de la République française d'actions à venir : le parquet de Bayonne, un mois avant l'assassinat de Juan Otegui Elicegui en 1985, ou tel commissaire de police avant l'attentat contre un bar de Saint-Jean-de-Luz. En mars 1998, la cour d'appel de Pau décide de donner suite à la plainte d'un militant basque grièvement blessé dans un attentat à Ciboure[212]. La plainte vise un officier de police. L'affaire est à l'instruction. La justice, pourtant, atermoie. Lors du procès d'un cadre des Gal, en janvier 1997, l'avocat général concède à l'accusé qu'il a été manipulé et pointe du doigt des policiers : « Ils se sont servis de vous pour vous amener là où vous êtes aujourd'hui. J'ai un regret énorme : que l'on n'ait pas pu coincer ceux qui vous ont utilisé[213]. » Dans un dossier, à Bayonne, la juge Isabelle Legras avait demandé à entendre un officier de la DST. Le « secret défense » opposé à sa requête l'empêcha d'enquêter plus avant. À Bayonne, un autre juge d'instruction, Christophe Seys, a stigmatisé la « réticence du parquet »[214] à le laisser chercher les tueurs du Gal. En fait de « réticence », il s'agissait d'obstruction. Soldats perdus de l'OAS, mercenaires en manque de solde, fines gâchettes du milieu, les tueurs enrôlés sous l'égide du Gal n'ont pas souffert de persécutions policières.

Lorsque des services étrangers sévissent en France, la justice ne se montre pas efficace. L'avocat Antoine Comte évoque les « choix politiques » de fermer les yeux sur des crimes, et souvent « l'intériorisation de la raison d'État par les enquêteurs eux-mêmes[215] ». Membre d'une association, *Mémoire vérité justice* (MVJ), fondée en 1999 à l'initiative du Comité Curiel, cet avocat classé à gauche invoque à l'appui de sa démonstration le taux d'élucidation équivalant à zéro dans ce genre de dossiers. La liste des crimes politiques commis en France depuis 1965, établie par MVJ, comprend une cinquantaine de noms. La plupart des victimes sont étrangères. Le docteur Bono en est un exemple. Opposant au régime tchadien, il fut assassiné le 26 août 1973 à Paris, deux jours avant la parution d'un nouveau journal militant auquel il collaborait. L'avocat s'agace : le 20 avril 1982, le juge clôt l'enquête sur l'assassinat « alors qu'un journaliste du *Figaro* a identifié l'assassin ». Du révolutionnaire Henri Curiel à l'avocat algérien Ali Mécili, les victimes de crimes politiques n'ont pas droit à la sépulture qu'est la sanction des criminels. La déléguée de l'African national congress (ANC) en France, Dulcie September, était abattue de cinq balles dans l'embrasure de la porte de son bureau, dans le Xe arrondissement de Paris, le 29 mars 1988. Jamais les coupables n'ont été identifiés par la police. La commission Vérité et réconciliation, installée en Afrique du Sud afin de purger le passé du régime d'apartheid, établit en 1996 que des mercenaires français avaient dû participer à l'action. Il était trop tard. Le dossier avait été refermé sur un non-lieu en 1992 et la famille de la victime n'avait plus la volonté de réengager des poursuites[216]. Antoine Comte s'indigne du sortilège qui accable ces enquêtes : « Le procès des assassins de Ben Barka, partiel, incomplet, amputé, aura été le seul de cette longue liste d'assassinats à avoir atteint le niveau du procès[217]. »

Représentant officieux de l'OLP en France, Mahmoud Al Hamchari est assassiné le 8 décembre 1972 à Paris. Sept ans plus tard, la justice rend un non-lieu. « Ce sont les services israéliens qui ont déposé chez lui un engin explosif », accuse Me Comte. L'avocat en veut pour preuve les propos d'un général israélien. Celui-ci a reconnu que les services de son pays ont éliminé un à un les terroristes des événements de Munich et leurs supplétifs présumés. L'été 1972, au cours des Jeux olympiques à Munich, onze membres de la délégation d'Israël avaient été massacrés par des activistes palestiniens à l'issue d'une horrible prise d'otages devant les caméras du monde entier. Pour ne pas laisser ces crimes impunis, l'État juif a décidé de solder les comptes en éliminant un à un les organisateurs présumés de cette opération. Le 28 juin, Mohamed Boudia meurt à son tour. À l'instant où il s'assied dans sa voiture, une explosion sans doute commandée à distance lui déchiquette le corps. Cet Algérien était lui aussi dans le collimateur des services de l'État d'Israël. Un non-lieu sera rendu en 1979. Mohamed Boudia était un ami de Jacques Vergès. Cet avocat célèbre et le militant politique s'étaient rencontrés à Marseille, au temps du FLN, dans un parloir de prison. L'avocat rappelle que la mort de Boudia a été éclaircie en Norvège. À Lillehammer, une équipe de tueurs avait abattu un garçon de café marocain confondu avec un dirigeant palestinien. Lors du procès en 1974, il s'avéra que le commando avait beaucoup voyagé en Europe et que son périple correspondait à des assassinats. L'un des agents de l'équipe, Sylvia Rafael, avait quitté Paris le 29 juin 1973, le lendemain de l'assassinat de Boudia[218]. Mais la France ne délivra jamais de demande d'extradition à la Norvège. Le dossier n'aboutit jamais faute de volonté politique.

La brigade criminelle de la préfecture de police a eu aussi la charge de l'enquête sur l'assassinat d'Atef Bseiso. Le 8 juin 1992, ce responsable de la sécurité de l'OLP était abattu devant l'hôtel Méridien de la gare Montparnasse. Il était minuit passé quand, de retour d'un restaurant, il a été la cible de deux hommes qui ont tiré en position accroupie, comme des professionnels habitués aux stands de tir. Les enquêteurs privilégient d'abord la piste du mercenaire du terrorisme Abou Nidal. Un communiqué de sa faction a orienté les policiers français dans ce sens. La Direction de la surveillance du territoire (DST), dont Atef Bseiso était un interlocuteur courant, est motivée par cette enquête. Elle trouve vite un autre filon de vérité. Le service de contre-espionnage établit que Bseiso, qui était arrivé de Berlin par la route, donc sans laisser de trace dans les fichiers des compagnies aériennes, n'avait mis que peu de personnes au courant de son étape à Paris : son épouse Dima, son contact à la DST et le responsable de l'OLP en charge des déplacements, Adnan Yasin. La DST, qui s'intéresse aux conversations téléphoniques de ce dernier avec la victime, prend attache avec le siège de l'OLP à

Tunis. Yassin est alors en prison. Il avait rendu des services au Mossad, notamment en offrant à Yasser Arafat un fauteuil truffé de micros par la centrale de Tel Aviv. Le « traître » a été démasqué. Il avait dû avertir le Mossad du transit de Bseiso. L'avocat Antoine Comte s'offusque que la justice n'ait pas même envoyé une commission rogatoire internationale en Israël. La politique justifie parfois des abstentions.

Nos chers disparus

« L'œil était dans la tombe et regardait Caïn. »

Victor Hugo,
La Légende des siècles.

À planer dans les hautes sphères de l'État, l'on prend le risque du syndrome d'Icare, l'on se brûle les ailes. Gilles Boulouque connaissait cette menace. Les « illusions perdues », le « petit juge » féru de littérature avait dû les lire. Sinon, il fit l'expérience des héros de Balzac sur le terrain. On ne passe pas ses jours dans un cabinet d'instruction dévolu aux dossiers sensibles du terrorisme sans constater que parfois la justice cède le pas à la politique. Ce juge qui décodait les attentats décryptait également la réalité des prétoires, cette triste humiliation de sa corporation : « L'homme politique n'a aucune considération pour la justice. Trop souvent, il s'assied dessus [219]. » L'homme politique s'assied sur la justice et met le pied sur les morts, comme un chasseur le pied sur le gibier. L'homme politique crache sur la balance pour la faire pencher à sa guise. Sans le savoir, Boulouque avait en tête la même angoisse qu'avait eue, une vingtaine d'années avant, son collègue Louis Zollinger, instruisant le dossier Ben Barka. Le juge antiterroriste n'avait pas l'âge de la majorité quand Zollinger s'évertuait à faire la vérité sur la disparition du leader tiers-mondiste, capturé sur un trottoir parisien à l'automne 1965. Des policiers français étaient impliqués dans l'enlèvement. Zollinger tenta à grand-peine de fouiller les coulisses de ce crime. Il perdit sa confiance en la politique : « J'ai un profond respect pour l'autorité publique, mais je me méfie de son sous-produit qu'est la classe politique. » Parce que la classe politique « déteste la justice[220] ». Gilles Boulouque connaissait cette haine, mais il commit l'erreur de descendre de son Aventin judiciaire dans la fosse aux lions. On lui colla, à tort ou à raison, une étiquette « de droite ».

Le 13 décembre 1990, le magistrat dopé à l'athlétisme, dévoué à Thémis et démuni face à ses démons, se loge une balle dans la bouche avec son arme de service. Deux gardes du corps l'escortaient à toute heure, un véhicule blindé lui était alloué, mais rien ne protégeait le juge d'instruction de lui-même. À son domicile de la rue Caulaincourt, le juge se morfondait. Sur son bureau, Boulouque a laissé traîner des brochures d'agences de voyages à côté d'un cendrier rempli de mégots de Gitanes[221]. Pendant les congés de Noël, il allait prendre des vacances au soleil du Maroc ou des Antilles. À l'attention de sa femme, le travailleur acharné de la galerie Saint-Éloi a laissé une ébauche de lettre. Le désarroi affleure : « Je craque. » Boulouque « vivait avec une sourde révolte intérieure qui provoquait l'usure de ses nerfs[222] », selon les mots de son avocat, François Sarda. À minuit vingt, ce soir-là, Alain Marsaud traverse Paris à vive allure. Le procureur court au chevet de son ami, appelé par l'épouse du juge qui lui a parlé au téléphone d'une « grosse bêtise ».

Pour échapper à sa vie, Boulouque s'est servi de son

Smith et Wesson calibre 38, rangé dans sa poche de veston « au cas où ». Son épouse et ses enfants s'affairaient dans la pièce d'à côté. Le suicide ne fait pas de doute. Sa veuve est pourtant soumise au « test atomique », pour vérifier qu'elle n'a pas pressé sur la détente. De la poudre, il n'y en a que sur les doigts du suicidé. À l'Institut médico-légal, les légistes découpent le cadavre pour l'autopsier tandis que la veuve réitère son récit aux inspecteurs du Quai des Orfèvres. Elle n'échappe pas à une seconde audition. N'a-t-elle pas eu un différend violent avec son époux ? L'avocat s'emporte sur les rumeurs. Il plaide pour la paix de la dépouille. François Sarda défend son client car « il reçoit de nouveaux coups posthumes quand on évoque des problèmes privés pour expliquer son geste, alors qu'il n'en existait pas ». Mais les morts ont en commun avec les vivants que sur leurs dos on règle des comptes. Les polémiques sont cannibales. Elles se complaisent à manger la chair morte. Président du groupe RPR au Sénat, Charles Pasqua rend hommage à la victime « du devoir, de l'indifférence du ministère de la Justice et de l'ingratitude de l'État ». Gérard Longuet, qui préside au destin du parti républicain, dénonce avec virulence l'action de l'ancien garde des Sceaux, Pierre Arpaillange, coupable à ses yeux d'avoir bloqué la carrière du juge. En résumé, la droite tente de faire parler un cadavre ; la gauche s'efforce de le réduire au mutisme.

Gilles Boulouque se trouve en étau entre deux bords à cause d'une affaire vieille de trois ans. Le président de la République et le Premier ministre se sont étripés à ce sujet, au soir du 28 avril 1988. Devant la France entière, François Mitterrand et Jacques Chirac ont consacré au cas « Gordji » la minute la plus violente de leur débat télévisé du second tour de l'élection présidentielle. En bref : dans le cadre de son information judiciaire sur la vague d'attentats commis à Paris en 1986, le juge Boulouque avait voulu entendre le numéro deux de l'ambassade d'Iran, Wahid Gordji ; après avoir été averti par un fonctionnaire du Quai d'Orsay de l'imminence de son arrestation, le « suspect » s'était reclus dans l'enceinte diplomatique, où il réussit pendant six mois à se soustraire à la justice française ; l'épilogue se joua le 29 novembre 1987, quand le juge Boulouque entendit Wahid Gordji à titre de « témoin » alors que les moteurs de l'avion devant le ramener à Téhéran tournaient déjà. La suspicion naquit alors que « la guerre des ambassades » s'était soldée par un traité faisant fi de la vérité. Lors du débat télévisé, Mitterrand devine que l'affaire, à tort ou à raison, gêne le gouvernement Chirac. Il tire la salve initiale : « Vous avez renvoyé en Iran M. Gordji, après m'avoir expliqué, à moi, dans mon bureau, que son dossier était écrasant et que sa complicité était démontrée. » En réponse, le chef du gouvernement oppose son propre souvenir : « Je vous ai toujours dit que cette affaire était du seul ressort du juge. » La tension monte alors d'un cran. Chirac : « Pouvez-vous vraiment contester ma version des choses en me regardant dans les yeux ? » Le président, sur un ton sec : « Dans les yeux je la conteste ! »

Évasion officielle

> « Comment expliquerais-je, un jour, à mes enfants, que leur pays, la France [...] ait pu fermer les yeux sur l'assassinat de leur père. »
>
> Annie Mécili[223]

Le 12 juin 1987, trois ans et demi avant son suicide, le juge Gilles Boulouque fait entendre un couple d'Algériens qui va se retrouver au cœur d'un scandale où l'on hume un parfum d'affaire Ben Barka. Abdelmalek et Fatna ont tenu au téléphone des propos qui intéressent le magistrat en charge de l'instruction sur la vague d'attentats de 1986 à Paris. Leur conversation était censée rester privée mais les oreilles indiscrètes de la police judiciaire traînaient sur la ligne et ont enregistré des allusions demandant à être éclaircies. Le 29 mai, la jeune femme a appelé son compagnon « Malek », en voyage à Oran. La tonalité de leur conversation sonne étrangement. « Malek » a mis en garde sa future épouse : « Entre le 15 et le 20, si jamais tu es à Paris, tu vas pas dans les magasins, ni rien. » Elle :

« Oui, je sais. » Lui : « Qu'est-ce que tu sais ? » Elle : « Ben, je sais ce qui va se passer[224]. » Une série d'explosions macabres au cours de l'année précédente incite Gilles Boulouque et ses collègues à ne pas laisser filer les mots sans réagir. D'où le placement en garde à vue. Abdelmalek s'explique : il a surpris une conversation entre des officiers algériens disant que les « Palestiniens allaient encore faire des conneries en France au mois de juin ». Le matin du 14 juin, la veille du jour où commence la semaine de tous les risques, le délai de garde à vue parvient à expiration et les policiers libèrent les deux bavards. Par bonheur, leur prémonition sera vaine. Mais le jour même, les autorités françaises embarquent de force le couple dans un avion spécial à destination d'Alger. Ils sont cités dans une affaire pour l'instant secrète, qui sera bientôt retentissante.

Il faut remonter le temps d'un peu plus de deux mois pour revenir à l'origine d'un crime sur lequel l'État a choisi de fermer les yeux. Le 7 avril 1987, l'avocat franco-algérien Ali Mécili quitte en milieu de soirée son cabinet situé sur le boulevard Saint-Germain à Paris. Avec le recul, l'adresse a un caractère symbolique. Sur cette même artère, en octobre 1965, des policiers procédaient à l'« arrestation » de Mehdi Ben Barka. De la brasserie *Lipp* au *Relais de l'Odéon*, où le juriste a ses bureaux, la distance est courte. Ce 7 avril 1987, peu après 21 heures, Ali Mécili descend au café *Le Clou de Paris*, pour confabuler avec une amie avant de rentrer chez lui. Elle le raccompagne jusqu'à sa porte, au numéro 74 du boulevard Saint-Michel, près du Jardin de l'Observatoire. Là encore, le quartier suscite des réminiscences historiques. Ici François Mitterrand avait accepté de simuler un attentat contre sa personne. Ali Mecili entre dans le hall de son immeuble. Avant que la porte se ferme derrière lui, un homme se glisse dans l'embrasure et, avant que l'avocat ait eu le temps de mettre le pied sur la marche de l'escalier, tire trois balles qui n'ont rien de factice. Les cris de la concierge alertent Annie Mécili, deux étages au-dessus. La dame est déjà veuve depuis un instant, mais il lui reste l'escalier à descendre pour l'apprendre. L'assassin a filé. En sortant, il a pris le temps d'ouvrir son parapluie et a souri à l'amie de la victime, qui revenait sur ses pas après avoir entendu un bruit de verre cassé. L'homme arborait sa sérénité. Il avait environ trente ans, a-t-elle aperçu, et « des cheveux clairs coupés en brosse ».

Les jours suivants, les quotidiens ne glosent pas sur le mystère de la mort d'Ali Mécili. Au contraire. Pour la plupart des journalistes, les événements ne font, à tort ou à raison, guère de doute : l'assassinat porte la signature des services secrets algériens. La logique le veut, si l'on s'intéresse à l'identité de la victime. Combattant du FLN lors de la guerre d'Algérie, ce fils d'un instituteur kabyle de la Mitidja termine le conflit à la tête des services de renseignement de la « Révolution algérienne ». Une fois l'indépendance acquise, il regrette que la Sécurité militaire continue à surveiller la population et démissionne. Mécili est déçu par un régime ayant confisqué l'espérance. Ainsi passe-t-il dans le camp de l'opposition à Ahmed Ben Bella et se rapproche-t-il de Hocine Aït-Ahmed, fondateur du Front des forces socialistes (FFS). À leur sortie de prison, en 1966, les deux hommes se retrouvent à Paris, la capitale dont ils ont combattu l'armée, mais où il se sentent plus en sécurité que dans leur propre pays. À 20 heures, le 7 avril 1987, les deux inlassables militants se parlent au téléphone. Le compte à rebours égrène les minutes. À qui profitera le crime ? À la classe politique en place à Alger, qui ne souffre pas qu'Ali Mécili ait contribué à retisser des liens entre frères ennemis d'hier, Ben Bella et Aït-Ahmed. L'union de l'opposition ne plaît guère au régime du président Chadli. Au soir de l'assassinat, Aït-Ahmed ne voit « personne d'autre »[225] que les services spéciaux de sa patrie pour avoir commis cet acte. Le gouvernement local se défend d'avoir inspiré ce crime : « Certains milieux ont voulu faire une exploitation tendancieuse de l'assassinat d'Ali Mécili. » Un communiqué officiel dénonce le « tapage publicitaire gratuit de ces cercles revanchards en mal d'audience qui, telles des apostilles insignifiantes en marge de l'histoire, vivent en permanence dans l'univers forcé et sulfureux de l'aigreur, du ressentiment et de la nostalgie ». En dépit de cette mise au point titrée « À propos de la mort d'un avocat français », le quotidien *Libération* présente la « Sûreté militaire au banc des accusés ». *Le Parisien*, *France-Soir* et le *Quotidien de Paris* sont sur la même ligne. L'avenir est dangereux à ceux qui l'annoncent, tant il a l'habitude de démentir les prévisions. Mais cette fois-ci, les rédacteurs de la presse peuvent être loués pour leur sagacité.

La suite des événements va se dérouler dans le plus grand secret. Cinq semaines après l'assassinat, la brigade des stupéfiants glane un tuyau précis. Selon un indic, Ali Mécili fut victime d'un « contrat passé par un représentant des services spéciaux algériens ayant de très nombreuses relations en France, un dénommé Abdsin[226] ». Ce contrat, un certain « Malek » l'aurait honoré. L'informateur donne même le numéro de téléphone de l'intéressé, ce qui facilite la tâche des enquêteurs. « Malek » confine au sésame pour la police. En usant du fichier des antécédents judiciaires, un policier de la brigade criminelle identifie Abdelmalek, né le 11 février 1954 en Kabylie. À son domicile, et à celui de sa concubine, Fatna, l'inspecteur trouve porte close. Un autre renseignement, recueilli par un agent de la 3e division de police judiciaire, laisse à penser que l'exécutant a agi en concertation avec un dénommé Samy. En mai, la brigade criminelle tend l'oreille sur les lignes de téléphone. À cette occasion, elle surprend une conversation entre « Malek », en voyage en Algérie, et sa compagne. Au retour en France du suspect, les limiers décident de passer à l'action. Le 10 juin, ils perquisitionnent chez Abdelmalek et découvrent dans son portefeuille le genre de pièce à conviction dont les enquêteurs n'osent pas même rêver : ni plus ni moins qu'un ordre de mission délivré par la Sécurité militaire de la République algérienne. Rédigé en mai 1987, soit après la mort de Mécili, ce laissez-passer, signé par un capitaine de la 5e DCSM (Direction centrale de la sécurité militaire), accorde à « Malek » l'usage d'une voiture de ce service secret militaire pour ses trajets dans trois régions militaires d'Algérie. Précision : « Les autorités civiles et militaires sont priées de faciliter l'accompagnement de sa mission[227] » au détenteur du document. À la rubrique sur l'« objet de la mission », l'auteur a inscrit seulement « mission ». Cette redondance tautologique a le mérite d'entretenir le secret.

On devine les enquêteurs de la brigade criminelle un peu interloqués devant pareille trouvaille. Déjà, à l'écoute de la ligne téléphonique d'Abdelmalek, ils avaient supputé le sentiment d'impunité de cet homme auquel la police s'était auparavant plusieurs fois intéressée dans des affaires de détention d'armes et d'abus de confiance. Après la visite à son domicile, les policiers le placent en garde à vue, de même que son amie, retenue dans une salle d'audition à côté, pour pouvoir confronter leurs versions. L'homme se justifie sur la présence de cet ordre de mission : il a eu droit à ce document, explique-t-il, pour la bonne et simple raison qu'il est chargé de travaux de réparation d'électricité sur des sites de l'armée algérienne. Interrogés sur leur niveau de vie, illustré par leur superbe BMW, les deux concubins s'expliquent avec peine. Fatna finit par concéder que le couple a encaissé de l'argent versé par un commandant algérien. Respectant les procédures, les policiers procèdent alors à l'opération de « tapissage », comme on dit dans le jargon, qui consiste à aligner un rang d'hommes pour voir si un témoin reconnaît parmi eux le suspect. Le témoin, en l'occurrence est l'amie de Mécili l'ayant raccompagné à la porte de son immeuble. Elle vit deux fois l'auteur du crime, au moment où elle a pris congé et laissé Mécili rentrer dans le hall avec l'homme à sa suite, et quand elle revint sur ses pas et le croisa alors qu'il arborait un sourire dont on ne sait s'il était de sérénité ou d'excitation. Cinq semaines plus tard, le témoin ne reconnaît pas le tueur dans l'échantillon de visages et de silhouettes que les enquêteurs ont disposé de l'autre côté de la glace. Pendant ce temps, un inspecteur cherche à retrouver en Corse la trace de « Samy ». Lors de la perquisition chez « Malek », ils ont saisi un papier avec le numéro de téléphone d'un certain « Nicolas » sur l'île de Beauté, chez qui « Samy » aurait résidé. Près d'Ajaccio, un inspecteur dépêché de Paris obtient des témoignages sur la présence de ce dernier quelques mois auparavant. Mais les supérieurs du fonctionnaire de police le rappellent de toute urgence dans la capitale, où un travail plus important sans doute l'attend.

Le clou de ce spectacle de l'ombre survient le 14 juin, lorsque le couple sort de sa garde à vue à l'antiterrorisme en fin de matinée. Le gouvernement ne laisse pas la liberté à Abdelmalek et Fatna de rejoindre leurs pénates à leur guise, mais leur impose une liberté plus grande contre leur gré. En vertu d'une procédure « d'extrême urgence », les deux Algériens sont expulsés de France par le vol d'Air Algérie AH 1005, partant d'Orly Sud à 20 h 15 à destination de la capitale algérienne. Les places avaient été retenues deux jours auparavant par le ministère de l'Intérieur[228]. La célérité de l'opération ne manque pas d'étonner, d'autant que la juge d'instruction, Françoise Canivet-Beuzit, n'a pas été mise au courant, malgré les prescriptions du Code de procédure pénale. L'expulsion reste secrète trois mois et demi, jusqu'à ce que l'hebdomadaire *Le Point* en divulgue les dessous dans son édition du 28 septembre 1987. Le scoop dévoile comment la République a préféré éconduire un suspect plutôt que de risquer un déballage sur les actions de la Sécurité militaire algérienne en France. À l'époque, les négociations pour la libération des otages français du Liban sont dans tous les esprits, et sans doute les autorités ont-elles voulu épargner des soucis à un régime susceptible d'apporter son aide. La décision a été prise en haut lieu, par le ministre de l'Intérieur Charles Pasqua et par Robert Pandraud, ministre délégué à la Sécurité. Ce dernier justifie ainsi sa décision de signer l'arrêté d'expulsion : « La garde à vue n'avait pas étayé l'accusation de terrorisme, pas plus qu'Abdelmalek n'avait été reconnu par l'unique témoin de l'assassinat. Comme Mme Canivet-Beuzit n'avait pas jugé utile d'écrouer l'individu en question, j'ai décidé de le mettre dehors. Ce genre de malfrats, il vaut mieux les renvoyer chez eux que les laisser traîner en France[229]. » Il est indéniable qu'aucune preuve n'a été établie à l'encontre de « Malek ».

En novembre 1987, Zohra se présente à la Brigade criminelle et apporte son lot de révélations. Cette jeune femme certifie que sa sœur Fatna lui a confié qu'elle et « Malek » étaient dans le coup de l'assassinat de Mécili. La surprise est de taille. Mais le témoin s'écroule en quelques heures et son témoignage s'annihile en un procès-verbal supplémentaire. Devant un autre inspecteur, Zohra en effet se dédit ; sans d'ailleurs expliquer pourquoi elle a menti dans un premier temps. L'enquête progresse à pas de souris. La police réussit à identifier « Samy », désigné par l'informateur comme le complice du crime. Pour cerner la personnalité de cet Algérien, les policiers interrogent un patron de la rue Saint-Denis. Figure du quartier chaud, cet entrepreneur né à Constantine dirige un théâtre et une maison de production de films X. Dans cette société libertine, « Samy » a obtenu une promesse d'embauche. Lorsque les policiers lui posent des questions à ce sujet, le patron de la rue Saint-Denis convient sans peine que la promesse d'emploi était fictive. L'employeur a fait la connaissance de « Samy », dit-il, par son réseau relationnel, en présence de « Malek ». L'entrepreneur, qui fréquente les cercles de jeu et les cénacles de barbouzes, aurait ensuite perdu la trace de sa recrue, car en avril ou mai 1987, « Samy » aurait déguerpi sans laisser la moindre adresse. Les policiers aboutissent à des impasses. En 1988, un nouveau juge d'instruction, Gilles Rivière, adresse en Algérie une commission rogatoire. Il demande des auditions. Entre autres, celle de « Malek ». Pour toute réponse de ses homologues algériens, le magistrat parisien reçoit mention de recherches « vaines et infructueuses ». Les autorités locales n'ont pas réussi à le retrouver. Incapable d'instruire plus avant, le juge ordonne un non-lieu après plus de cinq ans d'enquête, le 20 novembre 1992. Il donne ainsi satisfaction au parquet, qui avait requis la clôture du dossier. Le ministère public n'est pas toujours cohérent. Même s'il est par principe « un et indivisible », il lui arrive de se dédire, lui aussi. Devant la cour d'appel, le parquet général demande la réouverture du dossier Mécili, et l'obtient. Il est donc toujours ouvert. Mais la longévité du travail n'est pas gage d'efficacité. Au contraire. Avec le temps, les indices se délitent, les mémoires se brouillent et les preuves s'érodent. Ces sédiments finissent par former au-dessus du cadavre une motte informe, sépulture pour la cohorte du Panthéon parallèle.

La tour infernale

> « Le policier, même déguisé en manant, est un roi à l'égard de bien des citoyens. Royauté trouble, faite d'ombre et de lumière. Chesterton, Faulkner et Graham Greene ont lancé des torches dans l'abîme où elle s'exerce, tandis que la foule se penche, regarde avidement et n'ose comprendre. »
>
> Louis Casamayor, *La Police*.

Il est des individus dont la silhouette transparaît dans le décor de plusieurs affaires. Leurs présences en filigrane agissent comme des sortes de fils rouges, des liens dont on ne sait s'ils ressortissent du hasard ou de la nécessité. Dans ce cercle, on compte Pierre Lemarchand, mais aussi le fameux patron de la rue Saint-Denis, qui avait promis d'embaucher « Samy ». Cet entrepreneur a des relations, et pas seulement dans les milieux proches des services de renseignement algériens. Il en a aussi parmi les policiers. L'un d'entre eux, le brigadier-chef Daniel Voiry se retrouve au cœur d'un dossier rythmé par les morts mystérieuses, l' « affaire de la tour BP ». L'un de ces décès étranges emporte Daniel Voiry lui-même. Le 6 décembre 1990, ce policier se suicide à Saint-Thibault-des-Vignes, en Seine-et-Marne. Il ne se tire pas une balle en plein cœur sur la berge d'un canal arboré. Il préfère un endroit peu propice à une esthétique funèbre : le parking d'une grande surface, l'Intermarché de la commune. Voiry se tue avec son arme de service. Il vient d'apprendre que la police judiciaire de Meaux veut l'entendre dans le cadre d'un dossier financier très délicat pour des gradés de la police, et peut-être pour la préfecture de police de Paris elle-même. Le gérant du théâtre de la rue Saint-Denis était très proche du brigadier. Un cliché le montre au mariage de Daniel Voiry. Et il a été associé avec l'épouse de Voiry dans une entreprise de sécurité.

Le « suicide » de ce policier modeste est étrange. Il se produit à point nommé pour éviter que l'intéressé dévoile des secrets bien gardés. L'affaire a d'ailleurs commencé par un autre décès curieux. Celui d'un simple assureur du nom de Bernard Derycke. Le 20 mars 1990, le gérant de l'agence *Axa* de Fontainebleau met fin à ses jours sans prendre le risque de survivre : il se pend à une corde et se tire une balle dans la tête en même temps. Si ce n'était tragique, on plaisanterait que deux précautions valent mieux qu'une. Ce père de famille de quarante-neuf ans fuit dans la mort les assiduités de la justice. Plusieurs clients de cet ancien employé de la Société générale avaient porté plainte contre lui. Les relevés de compte envoyés par ses soins, faisant mention de belles cagnottes et d'intérêts confortables, ne correspondaient pas à la réalité. L'agent d'assurance avait placé sur son propre compte des sommes versées par les cotisants, pour environ dix millions de francs. Un jour, à son banquier, il a confié : « C'est pour un syndicat de policiers[230]. » Bernard Derycke est mort et enterré quand les enquêteurs de l'antenne de PJ de Meaux se mettent à scruter la comptabilité du cabinet. Le compte d'une société de Seine-Saint-Denis, Européenne de négoce et de courtage (Eurocen), sise à Villemonble, qui a rempli les poches de l'assureur indélicat, les intrigue. Les policiers en interrogent la gérante, l'épouse de Voiry. « Mon mari connaît Eurocen mieux que moi », lance en substance la dame aux limiers. Lequel mari sera privé à jamais de la parole quelques jours plus tard.

Le magistrat Jean-Luc Delahaye tente de démêler un écheveau de virements et découvre que la petite société du brigadier joue parfois dans la cour des grands. Eurocen est intervenue dans la vente de la tour British Petroleum (BP) du quartier de la Défense. En tout cas, la société Eurocen a reçu 5 millions de francs d'une firme détenue par un duo de promoteurs immobiliers connus sur la place de Paris. La moitié a été reversée à Bernard Derycke. Qui a aussitôt retiré l'argent en liquide pour le rendre à Voiry. La commission occulte, décidée entre la promesse de vente et la vente de la tour BP, alimente un curieux circuit de collecte de fonds. Le policier consacrait ses loisirs à produire de l'argent liquide. À quelle fin ? Le juge Delahaye se pose la question. Il faut savoir si Voiry était un de ces policiers ripoux que la hiérarchie finit toujours par confondre et renvoyer devant le conseil de discipline pour révocation. Le magistrat eut la surprise d'établir un *curriculum vitae* très différent de cette supposition. L'enquête prouve que le brigadier affairiste ne s'est jamais servi dans la caisse qu'il constituait. Gardien de la paix, ce bon vivant à bretelles était devenu secrétaire du directeur des polices urbaines de Seine-Saint-Denis à l'orée des années 1970. Le commissaire était très satisfait des services de son factotum. Daniel Voiry suit son supérieur lorsqu'il est nommé à la préfecture de Police de Paris[231]. Homme de confiance, Voiry a droit à un bureau personnel, quand les onze autres secrétaires se partagent une seule pièce. Le brigadier a le droit de garer sa voiture dans la cour de la préfecture. Ce détail n'est pas sans intérêt. Telle autorisation confine au privilège. De son bureau, où son seul travail consiste à verser à ses collègues les primes de fin de mois dans des enveloppes, Voiry gère aussi ses affaires privées. Personne ne lui en fait le reproche.

Le brigadier-chef détenait des secrets que la publicité donnée à sa mort risquait de ne pas préserver. Juste après la mort de Voiry, l'un de ses amis, le gérant d'une société de vente de moquette, se précipite à son bureau de la préfecture de police pour y récupérer la sacoche noire du défunt. Afin d'y parvenir, cet individu se fait passer pour le beau-frère du brigadier Voiry. La chance veut que le directeur adjoint du service vérifie son identité, et découvre que le visiteur a son nom dans les fichiers de police, ce qui fait toujours mauvais genre. Dans la sacoche noire, les enquêteurs de la PJ de Versailles ne trouvent que des éléments de la comptabilité d'Eurocen. Mais Voiry notait les véritables mouvements de fonds sur des cahiers qui n'ont jamais été découverts par la police, en tout cas par la police en charge de l'enquête. Ces dossiers explosifs, le brigadier en aurait parlé à ses proches avant sa mort, ajoutant se tenir « prêt à les exploiter si cela s'avérait nécessaire ». L'instruction judiciaire débute comme une razzia à la hussarde dans les hautes sphères de l'argent. Un célèbre promoteur est mis en garde à vue. Il suffit de cette mesure de contrainte pour qu'il soit défait de son statut de « roi de la Défense ». Lorsque cet homme d'affaires à la réputation flamboyante se trouve les menottes aux poignets, interrogé sur une possible fausse facture réglée à la firme Eurocen, il tombe de son piédestal. La montagne judiciaire va finalement accoucher d'une souris. Inculpé, le promoteur obtient finalement un non-lieu. Un procès se déroule, fin mai 1997, sans que l'on sache pour qui et pour quoi Daniel Voiry blanchissait de l'argent noir.

Autre chose ne sera jamais éclairci : l'épidémie de morts curieuses autour du brigadier. La contagion avait commencé par toucher les tenanciers d'un night-club, le 20 décembre 1987. À l'aube, Bernard et Lucienne Bollé avaient été abattus par balles devant leur domicile de Clichy-sous-Bois par des tueurs motorisés, qui ont procédé à la manière de professionnels. Lors de la perquisition dans leur maison, les enquêteurs de la brigade criminelle ont découvert des chèques d'un montant total de 140 000 francs émis par Voiry. Remboursement d'un prêt, a expliqué le brigadier à ses collègues. À la préfecture, peu de fonctionnaires ont entendu parler de cette implication intrigante. Dans les murs de la police parisienne, on ignore aussi le « suicide » d'un inspecteur divisionnaire du 6e cabinet de délégation judiciaire. Le policier enquêtait sur un trafic de fausses cartes de séjour et de mariages blancs. Six mois avant la mort de Voiry, le 17 juin 1990, son corps a été repêché dans la Seine. La préfecture fit état d'un « suicide ». À la date du 6 mars 1990, le défunt avait marqué sur son carnet de rendez-vous : « La Défense BP 17 h – 0 h 00. » Cette très ésotérique mention sauta à l'œil de fonctionnaires des RG. Quatorze jours après ce curieux rendez-vous, l'assureur de Fontainebleau Bernard Derycke se suicidait. Le compte des morts n'y est pas encore. Il faut y ajouter la pendaison, le 11 février 1992, de Pascal Ganné. Le jeune homme de vingt-quatre ans travaillait avec Michel, fils de Daniel Voiry. Frédéric Legras, patron de KO International, une firme de gros bras dévouée entre autres activités à la protection de Jacques Chirac, avait travaillé sur l'affaire de la tour BP. Il avait surveillé, pour ses clients, le brigadier-chef Voiry. Mi-juillet 1992, Frédéric Legras percute un arbre sur le bord du boulevard des Batignolles dans les beaux quartiers de Paris. Une enquête de la gendarmerie établit que sa voiture fonçait à 140 km/h en pleine ville.

La mort aux trousses

> « Le disparu, si l'on vénère sa mémoire, est plus précieux et plus puissant que le vivant. »
>
> Antoine de Saint-Exupéry, *Citadelle*.

La mort n'est pas régulière. Elle décime les hommes par vagues, comme des épidémies. La contagion se répand avec sa force invisible. Les cadavres mystérieux produisent une onde de choc. À leur traîne, les dépouilles suspectes se multiplient. Ben Barka meurt en octobre 1965. L'étudiant présent à son côté lors de l'« arrestation » ressent la « peur d'être abattu », étant « l'unique témoin du rapt ». La crainte de Thami Azzemouri a-t-elle un caractère fantasmatique ? En 1971, le professeur d'histoire à la faculté de Vincennes est retrouvé chez lui étranglé avec une chaîne à vélo. « Un suicide », selon la police parisienne[232]. En congé maladie pour avoir ingurgité des barbituriques, le jeune homme de trente-trois ans n'avait jamais surmonté le drame historique auquel il avait assisté. Mais « suicide », voilà qui évoque le décès d'un autre protagoniste, Georges Figon, le 17 janvier 1966, dans son studio de la rue des Renaudes. À l'enlèvement de Ben Barka, la devanture de la brasserie *Lipp* séparait Figon et Azzemouri. Après une tentative de coup d'État en août 1972, le général Oufkir s'est, officiellement, « suicidé ». Les impacts de balle sur son corps font penser à l'évidence qu'il a succombé à la mitraille. Son adjoint, Ahmed Dlimi, perd la vie le 25 janvier 1983 dans un accident de voiture. Tombé en disgrâce, il sort d'une audience avec Hassan II[233]. Un « camion fou » incendie son véhicule en le percutant. Du moins selon la thèse officielle. La liste n'est pas exhaustive. Ne pas oublier le commissaire Gallibert, de la 1re brigade mobile, qui, cherchant les auteurs de l'enlèvement, se fait tuer dans un bar de la rue d'Armaille, à la veille du suicide de Figon. Au Maroc, trois des quatre truands impliqués seront d'ailleurs exécutés par les services. Trois des six avocats de la famille Ben Barka sont décédés au début de 1967, soit entre les deux procès de l'affaire. Le 3 février, Pierre Stibbe, qui plaidait devant les assises de la Somme, fut foudroyé par une rupture de l'aorte[234]. Le lendemain, le bâtonnier René-William Thorp trépassait d'un transport au cerveau. Le 21 février, Michel Bruguier, quarante-cinq ans, est pris d'un malaise devant la 12e chambre correctionnelle. Pour conjurer le sort, il confie à un journaliste : « C'est la malédiction Ben Barka, pourvu que je ne sois pas le troisième mort[235]. » Cet avocat ne pense pas si bien dire : moins d'un mois après, une hémorragie cérébrale l'emporte. Aucun des trois corps ne fait l'objet d'une autopsie.

Il ne fait pas bon être dans le sillage des défunts par qui le scandale arrive. Abattu à la veille de Noël 1976 dans le XVIIe arrondissement de Paris, le prince Jean de Broglie ne souffre pas longtemps de la solitude dans l'au-delà. Le député communiste Maxime Kalinsky s'en émeut d'ailleurs lors de la séance de la commission d'enquête parlementaire du 17 décembre 1980. Le procès-verbal en fait foi : Kalinsky « a évoqué les circonstances, troublantes à ses yeux, de la mort de nombreuses personnes liées de près, d'après ses propres renseignements, aux activités de M. de Broglie ou de M. de Varga. Il a cité les noms de MM. Charles Bignon, François Arendt, Charles Bouchard, Bertrand de Murat, Carriac, François Quilici et François Doublet[236] ». Étrange cohorte. Charles Bouchard avait été directeur de la banque Leclerc de Genève, très liée à Jean de Broglie. Bertrand de Muralt en était l'administrateur. Moins de six mois après le crime de la rue des Dardanelles, la banque dont la clientèle huppée est quelque peu échaudée par le drame ferme ses guichets. Le lendemain même, Charles Bouchard, soixante-neuf ans, est repêché dans les eaux du lac Léman[237]. Il a répondu au téléphone à 5 h 45, le 11 mai 1977, puis a enfilé son costume et noué sa cravate pour un rendez-vous près de la frontière franco-suisse. La veille, Bertrand de Muralt, qui avait rédigé les statuts de la société Sodetex, s'est tué en se tirant une balle dans la tête. Associé du prince dans la Sofradec, François Arendt décède de la même manière en forêt de Fontainebleau. La mort de l'ancien député d'Oran François Quilici, deux jours après l'assassinat perpétré sur de Broglie, intrigue aussi. Client d'une société à laquelle de Varga s'intéressait, il est retrouvé gisant dans sa baignoire. L'enquête conclut au « suicide ». Mais, tel un stigmate d'étranglement, une trace suspecte tache son cou. La liste noire de l'affaire de Broglie mentionne aussi le nom de René Carriac, le patron d'une société de travaux publics de Romorantin. Cet entrepreneur fournit l'alibi de l'un des premier suspects du dossier, Jacques Mérignac, un ancien résistant, ami de l'inspecteur Guy Simoné et lié à Pierre de Varga. Entendu au début de l'enquête, Jacques Mérignac ne reste que vingt-quatre heures en garde à vue. À l'heure du crime, explique-t-il, il était dans sa propriété de

Loreux, dans le Loir-et-Cher, avec sa famille et René Carriac. Las ! Le patron de l'entreprise de travaux, par ailleurs relation de chasse de l'associé de de Broglie, décède le 18 septembre 1977 dans un accident de voiture[238]. Sa veuve s'en étonne. Au procureur de la République du Loir-et-Cher, elle fait part de ses suspicions : « Je me permets d'attirer votre attention sur les circonstances très étranges du décès de mon mari », qui « avait servi de témoin à M. Mérignac ». La femme s'explique : à 3 heures du matin, son époux a « pris une direction opposée » à son domicile de Romorantin. Autre étrangeté : avant de se rétracter, un témoin certifia avoir assisté ce soir-là, à l'auberge *La Loge*, à « une discussion très vive avec des étrangers (espagnols ou portugais) ». Trois ans après, un autre accident allait défrayer la chronique. Camarade de Jean de Broglie depuis leur jeunesse au cours Saint-Louis, près du parc Monceau, l'ancien député RPR de la Somme Charles Bignon perd la vie sur l'autoroute A 10, en mai 1980. Directeur du cabinet du prince aux secrétariats d'État à la Fonction publique, aux Affaires algériennes puis aux Affaires étrangères, cet homme politique dont le nom figure dans les statuts de la Sodetex est happé dans sa voiture Talbot horizon, en pleine nuit, par un camion danois. Tous feux éteints, le véhicule de Charles Bignon stationnait sur le bas-côté de l'autoroute. Alors que la commission d'enquête parlementaire tente de faire la lumière sur l'affaire de Broglie, la coïncidence de la mort du député est relevée. « Il s'agit d'un accident de la circulation tout à fait banal et il n'y a aucun mystère autour des circonstances », assure le parquet de Versailles[239]. En fait, l'ami d'enfance du prince s'est arrêté sur le bord de la chaussée lorsqu'une dispute l'opposa à « une amie proche et de longue date », qui demanda à descendre. Député de la Somme comme son père, Jérôme Bignon avait trente et un ans à l'époque : « Que l'on laisse entendre que mon père avait été assassiné fut traumatisant », regrette-t-il [240]. Cet avocat de métier est allé voir le dossier au tribunal, en cachette de sa mère, pour vérifier « s'il convenait d'agir comme la famille de Robert Boulin, c'est-à-dire de lancer une procédure ». Le fils de Charles Bignon revint convaincu par les résultats de l'autopsie, selon lesquels son père était mort d'un coup du lapin assené par le choc du semi-remorque à l'arrière. « Il est impensable que l'on ait intenté un piège à mon père à cet endroit, car la dispute n'était pas prévisible », assure Jérôme Bignon. Du vivant de son père, l'avocat lui avait posé la question de son activité à la Sodetex. « Aucune », lui avait répondu Charles Bignon, qui concevait une amertume envers son ami de toujours, de Broglie, d'avoir contrefait sa signature.

Un effet « boule de neige » influence souvent la chronique des grandes affaires. En 1988, neuf ans après la mort du ministre du Travail, Robert Boulin, dans un étang de la forêt de Rambouillet, un témoin, Hermann Stromberg, mêle le nom de Charles Bignon à cette intrigue. Devant les enquêteurs, cet ancien membre des réseaux de barbouzes, en conflit d'affaires avec Henri Tournet qui avait entraîné Boulin dans une spirale infernale, dit avoir été appelé au téléphone par le ministre pour l'accompagner à un rendez-vous, le 29 octobre 1979 [241]. Ce jour fatidique, Boulin lui aurait confié des documents confidentiels, de même qu'à Bignon, chargé « des conflits au sein du RPR ». Selon Stromberg, rendez-vous fut pris pour l'après-midi à Montfort-l'Amaury, dans les Yvelines. Dans cette petite ville, le ministre en butte au scandale des terrains de Ramatuelle aurait discuté avec deux hommes politiques importants, puis des gros bras à la solde de Tournet se seraient saisis du ministre pour aller le liquider au fond du bois. Stupéfait, Bignon aurait trouvé le cadavre de Boulin lorsque la police l'enjoignit de fuir. « Je ne me souviens pas que mon père ait eu des affinités avec Boulin, au contraire, s'offusque

Jérôme Bignon. Boulin était dignitaire maçonnique et mon père catholique ; ils ne s'entendaient pas et mon père n'était pas du tout en charge des conflits au RPR. » L'avocat ne croit pas du tout que son père ait été spectateur de la dernière journée de Boulin.

L'affaire de Broglie est mortifère ; il est en outre des épisodes non mortels, mais inspirés par la mort. Ainsi d'un étrange épiphénomène du dossier. En août 1980, la police est avisée qu'une protagoniste du dossier judiciaire, Nelly Azerad, a demandé à un tueur d'abattre Pierre de Varga au fond de sa cellule de la prison de la Santé. L'idée était de tirer sur lui par la fenêtre d'un immeuble du boulevard Saint-Jacques, et de l'atteindre ainsi derrière les barreaux. Doctoresse de prison, Nelly Azerad avait rencontré l'escroc en 1967 au centre de détention de Fresnes. Cette femme pimpante et originale s'est liée d'amitié avec Pierre de Varga, d'autant qu'ils n'ont cessé d'échanger les bons procédés et les services. Avant sa mort, le prince Jean de Broglie a plusieurs fois rendu visite à la cardiologue, à son cabinet de la rue Blanche. Juste après le crime, les policiers retrouvent d'ailleurs des ordonnances portant son en-tête dans la voiture de la victime [242]. Les enquêteurs se rendent compte qu'à deux reprises, le 26 novembre et le 10 décembre, Gérard Frèche et ses tuteurs ont mis en place un guet-apens devant chez Nelly Azerad pour y cueillir de Broglie. Ces rendez-vous avec le prince, pour pratiquer des examens cardiaques, elle les avait notés dans son agenda. Après l'assassinat, un avocat proche de Varga intervient pour qu'elle cache ces dates. La doctoresse détruit ses carnets et se retrouve devant le juge d'instruction Guy Floch, qui, le 8 avril 1977, l'inculpe pour « dissimulation de documents ». La belle Nelly, qui venait quinze jours auparavant d'obtenir un non-lieu dans le dossier de trafic de grâces médicales lui ayant valu d'être éliminée des hôpitaux pénitentiaires, se retrouve pour trois mois en prison, mais comme détenue cette fois. Dans son appartement de la rue Blanche, vingt-cinq ans plus tard, le docteur Jacques Azerad a toujours les yeux qui brillent, tel un amoureux transi de la première heure, à l'évocation de son épouse disparue. Il répète comme en refrain que c'était une « femme extraordinaire », embrigadée malgré elle dans une affaire d'État. Au mur pend un dessin de Paul Iribe, un corps de femme nue bâillonnée flottant sur une eau noire, les mains liées au-dessus du pubis ; une balance renversée complète l'esquisse, sous laquelle il est écrit : « La justice suit son cours – Légende de Camille Chautemps. » Jacques Azerad montre les photos de sa femme rencontrée quand elle était étudiante, jolie fille avec des cheveux bouclés, des fossettes très dessinées et une denture d'actrice : « Nelly en a voulu à de Varga de vouloir faire assassiner le prince devant chez elle ; mais pas au point de vouloir attenter à sa vie [243]. » À l'été 1980, un indicateur se rend dans les locaux de la police et raconte au chef de l'Office central de répression du banditisme, le commissaire Lucien Aimé-Blanc, que Nelly Azerad l'avait chargé de tuer Pierre de Varga. D'après les procès-verbaux, l'indic propose de lui-même au policier de téléphoner à la doctoresse pour la piéger en enregistrant la conversation. En se montrant très suggestif, et en abordant lui-même le sujet d'un possible tir sur de Varga, l'indic parvient à ses fins. Le 23 juillet 1981, le juge d'instruction Jean-Louis Bruguière inculpe le médecin de « tentative d'homicide involontaire ». Pour sa défense, la spécialiste en cardiologie, qui est par ailleurs mêlée à un curieux dossier de trafic d'uranium, allègue qu'elle a juste laissé l'informateur divaguer au téléphone, quitte à abonder dans son sens, ce qui n'est pas un crime. Pour la seconde fois, la doctoresse de la rue Blanche a droit à un séjour derrière les barreaux. Là encore, elle bénéficiera d'un non-lieu, en mars 1991. La France, finalement, se voit condamnée par la cour européenne des droits de l'homme à verser 50 000 francs à Nelly Azerad parce qu'en l'enregistrant, le commissaire a violé le secret de ses correspondances privées [244]. L'avatar s'ajoute à un épisode resté secret de l'affaire de Broglie, en débit de la publicité donnée à ses effets. Le 31 août 1978, le journaliste vedette Yves Mourousi est la cible d'un violent attentat à son appartement du boulevard Suchet, dans les beaux quartiers de Paris. Alors qu'il vient de rentrer chez lui après une soirée à l'*Élysée Matignon*, à 2 heures du matin une bombe placée sur le linteau de sa porte d'entrée explose. Par miracle, la déflagration ne fait pas de victime. La mort a épargné la star du petit écran grâce à un bureau de bois qui l'a protégé. « Une onde de choc est passée au-dessus de moi, quelque chose comme une boule brûlante. Je n'ai pas réalisé. J'ai cru que mes lampes avaient éclaté : je me suis mis debout sans m'apercevoir que je piétinais un lit de gravats, j'ai vu une espèce de palmier décoratif en plastique qui commençait à brûler, mon réflexe a été : « Vite, une casserole pour éteindre le feu." J'ai fait trois pas vers la salle de bains. Plus de salle de bains [245]. » Tout son appartement est dévasté. La « section franco-arabe du refus », qui s'était glorifiée de l'attentat contre l'écrivain Jean Dutourd, revendique la paternité de cet acte criminel en reprochant à Mourousi ses « attaches juives ». Dans les interviews, l'animateur fait part de sa stupéfaction. En état de choc, il ne comprend pas : « D'après moi, il n'y a pas de motifs politiques. Je crois que le fait d'apparaître tous les jours chez les gens peut créer des fixations et que celles-ci peuvent se traduire finalement par des actes violents [246]. » En pleine lumière, Mourousi se tait sur une autre piste. Ce soir-là, le journaliste n'était pas seul à son domicile. Un ancien policier mêlé à l'affaire de Broglie était revenu avec lui de l'*Élysée Matignon*. Cet inspecteur avait brisé la loi du silence imposée par la hiérarchie, ce qui lui a valu de sérieux problèmes, dont un séjour en prison pour avoir prétendument recelé le produit d'un cambriolage. Ne lui avait-on pas « monté un chantier », comme on dit dans le jargon des policiers, pour lui faire payer d'avoir parlé ? À l'explosion de la bombe, il a dû se demander si ce n'était pas à lui que les auteurs en voulaient.

Est-ce une illusion, imputable à la propension de tout un chacun à la mythomanie ? En tout cas le taux de mortalité des témoins dans les affaires d'État paraît élevé. Un florilège en convainc. Un militant du mouvement de Ben Bella, Khaled Dahbal, avait entrepris en 1987 une enquête sur l'assassinat d'Ali Mécili. Dahbal considérait avoir contracté une dette morale envers l'avocat, qui l'avait aidé lors d'une période de détention. Cet Algérien aux méthodes musclées s'essaya donc à cerner les auteurs du crime. Le 20 juin 1989, plus de deux ans après la mort de Mécili, il était à son tour percé de deux balles, dans le quartier de Barbès. La justice confondit les coupables. Dahbal s'était permis de défoncer la vitrine d'un bar dont ils étaient propriétaires. Alors ils ont choisi la vengeance consistant à le liquider. Des proches de Mécili se demandèrent si, malgré les condamnations judiciaires, cette version était satisfaisante. L'un des meurtriers fut en effet élargi après seulement trois ans de prison, ce qui, pour un crime, n'est pas cher payé [247]. Au dernier homme à avoir vu Stefan Markovic en vie, il arriva aussi malheur. Uros Milicevic est retrouvé en août 1976 mort dans une chambre d'hôtel près de la gare de Bruxelles. L'ex-ami intime de Markovic avait été tué par balles au côté de son nouveau compagnon. Milicevic avait d'abord accusé Marcantoni du crime, avant, sept ans plus tard, de débarquer à Paris en revendiquant avoir lui-même tué le garde du corps d'Alain Delon. Milicevic avait semble-t-il sombré dans un état de démence qui lui valut la levée de son mandat de dépôt. « Je crains pour ma vie », avait-il annoncé lors des prémices du dossier [248]. Dans une autre affaire mêlant, à tort ou à raison, politique et mœurs, le dossier de la disparition du pasteur Joseph Doucé, un témoin d'égale importance se « suicide ».

Mohamed Korkor faisait partie de l'équipe d'indics traités par l'inspecteur Dufourg. Dans leurs auditions, les policiers qui frayaient aux abords de la librairie *Autres Cultures* à l'heure où le pasteur Doucé était enlevé, laissent entendre que Korkor avait été utilisé pour recruter des prostitués homosexuels. Peut-être cet Algéro-Syrien de vingt-sept ans leur sert-il d'écran de fumée. En tout cas, « Momo » a rendu beaucoup de services. Comme l'avoua un ancien commissaire des Renseignements généraux, Mohamed Khorkor a perpétré un cambriolage au siège de SOS Racisme pour le compte des policiers. Lors de l'enquête sur la disparition du pasteur Doucé, les officiers de la brigade criminelle apprennent qu'un mystérieux fric-frac, réalisé de main de professionnel, a eu lieu à la librairie de la rue Sauffroy le 12 juin 1990, un mois et demi avant l'enlèvement du pasteur à son domicile. Korkor a-t-il aidé les bricoleurs de serrures ? Les enquêteurs y songent. C'est pourquoi ils entendent plusieurs fois « Momo ». Lequel ne peut être suspecté d'être impliqué dans les événements du 19 juillet 1990, le soir où Guy Bondar se sépara de son ami pour la dernière fois, car il avait été placé six jours avant en détention à la prison de Fleury-Mérogis, pour une affaire de faux papiers. Être cantonné derrière les barreaux, voilà un alibi solide. Le 26 septembre, la petite main des RG, qui travaille aussi pour la DGSE à ses heures perdues, a droit à la liberté[249]. Il n'a plus que quinze mois à vivre. Décembre 1991 : au domicile de la compagne avec laquelle mille fois il s'est séparé et réconcilié, le jeune homme est trouvé mort. Le rapport du commissariat de police de Saint-Cyr-l'École (Yvelines) relate une scène de ménage : « À la suite d'une dispute avec son ex-concubine ; M. Korkor Mohamed, vingt-neuf ans, s'est aspergé d'essence et s'est immolé par le feu[250]. »

Comme les suicides, il est des accidents qui tombent mal. Celui qui emporta le spectateur direct de la mort de

Jean-Claude Saint-Aubin, Mohamed Moualkia, sembla un peu suspect. Le 18 août 1965, les parents de Jean-Claude Saint-Aubin, mort l'année précédente dans sa Volvo contre un platane la nationale 7, rendent visite pour la première fois à Mohamed Moualkia, le seul témoin oculaire de ses derniers gestes. Ce harki révèle au couple dijonnais que la mort de leur fils n'a rien de l'accident décrit officiellement par les gendarmes. Un camion militaire et une 203 sont impliqués. L'huissier qui consigne ses dires met en garde Mohamed Moualkia : « Mais c'est très grave, ce que vous dites là[251]. » Le Maghrébin affiche sa sérénité : « Je dis ce que j'ai vu. Je le maintiendrai jusqu'à ma mort. » Fataliste, il ajoute : « *Inch' Allah !* » La mort est comme les fruits mûrs, elle tombe à son heure. L'horloge du peintre en bâtiment sonne le 21 novembre 1984 : asphyxié dans son lit sur son matelas incendié par une cigarette mal éteinte... Trois jours avant, le témoin avait appelé les époux Saint-Aubin au téléphone pour annoncer qu'il accorderait un entretien à une équipe de TF1. Le réalisateur de *Vérités interdites*, le reportage en question, avait laissé un mot dans la boîte aux lettres de Moualkia. Ce dernier voulait répondre au journaliste et lui accorder une interview. Moualkia n'en a pas eu le temps. « Bizarre[252] », commente l'homme de télévision, Jacques Vigoureux. Lorsque Vigoureux annonce la nouvelle à la mère de Jean-Claude Saint-Aubin, il lui demande : « Madame, vous pensez à un assassinat ? » Elle ne réfléchit pas : « Oui, monsieur ! »

La fatalité s'acharne parfois sur les témoins. Delphine Capel, la jeune femme qui livra aux enquêteurs les noms des assassins de Yann Piat, ingéra son bol alimentaire en plein sommeil et mourut sans se réveiller. Le doigt noir de la mort avait aussi désigné Marie-Claude Magal, une jolie trentenaire qui avait été l'unique témoin du meurtre d'un savant irakien, Yahia El Meshad. Le 14 juin 1980, cet expert de l'atome qui venait d'effectuer une courte mission auprès des autorités nucléaires françaises, était retrouvé mort dans sa chambre du neuvième étage de l'hôtel *Méridien* près de la porte Maillot. En début d'après-midi, l'une des femmes de chambre, à force de passer devant le petit écriteau « *Do not disturb*, ne pas déranger », s'est décidée à frapper à la porte. N'obtenant pas de réponse, elle se sert du passe-partout et tombe sur le cadavre d'El Meshad gisant dans une mare de sang. Autour, le désordre règne ; les lits sont défaits, les meubles dérangés, la lampe de travers[253]. Dans les poches du défunt, les enquêteurs trouvent une somme de 1 400 francs. L'agresseur n'a pas touché aux documents personnels de l'éminent physicien, qui avait déjà failli être tué à Paris à la fin de 1978 et n'avait dû sa survie qu'au dysfonctionnement d'un détonateur. Cette fois-ci, l'action a le caractère d'un geste amateur. El Meshad a été frappé à la tête par un objet contondant. Au *Méridien*, les chambres sont insonorisées, mais des cris aigus ont été entendus au cours de la nuit. Quelle femme était-elle en compagnie de l'Irakien et avait hurlé lors de la mise à mort ? Les policiers l'identifient : il s'agit de Marie-Claude Magal, trente-deux ans. Cette jeune femme qui exerçait un métier vieux comme le monde a tout vu de la scène fatidique. A-t-elle servi d'appât ou de complice ? Elle est convoquée à la brigade criminelle. Mais les policiers ne l'entendront jamais. Devant un bureau de tabac du boulevard Saint-Germain, Marie-Claude Magal, insulte un automobiliste venant de se garer en double file. Au bout de quelques minutes d'algarades, l'homme, pompiste dans une station service, en a assez. Il la gifle. Elle bascule contre une voiture qui passe et meurt. Dans son sac à main, il y a sa convocation à la Brigade criminelle.

Les cadavres exquis

« Si vous êtes de droite vous soutiendrez que Prince a été assassiné par la franc-maçonnerie ; si vous êtes de gauche, vous soutiendrez qu'il s'agit d'un suicide ; comme je ne connais pas vos opinions politiques, je vous répète que vous seul pouvez répondre à la question que vous m'avez posée. »

Georges Mandel,
Réponse à André Maurois[254].

Alexandre Stavisky meurt le 8 janvier 1934 comme Georges Figon le 17 janvier 1966 : « suicidé » alors que des policiers frappent à sa porte et lui intiment l'ordre d'ouvrir. L'escroc mirifique des années 1930 et, trente ans plus tard, le voleur de Saint-Germain-des-Prés, soldent leurs affaires d'État dans leur propre sang. La mort les rattrape à la fin de leurs cavales. Les canailleries gigantesques de Stavisky ont failli coûter sa pérennité à la IIIe République. De même, l'enlèvement de Ben Barka devant la brasserie *Lipp*, auquel Figon prêta son concours d'occasion, ternit à jamais la Ve. Auréolés de mystère, teintés de la couleur du doute, leurs cadavres percés chacun d'une balle ne sont pas enterrés au fond de la mémoire collective. Ils nagent à la surface : trop de coïncidences, trop de manipulations sur leur dos, trop d'agréments pour le pouvoir. Plutôt que des fleurs, l'on jette la suspicion sur le cercueil.

Né en 1886 en Russie, Alexandre Stavisky illustre le vers de Corneille sur la valeur qui n'attend pas la maturité, mais en mésusant de son sens. Dès sa prime jeunesse, le fripon dérobe l'or des prothèses dentaires au cabinet de son père[255]. En 1926, le margoulin subtilise des titres chez un agent de change. Grâce à ses fréquentations, Stavisky obtient dix-neuf fois un report de son procès. Commissaire de police, Léon Ameline décrit ainsi le manipulateur d'âme humaine : « Il était de la race des fascinateurs. Frotté d'idées générales, il avait l'élocution douce et fascinatrice, le regard engluant, et se posait volontiers en victime des hommes et du sort. Une stature de danseur mondain, une mise recherchée, une galanterie un peu mièvre, des offrandes de fleurs lui assuraient le suffrage de ces dames[256]. » Le séducteur des gogos charme en effet le sexe faible. Il épouse Arlette, un mannequin de chez Chanel. La créature lui offre deux enfants. Le fils de dentiste repart de plus belle à la conquête des fortunes illicites. À Bayonne, le savant aigrefin met en place le Mont-de-Piété municipal. De faux gages, fondés sur des pierres précieuses en toc, lui permettent d'empocher des sommes mirobolantes. Au fait de son aisance matérielle, Stavisky jouit d'un train de vie annuel de 5 millions de francs. Il loue à l'année une suite au Claridge des Champs-Élysées. Il possède un journal dont le nom est tout un programme : *La Volonté*. Lui appartient aussi le théâtre de l'Empire, à Paris. Un demi-siècle plus tard, l'animateur Jacques Martin ferait de cette scène le décor de ses émissions télévisées du dimanche.

Les folles aventures ont une fin. Le coup de semonce survient en décembre 1933, quand un juge d'instruction de Bayonne délivre un mandat d'arrêt contre le « capitaine d'industrie ». L'ampleur du scandale stupéfie l'opinion. En comparaison, le dossier Elf est une aimable carambouille. Le carnet d'adresses de Stavisky pèse plus lourd que celui d'Alfred Sirven. Stavisky s'est acheté les grâces de députés et de ministres. La main au collet, pris au piège de l'escroc, des hommes de pouvoir ont tenté de sauver sa peau, sauf à laisser la leur. Mais voici le temps des procédés en douce révolu. Le Russe sidérant devine sans peine l'imminence de sa déchéance : le mandat d'arrêt a sonné le glas de ses années fastes. La mise sous écrou de son compère Gustave Tissier confirme cette prescience. À la veille de Noël 1933, l'homme dont le nom s'insère dans les entrefilets, puis est imprimé dans les titres des journaux, prend ses cliques et ses claques à l'heure du réveillon. Avec son dernier fidèle, René Pigaglio, Stavisky part pour Servoz, dans la région de Chamonix, via Fontainebleau et Dijon. Partout, sur son chemin, le fugitif laisse des petits cailloux, comme le petit Chaperon rouge. Voudrait-il indiquer son trajet aux policiers, que Stavisky imprimerait ainsi ses traces de pas. « Nous sommes en réalité en plein roman policier, mais de médiocre qualité », écrira deux ans plus tard le député Ernest Lafont, rapporteur de la commission d'enquête sur les « affaires Stavisky ». Le parlementaire s'étonne d'une « sorte de technique de l'indiscrétion[257] ». La prudence fait défaut au fuyard et à ses complices de la dernière heure. Tant de laisser-aller tient de l'effronterie ou du sentiment d'impunité. Ce qui incite le député Lafont à se demander si Stavisky ne songeait pas « seulement à fuir le bruit, bien plus que la police et la justice ». Le jour de l'An, Stavisky s'installe dans un chalet de Chamonix, le *Vieux Logis*. Malgré la vingtaine de commissaires et inspecteurs délégués à la traque, les opérations de recherche subissent d'étonnants retards. Le comparse du fuyard, René Pigaglio, part-il en traîneau à cheval sous les yeux du commissaire Charpentier que celui-ci n'a pas idée de le faire suivre par ses hommes. Les membres de la commission d'enquête parlementaire ne comprendront pas que les policiers aient un « désir d'information » si « modéré ». Comme si les autorités connaissaient déjà l'adresse de Stavisky alors que les recherches, officiellement, sont toujours en cours.

Au début de l'après-midi du 8 janvier 1934, le même commissaire Charpentier, qui a suivi les traces de bagages marqués des initiales d'un pseudonyme de Stavisky, arrive à la porte du *Vieux Logis*. De la fumée émane de la cheminée. Le propriétaire, un ancien maire de Chamonix, pousse la clé dans la serrure. À l'intérieur, les policiers fouillent toutes les pièces, sauf une, fermée à clé[258]. Dans celle-là craque le feu de bois. À l'évidence, Stavisky s'y est reclus. Il y attend son heure. Ces instants cruciaux laissent pantois. Plutôt que de forcer cette porte, les agents de police continuent d'investir le reste du chalet. Les députés sont stupéfaits d'une telle attitude : « C'est pendant vingt à vingt-cinq minutes que M. Charpentier reconnaît avoir monté la garde devant la porte fermée, accompagné de deux ou trois personnes. Tant d'allées et venues, tant de soi-disant mystère, accompagné de mises en scène et de bruit, devaient non seulement attirer l'attention de Stavisky, mais lui révéler incontestablement le caractère des opérations qui se poursuivaient. C'est à ce moment que celui qui avait eu une vie si agitée, mit brusquement fin à ses jours par un coup de revolver[259]. » L'escroc devenu gênant pour ses amis d'antan a pressé lui-même sur la détente, les parlementaires l'ont établi « sans discussion possible ». Mais cette sortie de vie lui a peut-être été dictée par une savante manipulation, des fils invisibles ayant mû son bras à son insu. Pour reprendre l'expression de l'avocat René Floriot, célèbre ténor du barreau d'après-guerre, on aurait commis sur Stavisky un « suicide par persuasion[260] ». Le député Lafont y songe : « Aurait-il été possible de prendre Stavisky vivant ? Nous croyons que l'on peut répondre oui [...]. On ne fit rien pour essayer de procéder à une arrestation normale et conserver à la justice un inculpé de cette importance. » En se donnant la mort, le fuyard se montra très conciliant. On n'allait donc pas desserrer un piège refermé. Après ce suicide « un peu forcé », la commission note « la négligence extraordinaire qu'on apporta dans les premiers soins à donner à la victime ». Cette négligence rendit « définitifs les résultats du geste de Stavisky ». En effet, l'on respecta au-delà de la morale les dernières volontés du « suicidé », en empêchant son retour à la vie, en pratiquant une sorte d'euthanasie passive. Tandis qu'Alexandre Stavisky agonise sur le sol au pied du lit, le lieutenant de gendarmerie patiente avant l'arrivée du procureur de Bonneville et le commissaire de police attend un photographe pour figer la scène de suicide. Ni l'un ni l'autre n'ont l'idée de secourir le fauteur de scandales qui n'a pas encore poussé son dernier soupir. Deux heures plus tard, le cliché montre l'escroc couché sur un tapis, la tête en sang contre un radiateur. À 18 h 30, l'ambulance emmène le moribond à l'hôtel de Chamonix. Après une trépanation, Stavisky décède à 3 heures du matin. Au *Vieux Logis*, les policiers s'affairent à ne pas faire leur travail. Ils s'abstiennent de relever les traces de sang ou de balles. Et ne mettent pas les lieux sous scellés.

L'un des chers amis de la victime, le journaliste Joseph Kessel, tente d'élucider le mystère de cette fin tragique. En Stavisky, le reporter courageux a reconnu un autre familier de l'aventure. À son avis, cette mort tombe trop à point nommé : « Trop d'intérêts, trop de saluts individuels et collectifs semblaient exiger un pareil dénouement. L'obscur travail policier avec ses méandres, ses recoupements, ses interférences, son ambiguïté, ses personnages à double sens, à double fin, ses indicateurs trahissant partout et toujours, tout ce mécanisme douteux, amoral et complexe avait très bien pu trancher par une exécution le nœud trop serré, trop touffu et trop dangereux qu'il avait permis de se former[261]. » Kessel s'interroge : faut-il ajouter le fantôme de Stavisky à ceux de Syveton ou d'Almeyreda ? « L'hypothèse était à ce point plausible, à ce point nourrie par les éléments troubles de toute l'enquête, que l'esprit l'acceptait sans heurt, et, le goût du romanesque aidant, la désirait presque. » En l'absence de preuve décisive, l'homme qui éleva le reportage au rang d'art ne sait de quel côté « faire pencher la balance ». Laquelle, de la thèse du suicide ou de celle du crime, pèse le plus lourd, il ne le sait, même si Stavisky a laissé dans sa chambre un courrier pour sa « femme bien-aimée ». Ce que l'observateur de la marche du monde constate, c'est qu'en poussant son dernier soupir Alexandre le scandaleux actionne un engrenage dont la rotation menace de broyer les institutions. Le lendemain des événements de Chamonix, le Parlement effectue sa rentrée dans une tension digne des soirs d'orage[262]. Autour du Palais-Bourbon, sur le boulevard Saint-Germain et la place de la Concorde, la clameur publique scande : « Gouvernement de voleurs ! Assassins ! » Le 11 janvier, à la tribune de l'Assemblée, le député Léo Lagrange stigmatise le préfet de police Jean Chiappe. Depuis dix ans, ses services surveillaient Stavisky, mais n'avaient jamais mis fin à son impunité. À la fin du mois, le cabinet du président du Conseil Camille Chautemps fait ses cartons. Le 3 février, Chiappe fait ses valises pour le Maroc où une nouvelle affectation lui a été imposée. Dans un grand quotidien du soir, un journaliste, Georges Simenon, publie une enquête iconoclaste sur « les coulisses de la police ». *L'Humanité* titre : « Chiappe en prison ! » Le 6 février, des émeutes suscitées par des ligues d'extrême droite éclatent à Paris. La répression, terrible, envoie vingt-huit civils et un membre des forces de l'ordre à la morgue. La République en péril survit de peu à ce naufrage.

Le spectre de Stavisky n'a pas fini d'empuantir l'air du temps. D'autant qu'un autre « suicidé » lui emboîte le geste, quarante jours plus tard. Comme en écho, la mort du magistrat Albert Prince déclenche une polémique acérée, avivée, une fois encore, par de « graves négligences[263] » lors de l'enquête. Pour saisir « l'affaire Prince », il convient de remonter le temps de quelques années. Le magistrat dirigeait alors la section financière du parquet de Paris. À cette époque, le substitut Prince voit passer sur son bureau des rapports sur une petite société, la « Foncière ». Le gestionnaire de la Foncière, inconnu du grand public, est Alexandre Stavisky, qui ne souffre pas des poursuites de la justice. Pour Prince, la mort de l'escroc est de mauvais présage. Le jour où la police pénètre dans le chalet du *Vieux Logis* à Chamonix, le magistrat, devenu en 1931 conseiller à la cour d'appel, est rattrapé par son passé. Le voilà convoqué pour s'expliquer sur la curieuse mansuétude dont a bénéficié l'escroc d'origine russe[264]. Albert Prince est-il fautif, ou la culpabilité repose-t-elle sur son supérieur hiérarchique, le procureur Pressard, beau-frère du président du Conseil, Camille Chautemps ?

Le matin du 20 février, Albert Prince quitte comme d'habitude son appartement de la rue de Babylone, pour se rendre au palais de justice. Dans la matinée, son épouse reçoit un appel. Au bout du fil, une voix lui dit : « Je suis le docteur Hallinger, le médecin de la mère de votre mari. » La vieille dame, hébergée dans une maison de retraite de Dijon, a dû être transportée dans une clinique. D'urgence, il faut opérer. Albert Prince doit venir au plus vite à son chevet. « Mon numéro est le 147 », ajoute l'homme avant de raccrocher[265]. Voilà qu'une clé tourne dans la serrure de la rue de Babylone. Dans l'embrasure, comme dépêchée par la providence, la figure de Prince apparaît. « J'ai oublié mon portefeuille », se justifie-t-il. Son épouse le met au courant des mauvaises nouvelles. Le conseiller prend vite congé de sa femme. À la gare de Lyon, il monte à bord du train vers Dijon. Quatre heures plus tard, son épouse reçoit un télégramme envoyé de la ville des ducs : « Arrivé. Vais à la clinique. Consultation, 6 heures. Docteur Hallinger déclare état aussi normal que possible. Albert. » Dès lors, la famille ne reçoit plus signe de vie. Dans la nuit, un agent des chemins de fer retrouve le cadavre de Prince au niveau du kilomètre 312 de la voie, au nord de Dijon. Près du pont de la Combe-aux-fées, le cheminot a aperçu « une tête complètement séparée du tronc ; huit mètres plus loin, un pardessus avec des cigarettes éparses sur la voie et, enfin, à une dizaine de mètres de cet endroit, un corps dont le bras droit était complètement sectionné[266] ». Sur le ballast, les gendarmes récapitulent l'inventaire : un chapeau de feutre gris ; une ampoule pharmaceutique à étiquette verte ; un couteau à cran d'arrêt souillé de sang ; un dentier en or brisé ; un tampon à poudre de riz de marque « Marquise », etc. Le représentant du ministère public relève que « le cadavre porte une ligature au pied droit, faite avec une corde » : il s'agit d'une ficelle de chanvre, trois fois tournée autour de la cheville.

Le magistrat de l'affaire Stavisky a-t-il été attiré dans un guet-apens ? « Assassinistes » et « suicidistes » se livrent une guerre verbale sans merci[267]. Les tenants du crime ont l'avantage, vu les conclusions des médecins légistes : « L'ensemble [des] constatations s'oppose, de façon matérielle, à l'hypothèse du suicide. » Le ministre de l'Intérieur Albert Sarraut agrée leurs vues : « M. Prince a été assassiné. Il existe une mafia qui se charge de faire disparaître tous les gêneurs[268]. » La chancellerie promet « 100 000 fr » à « la personne qui aura permis de découvrir le ou les assassins du conseiller Prince ». Chef suprême de la magistrature, le garde des Sceaux attise le feu qui s'est emparé des esprits : « Le pays a été la proie d'une bande de malfaiteurs ne reculant devant rien pour accomplir leurs forfaits. Il faut que cette bande soit complètement dépistée et châtiée. » Le premier président de la cour de cassation écrit que Prince, en soulageant sa conscience, « a signé son arrêt de mort ». Le parquet de Dijon lance une procédure d'assassinat. En son for intérieur, le juge d'instruction Rabut incline en faveur de cette thèse. Intime du conseiller Prince, l'avocat général de Dijon est auditionné par le juge. Il est formel : « Une âme aussi bien trempée » n'a pu avoir « l'idée de mourir lâchement[269] ». L'épouse de l'avocat général ne se gêne pas. Dans *L'Action française*, elle vomit la « sauvagerie » des assassins. Le polémiste Léon Daudet, dont le suicide du fils avait déjà défrayé la chronique, s'en donne à plume joie dans les mêmes colonnes pour insulter la « Gueuse ». À l'unisson, *L'Écho de Paris* et *Gringoire* font de l'affaire une machine de guerre contre le régime honni. Pour d'autres raisons, la famille de Prince croit aussi au « crime politique ». Dans *Le Jour*, le fils du magistrat, Raymond, accuse le procureur Pressard d'avoir le sang de son père sur les mains.

De cet épineux dossier, la commission d'enquête parlementaire sur les « affaires Stavisky » se saisit. Les 19 et 20 décembre 1934, le fils du conseiller défunt dépose devant les députés. Magistrat comme feu son père, Raymond Prince se départit de sa réserve. L'assassinat, confirme-t-il, doit être imputé à deux hommes : le procureur de la République Pressard et le président du Conseil Camille Chautemps. Selon son fils, Prince a été éliminé car il s'apprêtait à prouver leurs turpitudes. À l'encontre de ces deux personnalités, aucun indice ne subsiste après vérifications. Quel aurait été leur mobile, de toute façon ? Le conseiller n'avait pas les moyens de jeter l'opprobre sur eux. En partant de son domicile pour aller à la gare, Prince avait jeté des documents dans sa valise. « Pour rédiger mon rapport », à la hiérarchie, a-t-il expliqué à son épouse. De la gare de Lyon, Prince a appelé son épouse au téléphone : « Je me suis trompé de papiers[270]. » Lors de la perquisition chez lui, les policiers saisissent seulement une « petite note » se rapportant à l'affaire Stavisky. Ses secrets d'État ont-ils été détournés, ou bien n'ont-ils jamais existé ?

Échafaudé comme un roman d'Agatha Christie, emberlificoté comme un film d'Alfred Hitchcock, le scénario de la mort de Prince a l'architecture d'un trompe-l'œil. La maladie soudaine de sa mère est pure illusion. Le 20 février 1934, à l'heure où un prétendu docteur Hallinger appelle chez Prince pour avertir qu'elle est malade, la vieille dame se porte comme un charme. Son médecin s'appelle en vérité Ehringer, et non pas Hallinger. Le vrai docteur Ehringer révèle qu'il n'a jamais tenté de joindre le magistrat. Lors de sa première audition, l'épouse de Prince confie : « La communication ne me paraissait pas lointaine et comme je demandais si c'était de Paris qu'on me téléphonait, on m'a répondu : "Non, c'est de Dijon." » Qui était donc l'usurpateur, au bout du fil ? Un complice des assassins, peut-être. À moins qu'il ne s'agisse de Prince lui-même. À supposer, bien entendu, qu'il ait maquillé sa voix. Son retour impromptu, dix minutes plus tard, au prétexte de l'oubli de son portefeuille, emprunte trop à la providence. Des tueurs planifiant leur sinistre dessein ne s'en remettent pas aux aléas, surtout improbables. Une machination ourdie contre Prince reposerait sur le postulat de son retour à domicile. Sans cet impondérable, son épouse ne peut le prévenir à temps. Il rate le train de midi et le plan tombe à l'eau. En préparant ses effets chez lui, le magistrat ne rappelle pas le numéro 147 à Dijon. Le ferait-il qu'il tomberait sur Joseph Curtil, mercier de son état, et non pas sur le médecin de famille. À son arrivée à Dijon, le juge rédige un télégramme faux dans le fond et dans la forme. Faux au fond, car il n'a pas eu le docteur en ligne ; faux dans la forme, car il cite le nom « Hallinger ». Si guet-apens il y eut, Albert Prince en fut donc l'un des artisans. Il inventa des bobards pour justifier d'un voyage à Dijon, où un rendez-vous fatal lui aurait été fixé. Dans ce cas, ce fut une extrême perversité, de la part des assassins, que de demander à la victime de creuser sa propre tombe. Sinon, c'est que Prince lui-même, non moins pervers, s'est servi d'un subterfuge pour rallier Dijon puis maquiller son suicide en crime.

Les fautes professionnelles des gendarmes, les incartades des policiers et les inepties des magistrats altèrent la qualité de l'enquête. Les députés dénoncent ces carences troublantes : « La légèreté ou l'incompétence avec laquelle l'enquête a été menée est une cause essentielle de l'incertitude et du malaise qui ont suivi la mort du conseiller Prince. » Le florilège des aberrations abasourdit le bon sens. La gendarmerie, à 2 heures du matin, identifie le cadavre de Prince mais tarde à avertir le parquet ; prévenu à 7 h 30, le juge n'arrive sur les lieux qu'à 8 h 30, précédé par un journaliste ; la brigade mobile chargée de préserver les empreintes digitales, ne parvient à la Combe-aux-fées qu'à 10 heures ; le juge d'instruction laisse « de nombreuses mains » manipuler le couteau ensanglanté ; le canif ayant été fermé et emporté dans un morceau de papier, les experts sont impuissants à dire si la lame était tachée de sang des deux côtés, et donc s'il avait servi ou pas à tuer Prince ; des objets trouvés sur la voie ou dans la chambre du conseiller sont aussitôt restitués à sa famille et lui seront réclamés au mois de juin, « sous la pression de l'opinion publique » ; la locomotive n'est pas saisie ; les bottines de la victime sont jetées et conservées sur un poêle allumé. La commission d'enquête « regrette, dans l'intérêt de la justice et de la vérité, ces graves négligences ».

Les improbables étrangetés du dossier n'empêchent pas la thèse du suicide de s'imposer. Les envoyés spéciaux du *Journal* et du *Petit Parisien*, convaincus de prime abord par la thèse criminelle, se ravisent sur le terrain. Recruté par *Le Matin*, un détective privé, ancien brigadier illustre, conclut à la mise en scène. Les policiers font de même. Les indices de la « scène de crime » tombent à plat. L'ampoule pharmaceutique ? Prince a pu se droguer lui-même. La cordelette autour du pied ? Elle était attachée de manière si lâche qu'elle n'a provoqué aucune ecchymose sur la peau au moment du choc. Prince endormi n'a donc pas été attaché au rail. Le couteau ? Le conseiller l'a, semble-t-il, acheté au Bazar de l'hôtel de ville. Les derniers jours de sa vie, le conseiller a eu une propension à l'affabulation. Au *Café de Flore*, il a annoncé à un ami avoir été reçu par Daladier, le futur successeur de Chautemps. Daladier le dément avec fermeté. En janvier 1937, le juge d'instruction signe une ordonnance de non-lieu sur le dossier de la mort de Prince. Albert Prince a dû se jeter sous la locomotive du train 4805 à 20 h 42, après avoir semé une brassée de faux indices. Soixante ans après, sa fille, Gisèle Dessaux-Prince, persiste à clamer que « la vérité, comme la mort, ne doit épargner personne[271] ». Convaincue que son père a été tué par des hommes de main « protégés », elle désigne deux « nervis à la solde de Simon Sabiani, le maire de Marseille », Venture Carbone et son ami Spirito. Arrêtés à l'époque, ils avaient fourni de solides alibis.

La gifle

« Il est des morts qu'il faut qu'on tue. »

Fernand Desnoyers

Le 4 novembre 1904, le député de Paris Gabriel Syveton se lève soudain dans l'hémicycle. Le *Journal officiel* relate la scène en termes choisis : « M. Syveton quitte son banc, se précipite sur M. le ministre de la Guerre et le frappe violemment à la tête à deux reprises. Tumulte prolongé[272]. » Syveton frappe ? Il soufflette, plutôt. Il gifle. Le général André chancelle. Seul son pupitre lui évite la chute. Par sa ruade, Syveton manifeste sa vindicte. Trésorier de la « Patrie française », une ligue de droite antidreyfusarde, le député veut humilier le ministre, impliqué dans le « scandale des fiches ». Le général André a fiché les cadres de l'armée, distinguant les officiers loyaux de ceux réputés hostiles à la République.

La « paire de calottes » dispensée par Gabriel Syveton doit venger l'honneur de ces derniers. La voie de fait ressortit de la cour d'assises. Le procès du député, dont l'immunité a été levée, s'ouvre le 9 décembre. L'audience promet du spectacle et des surprises. L'actualité en réserve. Ce matin-là, les journaux consacrent leurs titres à une autre comparution, plus solennelle encore, celle de Syveton au jugement dernier. La veille, en début d'après-midi, son épouse a ouvert la porte de son cabinet de travail. Le député, juché sur le radiateur à gaz, avec le tuyau entre les mâchoires, ne respirait plus. La veuve narre : son mari « était étendu à plat ventre, la tête tout entière dans la cheminée et en plein sur les simili-bûches de l'appareil à gaz qui était largement ouvert... Un journal déplié était sur sa tête. Il avait la main gauche étendue le long du corps et, de la main droite, il tenait un petit portrait de moi[273] ». Pour la presse de gauche, le suicide prouve l'inanité de sa défense. À la droite extrême, la *Libre parole* d'Edouard Drumont titre : « Un assassinat maçonnique[274]. »

Au front, le cadavre de Syveton porte une plaie. Le député évanoui par le gaz, à bout de forces, a-t-il dans un dernier soubresaut relevé la tête, incapable d'empêcher qu'elle retombât sur le radiateur ? Ou la blessure est-elle la séquelle d'un coup porté par autrui ? À l'heure de sa mort, l'épouse de Syveton s'affairait dans la pièce d'à côté. Aucun mercenaire dépêché par le gouvernement n'a donc pu s'introduire dans le cabinet de travail. L'on doit sans doute chercher la clé du suicide dans les alcôves de la vie privée de Syveton. Derrière son monocle et ses mines hautaines, le quadragénaire ambitieux portait le poids d'aventures libertines interdites. À force de poursuivre de ses assiduités sa belle-fille Margot, l'agrégé d'histoire reconverti dans la politique s'attira les foudres du mari de la belle. L'orage éclate le 6 décembre 1904, trois jours avant le procès auquel le député vouait toute son énergie. Mise au courant de la tromperie, l'épouse de Syveton, Maria, tonne contre lui. En statue du Commandeur, elle le châtie. Elle dicte la conduite à tenir : mourir. Apprenant le décès de son ami, l'un des fondateurs de la « Patrie française », Louis Dausset, parvient chez Syveton. Quelle n'est pas sa surprise de voir Maria vaquer au ménage quotidien. En janvier 1905, le juge clôt d'un non-lieu l'enquête sur la mort du député. Parmi les royalistes, l'on assortit le substantif « suicide » d'un adjectif : « provoqué ». En résumé : la police a visé le talon d'Achille de Syveton au juste moment. Comment décocher la flèche ? En avisant le mari de Margot des cadavres dans le placard. L'un des chroniqueurs de *L'Action française* à tenir ce discours s'appelle Léon Daudet. Ce bretteur verbal a assisté à l'autopsie. La conclusion « intoxication par le gaz » lui a semblé masquer les manigances du pouvoir.

Le destin et la vocation des hommes parfois se croisent. À la mort de Syveton, Léon Daudet hurle à la manipulation. Il ignore que, la fois suivante, il criera à la machination en pleurant son propre fils. La fatalité le désigne à l'automne 1923. Le petit Philippe Daudet, quatorze ans, atteint d'un mal-être inguérissable, habitué aux fugues, part à l'aventure sans prévenir. Quatre jours plus tard, sa mère lit par hasard un entrefilet à la rubrique des faits-divers du *Petit Parisien* : « Hier, un jeune homme, paraissant âgé de vingt ans, s'est tiré une balle dans la tempe, dans un taxi, boulevard de Magenta. On l'a transporté mourant à l'hôpital Lariboisière[275]. » Philippe Daudet fait plus vieux que son âge, et il s'agit bien de lui. Le 28 novembre, le petit-fils d'Alphonse Daudet, célèbre auteur des *Lettres de mon moulin*, est inhumé. Trois jours plus tard, le père de l'enfant, le « gros Léon » meurtri, fait figure d'accusé. Le journal anarchiste *Le Libertaire* titre : « Léon Daudet étouffe la vérité. » Le rédacteur, Georges Vidal, révèle que Philippe, militant de la cause monarchiste, camelot du roi, a viré sa cuti l'avant-veille de sa mort. Sous un nom d'emprunt, le fugueur s'est présenté à la rédaction du *Libertaire*, proposant ses services pour commettre des attentats contre des personnalités, dont le président de la République, et Léon Daudet. Il est des conflits œdipiens plus sereins. Ce soir-là, Daudet junior écrit : « Ma mère chérie, pardon pour la peine immense que je te fais, mais depuis longtemps déjà j'étais anarchiste sans oser le dire[276]. » Le matin de sa mort, le révolutionnaire en herbe prend langue avec un libraire anarchiste du boulevard Beaumarchais, Le Flaouter. De retour à l'étal de livres l'après-midi, le fils du romancier de l'Académie Goncourt est attendu par un invisible dispositif policier, averti des velléités terroristes du jeune homme. À la sortie de la boutique, Philippe Daudet descend à pied le boulevard Beaumarchais jusqu'à la place de la Bastille. Là, il hèle un taxi. La voiture s'arrêtera boulevard Magenta, le passager s'étant tiré une balle dans la tête.

Cette version officielle, Léon Daudet, père et pamphlétaire, ne peut la souffrir. En janvier 1925, le fondateur de *L'Action française* dépose plainte contre les policiers en faction discrète devant la librairie. On a peine à croire que le jeune homme ait trompé la sagacité de onze hommes en planque. Des anomalies confortent le doute. Les deux agents de police devant lesquels le chauffeur de taxi s'arrête boulevard Magenta ne sentent pas d'odeur de poudre[277]. Les housses du véhicule sont bien souillées de sang, mais l'on n'y détecte pas de matières cérébrales. Les enquêteurs ne trouvent pas non plus la balle ayant traversé le crâne. Un expert ne met la main sur la douille que dix jours plus tard, sous un strapontin. Cela fait beaucoup d'anomalies. Au lendemain du « suicide », un agent de la Sûreté générale et le libraire Le Flaouter se sont présentés à l'hôpital Lariboisière, alors que l'identité du jeune homme du taxi était encore inconnue. Comment pouvaient-ils être au courant ? Malgré ces incohérences, la justice délivre un non-lieu. Lésé d'un procès, Léon Daudet ne cesse de traiter le chauffeur de taxi Bajot d'agent de basse police. Bajot en a assez. Il assigne Daudet en diffamation. L'artisan proteste de son innocence : le jeune homme qu'il a convoyé est entré vivant dans son taxi. Le chauffeur n'a pas servi de croque-mort dans un corbillard d'occasion. Le tribunal condamne Léon Daudet à cinq mois de prison ferme.

In memoriam

> « Là, nous sommes au centre. C'est pour cela, d'ailleurs, que je me suis fait policier. Pour être au centre des choses. »
>
> Albert Camus, *Les Justes.*

Sous les voiles de la clandestinité, se cache la police. Sous les tentures du secret, sous le sceau du mutisme, les forces de l'ordre se concertent avec les forces du mal pour leur soutirer les « tuyaux ». La fonction aux gants blancs se salit les mains dans les écuries de la République. Derrière le décor d'apparat, les services de la loi négligent la probité pour tenter, comme dans un spectacle de Guignol, de tirer les ficelles des marionnettes sans apparaître à l'assistance. À force de peser sur les ressorts de l'âme humaine, de jouer avec les reins et les cœurs, de mettre le nez dans les alcôves et les salles de bains, l'appareil d'État se retrouve mêlé aux drames, acteur des tragédies. Tapie dans l'ombre, la police se fait parfois surprendre par la lumière lorsque l'actualité braque les feux de la rampe. Alors il lui faut manigancer de piètres diversions, organiser des contre-feux, manipuler les observateurs, pour tenter de disparaître dans le paysage. Le témoin numéro un de l'affaire Markovic, Uros Milicevic, avait dénoncé à la police un trafic de drogue dans lequel il était impliqué avec son ami Stefan. Receleur, Milicevic était parvenu à faire condamner le pourvoyeur, un Yougoslave, en s'arrogeant pour lui-même l'impunité. Ces « étranges protections[278] » lui ont-elles permis de filer sans crier gare, au début de l'enquête ? Dans une lettre ouverte envoyée au juge d'instruction Jean Ferré, l'avocat Roland Dumas notait en s'offusquant « le départ de France de deux des témoins principaux du drame », et cela « au moment même où leurs révélations » devenaient scandaleuses. Hasard ou pas ? La police surveillait « leurs allées et venues » et « passages aux frontières[279] ». Uros Milicevic, fantasque camarade de Markovic, ne revint de Yougoslavie que sept ans plus tard, l'esprit malade, pour s'accuser d'avoir ordonné le crime.

Dans les affaires d'État, d'autres que lui se sont fait la belle à des instants cruciaux. Mohamed Oufkir et Ahmed Dlimi, bien entendu, envolés en avion à Rabat juste après la disparition de Ben Barka. Ou encore « Malek », poussé dans une carlingue vers Alger au sortir des locaux de police où on l'avait interrogé sur la mort d'Ali Mécili. Le suspect a ainsi pu s'installer au Club des Pins, la résidence de la nomenklatura près d'Alger, plutôt que de risquer une nouvelle convocation, moins paisible celle-là. De ce dossier, il a été question deux ans plus tard. Comme des poupées russes, les scandales s'emboîtent les uns dans les autres. En résumé : un commissaire de la 1re division de police judiciaire de Paris – a été suspecté – à tort vu la relaxe qu'il obtint au final – de s'adonner au proxénétisme. Des prostituées l'en avaient accusé et il fut mis en examen. En 1988, le juge Jean-Michel Hayat, du tribunal de Nanterre, cherche à savoir si le policier a été corrompu par des amis dans le milieu. Il s'intéresse à une Porsche rouge. Sur procès-verbal, un restaurateur a en effet expliqué aux gendarmes que le commissaire disposait de cette voiture. Le témoin ajoutait lors de sa déposition que le véhicule appartenait à Fatna, la compagne de « Malek ». Au procès, en 1989, le commissaire fut relaxé. Il s'était fait piéger. Il n'en demeure pas moins que l'informateur de la police dans le dossier Mécili désigna « Malek » et Fatna en évoquant leur Porsche rouge.

La strip-teaseuse Fatna était-elle un indicateur de police ? Rien ne dit que la police française ait été au courant avant terme des projets assassins contre le militant du Front des forces socialistes Ali mécili. Il n'empêche : les autorités, souvent, ne se font pas prendre la main, mais les « yeux dans le sac » des morts mystérieuses. Normalement, les opérations secrètes ne sont jamais portées sur la place publique. Mais les polémiques, les scandales, les enquêtes découvrent un coin du voile qui, sans cela, serait resté à jamais posé sur les secrets. Quand à des obsèques le rôle clandestin des policiers se révèle, quand la silhouette des agents de l'ombre accède à la notoriété, quand les hommes de main sont pris la main au collet, alors les hiérarques des ministères s'affolent et, pour cacher qu'ils avaient les yeux là où il ne faut pas, ils commandent les trafics d'enquêtes. Que le « commanditaire » de l'assassinat du prince Jean de Broglie, Pierre de Varga, était informateur de la 2e section des Renseignements généraux, devait rester caché. Outre le fameux monsieur Albert, deux autres copains de la bande de l'inspecteur Simoné étaient des indics. Dans les coulisses des grandes affaires, l'État se fait souvent pincer. La tradition remonte à loin. Des membres de la famille de Gabriel Syveton avaient des attaches dans la grande maison. L'on se demanda s'ils n'avaient pas déclenché un drame familial manipulés par leurs contacts. Durant sa cavale, Alexandre Stavisky était cerné de complices en cheville avec les policiers. À peine René Pigaglio a-t-il laissé son ami escroc au *Vieux Logis*, là où il mourra, que Pigaglio rend visite à ses contacts à la Sûreté parisienne pour les tenir au courant de la tournure des événements. Dans les arcanes du dossier Ben Barka, le commissaire Jean Caille, pilier des Renseignements généraux, sait sur le bout des doigts les détails du scénario au fur et à mesure qu'il se déroule. Même à la justice, il refuse de dire par quel biais il est si bien informé. Avant de trouver la mort au bas de son ascenseur, le révolutionnaire Henri Curiel est surveillé de très près. La Direction de la surveillance du territoire a réussi à recruter une source au sein même de la direction de Solidarité. Ce proche de Curiel avait un talon d'Achille : son goût interdit pour les petits garçons[280]. La veuve de Curiel, Rosette, proteste en septembre 1984 auprès du juge d'instruction Alain Verleene : « La police n'avait pas envie de rechercher les assassins de mon mari[281]. »

La police est aux premières loges, mais évite que cela se sache. Les agents dont le métier est de faire parler les vivants font taire les morts. Ils enterrent les mystères d'État avec les cadavres. La liste noire des hommes du Panthéon de l'ombre est celle des macchabées embringués dans la machine à broyer la vérité, à travestir les faits. Les préposés au maquillage effacent les empreintes et posent un linceul sur les dépouilles. Cachés boulevard Beaumarchais quand Philippe Daudet s'en va prendre son taxi, affairés devant la porte quand Stavisky s'apprête à mourir, s'apprêtant sur le palier alors que Georges Figon recevra une balle dans la tête, assis au café du coin cinq minutes avant que le pasteur Doucé ne soit embarqué, à l'écart seulement quand Robert Boulin et Pierre Bérégovoy les congédient pour se donner la mort, les lointains disciples de La Reynie se prennent au piège de leur besogne. Ils sont trop souvent là où il ne faut pas.

Chronologie

Jean-Claude Saint-Aubin (1964)

Le 5 juillet 1964, Jean-Claude Saint-Aubin, vingt-trois ans, et sa passagère, meurent dans un accident de voiture. Ils se sont encastrés contre un tronc d'arbre sur le bas-côté de la route à Puget-sur-Argens (Var). Il faudra toute la ténacité d'un père et d'une mère pour démontrer que la procédure de la gendarmerie, qui évoque un simple dérapage à la sortie d'un virage, est entachée de mensonges. Un camion militaire a provoqué l'accident, révèle un témoin. Grâce à la volonté des parents Saint-Aubin, un rapport officiel finit par leur donner raison en dénonçant les graves travers de la justice dans cette affaire. Enfin, la famille de Jean-Claude obtient une réparation pécuniaire en 1990. Mais elle ne désarme pas pour autant, soucieuse de prouver que le jeune homme a été victime d'un assassinat, doublé d'une erreur sur la personne.

Mehdi Ben Barka (1965)

Le 29 octobre 1965, l'opposant marocain Mehdi Ben Barka est enlevé sur le trottoir du boulevard Saint-Germain devant la brasserie *Lipp* par deux policiers français et un honorable correspondant des services secrets. Ce scandale inaugural de la Ve République aurait pu prendre fin avec la condamnation de l'agent spécial Antoine Lopez et de Mohamed Oufkir, le ministre de l'Intérieur du Maroc. Mais le rôle de son homologue français n'a pas été éclairci. Juste avant la prescription des faits, la famille déposait une nouvelle plainte. Un second dossier, ouvert à cette époque, n'a jamais été refermé. Mais les magistrats se sont toujours heurtés au secret défense. Des brèches sont toutefois ouvertes dans le secret et des langues se délient au Maroc.

Georges Figon (1966)

Cet ancien voyou reconverti dans le milieu littéraire de Saint-Germain-des-Prés avait donné rendez-vous à Ben Barka à la brasserie *Lipp*. Le Marocain fut arrêté juste avant d'en franchir le seuil. Pendant sa cavale, Georges Figon fait la une des journaux. Il en profite pour narguer la police. Le 17 janvier 1966, il est retrouvé mort dans son studio de la rue des Renaudes. Officiellement, l'homme qui connaissait les coulisses du scandale s'est suicidé au moment même où les policiers ont frappé à sa porte. Cette concomitance est une réminiscence du « suicide » de l'escroc Stavisky dans un chalet de Chamonix en 1934. Certaines étrangetés font singulièrement douter des versions policières.

Stefan Markovic (1968)

Le 1er octobre 1968, un chiffonnier découvre dans un dépotoir d'Élancourt (Yvelines) le corps de Stefan Makovic, trente et un ans. Ce truand yougoslave, garde du corps de la star de cinéma Alain Delon, avait dénoncé *ante mortem* un certain François Marcantoni pour tout ce qui pourrait lui arriver de fâcheux. Inculpé, puis placé en détention, Marcantoni sent peser sur lui de lourdes charges. Mais il va bénéficier d'un non-lieu sept ans plus tard. Entre-temps, une affaire dans l'affaire aura suscité le scandale. En effet, une officine des services secrets français diffuse des clichés montrant Mme Pompidou lors de parties fines. Il s'agit de faux destinés à nuire à Georges Pompidou qui a annoncé son intention de succéder au général de Gaulle à l'Élysée. L'affaire « Markovic » montre que dans l'appareil d'État tous les moyens sont bons pour régler les comptes.

Jean de Broglie (1976)

Ancien ministre du général de Gaulle, négociateur des accords d'Evian signant la fin de la guerre d'Algérie, le prince de haute lignée Jean de Broglie est abattu sur un trottoir parisien à la veille de Noël 1976. Quelques jours plus tard, lors d'une conférence de presse, le ministre de l'Intérieur Michel Poniatowski annonce que le crime a été élucidé. Une relation d'affaires de la victime, Pierre de Varga, aurait commandité cet acte par intérêt pécuniaire. À l'heure de sa mort, le prince de Broglie sortait du cabinet de Pierre de Varga. Le tireur a d'ailleurs agi devant l'immeuble de ce dernier. Auteurs et complices sont condamnés par la cour d'assises en 1981. Mais il apparut que la hiérarchie policière avait été informée du complot avant le passage à l'acte et n'avait rien fait pour protéger le prince. Les hiérarques de la préfecture de police firent tout leur possible pour cacher cette vérité scandaleuse.

Henri Curiel (1978)

Né en Égypte, exilé en France, Henri Curiel soutenait les mouvements de libération dans le monde via Solidarité, une organisation puissante qu'il avait mise en place. Le 4 mai 1978, deux professionnels l'abattent lorsqu'il pousse la porte de son ascenseur, dans le Quartier latin de Paris. La police ne réussira jamais à élucider ce crime. Le voisinage a pourtant été aussitôt entendu. Tout le monde, sauf Anne-Marie Lepage. Cette voisine a dû se présenter d'elle-même aux enquêteurs, à qui elle a révélé, preuves à l'appui, que des agents de la Direction de la surveillance du territoire (DST) lui avaient demandé par le passé de pouvoir installer chez elle un dispositif pour surveiller Curiel. Cette femme avait refusé. Les magistrats en charge du dossier durent se donner beaucoup de peine pour que les services secrets de la République acceptent d'ouvrir leurs archives. Comment le secret défense entrave la recherche de la vérité.

Robert Luong (1979)

Peintre en bâtiment, Robert Luong avait noué une amitié avec l'épouse d'un chef d'État africain. Domicilié à Villeneuve-sur-Lot, l'artisan est assassiné devant chez lui le 29 octobre 1979. Comme dans l'affaire de Broglie, la police cache qu'elle s'intéressait beaucoup à la victime juste avant son décès. Des fonctionnaires français avaient même prêté main-forte à des responsables gabonais pour avoir Luong à l'œil. Bâclée, l'enquête ne permet pas de trouver les auteurs du crime. La raison d'État impose parfois des libertés avec le souci de la vérité. La famille de Luong retire d'elle-même sa constitution de partie civile.

Robert Boulin (1979)

À 8 h 40, le 30 octobre 1979, des motards de la gendarmerie découvrent la Peugeot 305 bleue du ministre du Travail Robert Boulin dans une clairière de la forêt de Rambouillet. À sept mètres de la berge de l'Étang du Rompu flotte le cadavre de l'homme politique favori pour accéder à Matignon. L'enquête officielle établit que Robert Boulin a annoncé son « suicide » par courrier. La famille, d'abord, ne doute pas de cette version. Mais les photographies du visage tuméfié du ministre à la sortie de l'eau instillent le doute. En mai 1983, la veuve et les enfants déposent une plainte avec constitution de partie civile pour « homicide volontaire ». Une contre-expertise révèle des fractures à la face. Le juge délivre un non-lieu en 1991. En octobre 2002, l'avocat de la fille de Robert Boulin, Jean-Marc Fedida, obtient du parquet de Paris une enquête préliminaire sur les conditions de l'enquête.

Jacques Mesrine (1979)

L'ennemi public numéro un tombe sous les balles de la police porte de Clignancourt à Paris, le 2 novembre 1979, à la veille des obsèques de Robert Boulin. Les hommes de la Préfecture de police ont-ils prononcé les sommations d'usage ou « exécuté » le truand au volant de sa voiture ? Dix jours plus tard, sa fille Sabrina dépose une plainte afin de connaître les circonstances de la mort de Mesrine. Neuf juges d'instruction seront tour à tour en charge du dossier. Il faut attendre plus de vingt ans pour que la cour d'appel de Paris décide de la poursuite de l'enquête. Seulement à ce moment-là la justice parvient à connaître les noms des policiers ayant fait feu sur le pare-brise du truand depuis un camion. Seulement alors des policiers concèdent que la crainte d'une riposte a peut-être incité la hiérarchie à faire fi des règles habituelles. Le pouvoir politique, qui voulait en finir, a exercé une pression très forte.

Joseph Fontanet (1980)

À peine l'ancien ministre du Travail Joseph Fontanet a-t-il été mortellement blessé par une balle en fouillant le coffre de sa voiture à Paris, lors de la nuit du 31 janvier au 1er février 1980, que la police avance l'hypothèse du « crime fortuit ». En résumé, le troisième ministre à succomber de mort violente en quatre ans aurait été victime d'une bande sillonnant la capitale et tirant au hasard sur les passants. Le crime n'a jamais été sérieusement éclairci, mais l'hypothèse première a perduré. Le mystère Fontanet demeure.

René Lucet (1982)

Directeur de la Caisse primaire d'assurance maladie de Marseille, René Lucet était une forte tête, doublée d'une énergie militante plutôt acquise aux partis de droite. Cet homme de trente-huit ans vient d'être congédié par la ministre de la Solidarité nationale Nicole Questiaux. Le 4 mars 1982, il est retrouvé dans sa chambre, avec deux balles dans le crâne. Son épouse Françoise raconte qu'il l'a envoyée chercher un verre d'eau à l'étage au-dessous et en a profité pour tirer sur lui-même. La mort de Lucet déclenche une polémique terrible entre bords politiques. La droite le promeut martyr de la liberté, éliminé par le pouvoir socialiste, tandis que la gauche défend la thèse de l'assassinat, en insistant sur les mauvaises fréquentations du défunt. Magistrats, policiers et experts se livrent aussi à une virulente algarade sur le thème : « Est-il possible de se suicider de deux balles dans la tête ? » En 1987, la magistrate clôt sa recherche des causes de la mort sans avoir relevé d'élément criminel.

Bernard Nut (1983)

À l'aube du 15 février 1983, le chef de poste de la Direction générale de la sécurité extérieure (DGSE) à Nice, le lieutenant-colonel Bernard Nut, est trouvé allongé sur le bas-côté d'une route du haut pays niçois. S'est-il suicidé ou a-t-il été assassiné ? Les services d'enquête, qui travaillent sous le regard des services secrets, accréditent la première hypothèse. Cette volonté délibérée n'est pas du goût de la justice. En fin d'instruction, une magistrate fait valoir par écrit sa réprobation des manipulations et s'oppose à la loi du silence imposée par les agents de renseignement.

Ali Mécili (1987)

En début de soirée, le 7 avril 1987, l'avocat algérien Ali Mécili rentre chez lui, boulevard Saint-Michel à Paris, quand un tueur pousse la porte de l'immeuble derrière lui et l'abat dans le hall. L'enquête sur le crime d'un opposant au régime d'Alger porte vite ses fruits et des suspects sont cernés. Las ! Le principal d'entre eux est l'objet d'une mesure d'expulsion du territoire effectuée en urgence sur ordre du ministère de l'Intérieur français. Ainsi est-il soustrait à la justice. Il apparaissait que cet homme était lié aux services secrets algériens, manifestement auteurs du crime, et que la raison d'État devait l'emporter sur la vérité, d'autant que Paris comptait alors sur l'aide d'Alger pour la négociation de la libération des otages français du Liban.

Joseph Doucé (1990)

Le soir du 19 juillet 1990, deux hommes invoquant la qualité de policiers frappent à la porte du pasteur Joseph Doucé, dans le XVIIe arrondissement de Paris, et intiment à ce protecteur des minorités sexuelles de les suivre. Jamais ses proches ne le reverront vivant. Les enquêteurs chargés d'élucider cette disparition comprennent que le pasteur fut sous étroite surveillance des Renseignements généraux de la préfecture de police jusqu'au soir du 19 juillet. Placé en garde à vue, l'inspecteur des RG Jean-Marc Dufourg affirme avoir quitté les lieux juste avant la mystérieuse interpellation. Et il profère des accusations qui vont susciter le scandale, puisqu'il révèle, à tort ou à raison, qu'il était chargé d'utiliser des affaires de mœurs pour faire chanter des personnalités. « Des proches du pouvoir ont tué le pasteur », clame-t-il. Cette défense sous forme d'attaque lui réussit bien. Douze ans plus tard, le dossier d'instruction n'a pas été refermé.

Pierre Bérégovoy (1993)

Le 1er Mai, date symbolique pour l'ouvrier qu'il fut, l'ancien Premier ministre Pierre Bérégovoy se munit de l'arme de service laissée par son garde du corps dans la boîte à gants et s'en va marcher seul sur la berge du canal de Sermoise, aux alentours de la ville de Nevers dont il était le maire. Déprimé par la défaite récente de la gauche aux législatives, dans laquelle il estimait avoir une part de responsabilité, Bérégovoy se tire une balle dans le crâne. Il décédera quelques heures plus tard au-dessus de Pithiviers lors de son transfert vers l'hôpital du Val-de-Grâce à Paris. Sur son cadavre, la classe politique n'hésitera pas à livrer une bataille de mots.

François de Grossouvre (1994)

Ancienne éminence grise de François Mitterrand, en charge alors des services secrets, François de Grossouvre nourrissait de la rancœur à l'encontre du président de la République qui le négligeait et ne lui avait laissé comme responsabilité que de veiller aux chasses présidentielles. Le soir du 7 avril 1994, on retrouve de Grossouvre tué dans son bureau situé dans une aile de l'Élysée. Selon l'enquête, il s'est suicidé. Mais tandis que les policiers ont procédé aux constatations, des agents spéciaux de l'ombre ont passé les archives du défunt au peigne fin afin d'éviter qu'il ne puisse nuire après sa mort. Patrick de Grossouvre, le fils de François, a remarqué des détails étranges dans les procès-verbaux qui lui ont été soumis. Il se met à douter : son père s'est-il bien suicidé ?

Christian et Fernand Saincené (1994)

Le 1er mai 1994, un ex-vacataire du Conseil régional Provence-Alpes-Côte-d'Azur, Fernand Saincené, écrit au juge d'instruction rennais Renaud van Ruymbeke, pour lui annoncer des révélations sur le financement des partis de droite dans la région. Le 5 mai, Fernand Saincené doit lui-même comparaître devant la justice pour racket fiscal. Il ne se présente pas à l'audience. Le 12 mai, les gendarmes découvrent son corps et celui de son frère Christian dans l'habitacle de leur voiture, elle-même stationnée dans le garage d'une villa de Tourtour (Var). Apparemment, les deux frères se sont suicidés au gaz d'échappement. Les enquêteurs s'interrogent sur la possibilité d'un assassinat maquillé en suicide, mais finissent par écarter l'hypothèse. Des officines de la région s'appliquent à lier la mort des Saincené et l'assassinat de la députée Yann Piat, moins de trois mois plus tôt, sur les hauteurs de Hyères. L'opération vise deux anciens ministres.

Notes

Enfer au Panthéon

1. « Une action disciplinaire », par Maurice Garçon, *Le Monde*, 27-28 février 1966.
2. *Chaban-Delmas*, Jacques Mousseau, Perrin, 2000.
3. *Foccart parle*, entretiens avec Philippe Gaillard, Fayard/*Jeune Afrique*, 1997.

La leçon des morts

4. *L'Affaire Ben Barka*, Bernard Violet, Fayard, 1991.
5. *Confession d'un espion*, Antoine Lopez, Fayard, 2000.
6. Propos de Me Albert Naud lors du procès.
7. *L'affaire Ben Barka*, Bernard Violet, Fayard, 1991.
8. *Minute*, 7 janvier 1966.
9. *Le Figaro*, 18 janvier 1966.
10. *Le Figaro*, 19 janvier 1966.
11. *Ils ont tué Ben Barka*, Jacques Derogy et Frédéric Ploquin, Fayard, 1999.
12. *Ibid.*
13. *L'affaire Ben Barka*, op. cit.
14. « L'exemple », par Pierre Marcilhacy, *Combat*, 22 janvier 1966.
15. « Le suicide impossible », par Pierre Marcilhacy, *Le Matin de Paris*, 29 octobre 1980.
16. « Des ombres sales », par Pierre Marcilhacy, *Le Monde*, 13 janvier 1977.
17. « Le suicide impossible », par Pierre Marcilhacy, *art. cit.*

La mare aux canards

18. Rapport de synthèse du commissaire principal Alain Tourre, 29 novembre 1979.
19. *Ma vérité sur mon père*, Bertrand Boulin, Stock.
20. *Le Figaro*, 12 mai 1983.
21. Entretien de l'auteur avec Fabienne Boulin, 23 juin 2001.
22. *Le suicide était un crime*, par Bernard Nicolas et Michel Despratx, « 90 minutes », Canal +.
23. Entretien de l'auteur avec Juliette Garat, 7 octobre 2001.
24. *Interdit de se tromper*, Roger Le Breton et Juliette Garat, Plon.
25. *Libération*, 18 novembre 1987.
26. *Libération*, 21 avril 1998.
27. Entretien de l'auteur avec Me Jean-Marc Fedida, 4 juin 2002.

La niche des chiens

28. à propos de la mort de Robert Boulin.
29. *Les Liaisons dangereuses de Pierre Bérégovoy*, Charles Villeneuve, Pocket, 1994.
30. *Paris-Match*, 15 mai 1997.
31. Entretien de l'auteur avec Michel Charasse, 17 septembre 2002
32. Entretien de l'auteur avec Me Patrick Maisonneuve, 5 septembre 2002.
33. *Le Monde*, 4 mai 1993.
34. *Dernières volontés, derniers combats, dernières souffrances*, Pierre Péan, Plon, 2002.
35. Entretien de l'auteur avec Patrick de Grossouvre, 22 mars 2002.
36. *Mitterrand et les 40 voleurs*, Jean Montaldo, Albin Michel, 1994.
37. *Le Monde*, Edwy Plenel, 9 avril 1994.
38. *Libération*, 9 avril 1994.
39. Entretien de l'auteur avec Patrick de Grossouvre, 22 mars 2002.
40. *Ibid.*
41. Entretien de l'auteur avec Paul Barril, 12 juin 2002.

Le garde champêtre

42. Arrêt de la chambre d'accusation de la cour d'appel de Riom, 4 novembre 1997.
43. Arrêt de la chambre d'accusation de la cour d'appel de Riom, 4 novembre 1997.
44. *Minute*, 23 mars 1994.
45. Entretien de l'auteur avec Me Jacques Granvaud, avocat de la veuve et des parents de Georges Vigier, le 4 mai 2001.
46. *Les Liaisons dangereuses de Pierre Bérégovoy*, op. cit.

Suicide, mode d'emploi

47. *Paris-Match*, 19 mars 1982.
48. Rapport de l'Igas sur certains faits graves relevés dans la gestion administrative de la Caisse primaire centrale d'assurance maladie des Bouches-du-Rhône, 3 décembre 1981.
49. Réponse au rapport sur certains faits graves relevés dans la gestion administrative de la Caisse primaire centrale d'assurance maladie des Bouches-du-Rhône, présentée par René Lucet, directeur général, au Conseil d'administration en date du 16 décembre 1981.
50. *850 jours pour abattre René Lucet*, Jean Montaldo, Albin Michel, 1982.
51. Déclaration de Françoise Lucet à la presse, 18 mars 1982.
52. *Le Monde*, 18 mars 1982.
53. *Le Quotidien de Paris*, 6 avril 1982.
54. *Ibid.*
55. *850 jours pour abattre René Lucet*, op. cit.
56. *Le Figaro*, 29 mars 1982.
57. *France Soir*, 20 mars 1982.
58. *Le Canard enchaîné*, 24 mars 1982.
59. *Souvenirs d'un médecin légiste*, Raymond Martin, Calmann-Lévy.
60. *Le Matin*, 1er juin 1982.
61. *Le Figaro*, 6 octobre 1997.
62. *Libération*, 7 octobre 1997.

Les deux frères

63. Procès-verbal de transport, constatations et mesures prises, 12 mai 1994, 410/94 – BT Salernes.
64. Procès-verbal de synthèse, pièce 414/1, SR Marseille.
65. Procès-verbal, 6 juin 1994, pièce 414/1, BT Draguignan.
66. Procès-verbal de synthèse, 18 octobre 1991, 1426/91, SR Aix-en-Provence.
67. Procès-verbal d'audition de Fernand Saincené, 17 octobre 1991, 1426, SR Aix-en-Provence.
68. Plainte avec constitution de partie civile déposée le 20 mai 1994 par Me Yves Soulas.
69. Procès-verbal d'audition d'Angeline Saincené, 26 mai 1994, cabinet de M. Philippe Guémas.
70. Procès-verbal d'audition de Lucienne Salord, 26 mai 1994, cabinet de M. Philippe Guémas.
71. Procès-verbal de synthèse, pièce 414/1, SR Marseille.
72. Requête de renvoi à une autre juridiction, déposée le 16 janvier 1995 par Lucienne Salord et Annick Perez.
73. *Yann Piat, l'histoire secrète d'un assassinat*, Claude Ardid et Jacques-Marie Bourget, Plon, 1998.
74. *Ibid.*

75. *L'affaire Yann Piat, des assassins au cœur du pouvoir*, André Rougeot et Jean-Michel Verne, Flammarion, 1997.
76. *Le Monde*, 8 octobre 1997.

« Scandales mondains »

77. *Le Monde*, 16 janvier 1966.
78. *Le Monde*, 28 janvier 1966.
79. *Le Point*, 29 septembre 1975.
80. Entretien de l'auteur avec François Marcantoni.
81. Procès-verbal n° 639/61, procédure d'homicide volontaire sur Stefan Markovic, 12 octobre 1968, SRPJ de Versailles.
82. *Le Canard enchaîné*, 3 septembre 1975.
83. *Marchiani, l'agent politique*, Eric Lemasson, Le Seuil, 2000.
84. *Le Point*, 29 septembre 1975.
85. *Le Monde*, 7 mai 1969.
86. *Le Monde*, 17 mai 1969.
87. Le Monde, 18-19 mai 1969.
88. *Marchiani, l'agent politique*, op. cit.
89. *Le Point*, 29 septembre 1975.
90. *L'Aurore*, 17 octobre 1975.
91. *Le Monde*, 14 janvier 1976.
92. Rapport de la commission d'enquête sur les activités du Service d'action civique, Assemblée nationale.
93. *Le Monde*, 11 juillet 1982.

Le prince

94. *Le Monde*, 5 novembre 1981.
95. Entretien de l'auteur avec Guy Simoné, 21 août 2002.
96. *Seule la vérité blesse*, André Giresse, avec Philippe Bernert, Plon, 1987.
97. *L'Express*, 27 novembre 1981.
98. *Le Monde*, 22-23 novembre 1981.
99. *Le Figaro*, 12 décembre 1981.
100. *Le Monde*, 17 décembre 1981.
101. Entretien de l'auteur avec Me François Gibault, 15 mai 2002.
102. *Le Figaro*, 18 décembre 1981.
103. *Ibid.*
104. *L'Affaire de Broglie*, Jacques Bacelon, édition Jean Picollec, 1981.
105. *Ibid.*
106. *Ici et maintenant*, François Mitterrand, Fayard, 1980.
107. *Enquête sur les « affaires » d'un septennat*, Jacques Derogy et Jean-Marie Pontaut, Robert Laffont, 1981.
108. *Ibid.*

109. Audition de Michel Poniatowski par la commission d'enquête parlementaire sur son éventuelle mise en accusation devant la Haute Cour de justice, 23 juillet 1980.

110. *De l'antigang à la criminelle*, Marcel Leclerc, Plon, 2000.

111. *Enquête sur les « affaires » d'un septennat*, op. cit.

112. Commission élue spécialement pour l'examen de la proposition de résolution présentée par M. Gaston Defferre et plusieurs de ses collègues, portant mise en accusation, devant la Haute Cour de justice, de M. Michel Poniatowski, ministre d'État, ministre de l'Intérieur du 28 mai 1974 au 30 mars 1977 (n° 1641), séance du 14 mai 1980.

113. Commission d'enquête parlementaire, séance du 21 mai 1980.

114. Commission d'enquête parlementaire, séance du 25 juin 1980.

115. Commission d'enquête parlementaire, séance du 28 mai 1980.

116. Commission d'enquête parlementaire, séance du 11 juin 1980.

117. Commission d'enquête parlementaire, séance du 4 juin 1980.

118. Commission d'enquête parlementaire, séance du 8 octobre 1980.

119. Commission d'enquête parlementaire, séance du 5 novembre 1980.

120. Commission d'enquête parlementaire, séance du 8 octobre 1980.

121. *De l'antigang à la criminelle*, op. cit.

122. *Seule la vérité blesse*, André Giresse, avec Philippe Bernert, Plon, 1987.

Le « crime fortuit »

123. *De l'antigang à la criminelle*, op. cit.

124. *Enquête sur les « affaires » d'un septennat*, op. cit.

125. *Le Quotidien de Paris*, 4 février 1980.

126. *Le Monde*, 5 février 1980.

127. *Le Figaro*, 2-3 février 1980.

128. Entretien de l'auteur avec Hélène Fontanet, 7 juin 2001.

129. *France Soir*, 22 juin 1982.

L'ennemi public n° 1

130. *Mémoires*, commissaire Robert Broussard, Plon.

131. *Un homme à part*, Gilles Perrault, éditions Bernard Barrault, 1984.

Le mystère de la rue Rollin

132. *Un homme à part*, op. cit.

133. Site web de l'association Mémoire, Vérité, Justice (MVJ), fiche établie par Didar Fawzi.

134. *Un homme à part*, op. cit.
135. *Ibid.*
136. *Ibid.*
137. Ordonnance de non-lieu rendue le 8 juillet 1992.
138. *Un homme à part*, op. cit.
139. Arrêt de la cour d'appel de Paris, 2 novembre 1981.
140. *DST, Police secrète*, Roger Faligot et Pascal Krop, Flammarion, 1999.
141. *Un homme à part*, op. cit.
142. Courrier de Mes Daniel Soulez-Larivière et patrick Perroux au juge d'instruction Alain Verleene, 21 mars 1984.
143. *P comme Police*, Alain Hamon et Jean-Charles Marchand, Alain Moreau, 1983.
144. *DST, Police secrète*, op. cit.
145. Ordonnance de non-lieu rendue le 8 juillet 1992.
146. Procès-verbal d'audition de Anne-Marie Lepage, 13 novembre 1979, Brigade criminelle.
147. *Ibid.*
148. Procès-verbal 279/78 du 14 novembre 1979, brigade criminelle.
149. Courrier de Marcel Chalet, directeur de la Surveillance du territoire, à Marcel leclerc, chef de la Brigade criminelle, février 1980.
150. Ordonnance de non-lieu rendue le 8 juillet 1992.
151. Discours de Guy Braibant au colloque international autour de l'action et de l'assassinat d'Henri Curiel, tenu à Paris les 13 et 14 novembre 1998, à l'initiative du Collectif Henri Curiel, de l'Institut Maghreb-Europe, du Monde Diplomatique et du Cedetim.

Le peintre du Lot

152. Rapport du 9 février 1979 du contrôleur général Jean Brosseau à M. le directeur de l'Inspection générale de la Police nationale sur le « comportement de quatre fonctionnaires de police exerçant une protection privée ».
153. *Affaires africaines*, Pierre Péan, Fayard, 1983.
154. Rapport du commissaire de police Roger Marion au directeur du Service régional de police judiciaire de Toulouse, 2 juillet 1980.
155. *Le Canard enchaîné*, 9 juin 1982.
156. Rapport du commissaire de police Roger Marion au directeur du Service régional de police judiciaire de Toulouse, 2 juillet 1980.
157. Entretien de l'auteur avec Me Michel Gonelle, 16 juillet 2002.

Disparition d'un pasteur

158. Cité dans *Le Scandale d'une disparition*, Françoise d'Eaubonne, éditions du libre arbitre.
159. Entretien de l'auteur avec Claude Bardon, 4 avril 2002.

160. *Mort d'un pasteur*, Bernard Violet, Fayard, 1994.
161. *Libération*, 4 juin 1994.
162. *Libération*, 19 juillet 1991.
163. *Le Monde*, 15 septembre 1990.
164. *Section manipulation*, Jean-Marc Dufourg, Michel Lafon, 1991.
165. *Mort d'un pasteur*, op. cit.
166. *Section manipulation*, op. cit.
167. *Mort d'un pasteur*, op. cit.
168. *France-Soir*, 5 juillet 1991.
169. *Le Monde*, 27 octobre 1990.
170. *Le Figaro*, 22 février 1995.

L'agent secret

171. Procès-verbal de transport, des constatations et des mesures prises, Brigade Puget-Théniers, 99/2, 15 février 1983.
172. Ordonnance de non-lieu sur l'information suivie contre X du chef d'assassinat, notifiée le 30 juin 1992.
173. Entretien de l'auteur avec Bruno Nut, 31 mai 2001.
174. Procès-verbal d'audition du 24 février 1983.
175. Note dactylographiée.
176. Ordonnance de non-lieu sur l'information suivie contre X du chef d'assassinat, notifiée le 30 juin 1992.
177. *Ibid.*
178. Procès-verbal d'audition du 24 février 1983.
179. Procès-verbal de transport, des constatations et des mesures prises, Brigade Puget-Théniers, 99/2, 15 février 1983.
180. *Le Monde*, 12 janvier 1984.
181. *Le Matin*, 20 avril 1983.
182. *Le Figaro*, 12 mars 1983.
183. Entretien de l'auteur avec William Carruchet, 13 décembre 2001.

Secret défense

184. *Le Monde*, 7 juin 1967.
185. Site web de l'association Mémoire, Vérité, Justice (MVJ), texte de Bachir Ben Barka.
186. Commission d'enquête parlementaire sur l'éventuelle mise en accusation de M. Michel Poniatowski devant la Haute Cour de justice, 5 novembre 1980.
187. Courrier du 15 décembre 1980 lu devant la commission d'enquête parlementaire le 17 décembre 1980.
188. *Le Monde*, 16 décembre 1981.
189. *Le Figaro*, 18 décembre 1990.

L'armée des ombres

190. Procès-verbal d'audition du 5 juillet 1964.
191. *Ils ont tué mon fils*, Andrée Saint-Aubin, Ledrappier, 1987.
192. *Ibid.*
193. *Libération*, 18 décembre 1981.
194. *Libération*, 4 mars 1983.
195. « Histoire de fou(s) », par Me Charles Libman, *Le Monde*, 29 novembre 1979.
196. *Le Figaro*, 7 février 1980.
197. *Ils ont tué mon fils*, op. cit.

Deux princesses

198. Ordonnance de non-lieu dans l'instruction pour homicide involontaire et non-assistance à personne en danger ouverte après le décès de lady Diana Spencer, Emad Al Fayed et Henri Paul.
199. Agence France Presse, 29 août 2002.
200. Ordonnance de non-lieu dans l'instruction pour homicide involontaire et non-assistance à personne en danger ouverte après le décès de lady Diana Spencer, Emad Al Fayed et Henri Paul.
201. Entretien de l'auteur avec Me Bernard Dartevelle, 21 juin 2002.
202. Jugement du TGI Paris, 1re chambre, 1re section, 7 novembre 2001.
203. *Enquête sur la mort de Diana*, Jérôme Dupuis et Jean-Marie Pontaut, Stock, 1998.
204. Entretien avec Me François Meyer, 7 mai 2002.
205. Entretien de l'auteur avec Richard Tomlinson, 15 octobre 1998.
206. Entretien de l'auteur avec Elisabeth Andanson, 30 août 2002.

La raison d'État

207. *Section manipulation*, op. cit.
208. *Le Monde*, 25 décembre 1998.
209. *Marianne*, 17 mai 1999.
210. *Humanité dimanche*, 4 avril 1996.
211. *Le Monde*, 30 janvier 1997.
212. *L'Express*, 12 avril 2001.
213. *Libération*, 30 janvier 1997.
214. *Humanité dimanche*, 15 février 1996.
215. Entretien de l'auteur avec Me Antoine Comte, 31 mai 2002.
216. Entretien de l'auteur avec Me Nicole Dreyfus, 10 mai 2001.
217. Les assassinats politiques en France depuis 1965, par Antoine Comte, site web *Mémoire vérité Justice*.
218. *Jeune Afrique*, 2-8 février 1999.

Nos chers disparus

219. *Paris Match*, 27 décembre 1990.
220. *Le Figaro*, 21 mars 1990.
221. *France Soir*, 17 décembre 1990.
222. *Le Figaro*, 14 décembre 1990.

Évasion officielle

223. *Le Monde*, 23 novembre 1988.
224. *Un crime d'États*, Michel Naudy, Albin Michel, 1993.
225. *Libération*, 9 avril 1987.
226. *L'Affaire Mécili*, Hocine Aït-Ahmed, La Découverte, 1989.
227. *Un crime d'États*, op. cit.
228. *Le Nouvel Observateur*, 16 juillet 1990.
229. *Le Monde*, 8 janvier 1991.

La tour infernale

230. *Les Réseaux secrets de la police*, commissaire Diamant, La Découverte, 1993.
231. *Ibid.*

La mort aux trousses

232. *Le Monde*, 27 octobre 2001.
233. *Notre ami le roi*, Gilles Perrault, Gallimard, 1992.
234. *Paris Presse*, 18 mars 1967.
235. *Rivarol*, 23 mars 1967.
236. Commission d'enquête parlementaire sur l'éventuelle mise en accusation de M. Michel Poniatowski devant la Haute Cour de justice, 17 décembre 1980
237. *L'Affaire de Broglie*, Jacques Bacelon, éditions Jean Picollec, 1981.
238. *Le juge Michel*, Alain Laville, Presses de la Cité, 1982.
239. *Le Monde*, 11 avril 1980.
240. Entretien de l'auteur avec Jérôme Bignon, 6 mars 2002.
241. *Le suicide était un crime*, Bernard Nicolas et Michel Despratx, « 90 minutes », Canal +.
242. *Enquête sur les « affaires » d'un septennat*, op. cit.
243. Entretien de l'auteur avec Jacques Azerad, 26 mai 2001.
244. Arrêt de la cour européenne des droits de l'homme, Strasbourg, 23 novembre 1993.

245. *France Soir*, 2 septembre 1978.
246. *L'Aurore*, 1er septembre 1978.
247. *Un crime d'États*, op. cit.
248. *France Soir*, 13 août 1976.
249. *Mort d'un pasteur*, op. cit.
250. *France Soir*, 19 décembre 1991.
251. *Ils ont tué mon fils*, Andrée Saint-Aubin, Ledrappier, 1987.
252. *L'affaire Saint-Aubin,* documentaire réalisé par Jean-Charles Deniau (2000), écrit par Jean-Charles Deniau et Caroline Roulet.
253. *Libération*, 20 juin 1980.

Les cadavres exquis

254. *Stavisky, l'homme que j'ai connu,* Joseph Kessel, Gallimard, postface par Raymond Thévenin.
255. « L'affaire Stavisky », Jacques Mayran, *Historia*, n° 326.
256. *Le 6 février*, Marcel Le Clère, Hachette.
257. Rapport général fait au nom de la commission d'enquête chargée de rechercher toutes les responsabilités politiques et administratives encourues depuis l'origine des affaires Stavisky, par Ernest Lafont, député, 1935
258. « L'affaire Stavisky », par Jacques Robichon, *Historia*, n° 146.
259. Rapport général fait au nom de la commission d'enquête chargée de rechercher toutes les responsabilités politiques et administratives encourues depuis l'origine des affaires Stavisky, par Ernest Lafont, député, 1935.
260. *Les Erreurs judiciaires*, René Floriot, Flammarion.
261. *Stavisky, l'homme que j'ai connu*, op. cit.
262. « Alexandre Stavisky », par Jacques Robichon, *Historia*, n° 147.
263. Rapport général fait au nom de la commission d'enquête chargée de rechercher toutes les responsabilités politiques et administratives encourues depuis l'origine des affaires Stavisky, par Ernest Lafont, député, 1935.
264. « Le conseiller Prince s'est-il suicidé ? », par Alain Decaux, *Historia*, n° 372.
265. Deuxième audition de Mme Prince, le 7 mars 1934.
266. Témoignage de Bernard Boisselet, cité dans le rapport du commissaire Guillaume.
267. *Ils ont tué mon père*, Gisèle Dessaux-Prince, Plon, 1994.
268. « Le conseiller Prince s'est-il suicidé ? », par Alain Decaux, *Historia*, n° 372.
269. Rapport de M. Philippe Serre, député, sur les accusations portées contre MM. Chautemps et Pressard dans l'affaire Prince.
270. Première audition de Mme Prince.
271. *Ils ont tué mon père*, op. cit.

La gifle

272. « Syveton s'est-il suicidé ? A-t-il été assassiné ? », par Léon Treich, *Historia*, n° 234.
273. « Une mort mystérieuse sous la IIIe République », par Adrien Dansette, *Historia*, n° 86.
274. « Syveton s'est-il suicidé ? A-t-il été assassiné ? », *art. cit.*
275. « L'affaire Daudet, par Georges Imann-Gigandet », *Historia* hors série, n° 11, « 1919-1931, les années folles ».
276. « Philippe Daudet, 14 ans, s'est-il suicidé dans un taxi ? », par Bernard Oudin, *Historia*.
277. « Philippe Daudet, 14 ans, s'est-il suicidé dans un taxi ? », *art. cit.*

In memoriam

278. *Le Point*, 29 septembre 1965
279. *Le Canard enchaîné*, 11 octobre 1972.
280. *DST police secrète*, op. cit.
281. Procès-verbal d'audition de Rosette Curiel, 26 septembre 1984.

Annexe 1

Affaire Boulin

Note des docteurs Juliette Garat et Roger Le Breton sur la destruction de scellés.

Institut Legatox

Docteur R. Le BRETON - Docteur J. GARAT

12, rue Marceau, 94200 Ivry-sur-Seine - Tél. 46.72.04.98

Ivry, le 4 juillet 1988

- NOTE -

- DESTRUCTION DES PRELEVEMENTS D'ORGANES SCELLES DE L'AFFAIRE ROBERT BOULIN.

Les pièces détruites avaient été confiées aux Experts GARAT et LE BRETON, Directeurs successifs du Laboratoire de Toxicologie de la Préfecture de Police.

Il s'agissait de quatre bocaux de prélèvements d'organes et deux flacons de sang de l'affaire Robert BOULIN.

- trois bocaux de l'affaire LUCET de Marseille.
- trois bocaux de l'affaire Jane SEBERG.

Les deux premières affaires étaient à retentissements politiques.

La troisième avait fait l'objet d'un vol du flacon de sang.

Les prélèvements de l'affaire Robert BOULIN nous avaient été remis le 30 octobre 1979 par le Greffe de l'Institut Médico-Légal de Paris sur réquisition du Parquet de Versailles aux fins d'examen toxicologique.

Ces prélèvements ont été décrits dans notre rapport du 7 novembre 1979.

Après examen toxicologique, ils ont été conservés :

- pour les trois bocaux d'organes dans l'installation frigorifique du rez-de-chaussée de l'Institut Médico-Légal.

- pour un flacon de sang dans le grand réfrigérateur de la façade EST du Laboratoire de Toxicologie proprement dit (premier étage) dans le panier de Monsieur TOURNEAU.

La reconstruction de l'installation frigorifique au début d'octobre 1980 a nécessité un recensement des scellés dont ceux de l'affaire BOULIN qui ont été transférés le 29 septembre 1980 en raison de leur intérêt pour établir les causes de la mort, au premier étage dans le grand réfrigérateur.

Le Docteur GARAT avait vu ce jour là le flacon de sang de Monsieur Robert BOULIN à sa place.

Le lundi 6 octobre 1980, le Docteur GARAT s'est aperçue de la disparition de ce flacon de sang.

Le 7 octobre, j'ai signalé par lettre au Préfet de Police cette disparition que j'ai confirméepar une autre lettre le 15 octobre 1980.

Le 21 octobre 1980 avec le Docteur GARAT, nous avons mis au courant par lettres de la disparition de l'échantillon de sang de Monsieur Robert BOULIN :

- d'une part, Monsieur le Procureur de la République près le Tribunal de Grande Instance de Versailles qui nous avait requis.
- d'autre part, Monsieur le Procyreur Général près la Cour d'Appel de Versailles.

Pour éviter une disparition des autres prélèvements de Monsieur Robert BOULIN qui pouvaient être utilisés pour trancher le problème en suspens sur les causes de la mort entre submersion ou non, Monsieur le Préfet FROMION, Chef du Cabinet du Préfet de Police a fait acheter par le Service du Matériel sur le Budget Spécial de la Ville de Paris, un réfrigérateur et l'a fait munir par les Services Techniques d'une fermeture à cadenas dont les deux clés m'ont été remises.

Lors de mon départ à la retraite, j'ai confié ces deux clés au Docteur GARAT qui me succédait.

Depuis, les clés ne m'ont pas été demandées, ni au Docteur GARAT qui les tient à la disposition de l'Administration contre un Procès-verbal de remise établi en présence de l'autorité judiciaire actuellement compétente.

Le 22 mai 1986, Monsieur Jean DAUBIGNY, Chef de Cabinet du Préfet de Police, m'a demandé l'enlèvement des échantillons du réfrigérateur fermé dont l'administration ne détenait pas les clés.

Le 3 juin 1986, j'ai signalé au Préfet de Police que :

- l'affaire Robert BOULIN n'était pas terminée.
- des vérifications pourraient être demandées par les parties en cause sur des scellés qui appartenaient à la Justice et non aux Experts.
- la décision de destruction ne pouvait être prise que par l'autorité judiciaire qui ne devait pas manquer d'en informer la famille.
- j'étais à sa disposition à tout moment pour signer un Procès-verbal de remise des scellés aux autorités judiciaires.

Depuis, je n'ai pas eu de nouvelles des autorités préfectorales.

J'ai lu dans l'EXPRESS que j'avais refusé de remettre les clés à Madame RUDLER faisant fonction de Chef du Laboratoire de Toxicologie de la Préfecture de Police.

Ceci est inexact puisque les clés ne m'ont pas été demandées.

Il convient d'ajouter que le réfrigérateur et sa fermeture sont la propriété de la Ville de Paris et que les Experts en étaient les locataires par la redevance versée au Budget Spécial de la Ville de Paris conformément au statut du Laboratoire de Toxicologie de la Préfecture de Police.

En effet, l'affaire Robert BOULIN a été inscrite par Madame AFFICHARD, Adjoint Administratif, sur le Registre règlementaire des entrées et résultats qui a dû être conservé puisque la responsabilité des Experts judiciaires est trentenaire.

M. Le Breton

Rapport d'autopsie de Robert Boulin

TRIBUNAL DE GRANDE INSTANCE DE VERSAILLES

Monsieur le Procureur de la République

AUTOPSIE : BOULIN R.

RAPPORT MÉDICO-LÉGAL
DU
DOCTEUR J. BAILLY

et

DOCTEUR A. D E P O N G E

Nous soussignés,

Docteur BAILLY Docteur DEPONGE

Docteurs en Médecine, Médecins Légistes,
Experts près la Cour d'Appel de Paris, commis par réquisition en
du 30 octobre 1979 , de Monsieur le Procureur de la
République près le Tribunal de Grande Instance de VERSAILLES
à l'effet de :

" Vu l'enquête suivie par S.R.P.J. VERSAILLES
Vu l'article 74 du Code de procédure pénale
Vu la nécessité de faire constater d'urgence les circonstances
et les causes de la mort de :

BOULIN Robert

Requiert Messieurs les Docteurs BAILLY et DEPONGE

aux fins de procéder à l'autopsie complète du cadavre déposé
à I.M.L. pour établir les circonstances
et les causes de la mort et rechercher tous indices de crime
ou de délit ;

Procéder à la description détaillée du cadavre. Faire procéder à
tout examen radioscopique qui apparaîtrait utile à la manifestation
de la vérité et, éventuellement, à des prises de clichés
radiographiques ou photographiques ;
Saisir et placer sous scellés tout projectile ou autre objet
qui serait découvert dans le corps. Prélever un échantillon de
sang et, en cas de nécessité, les viscères ".

Avons rempli notre mission à l'Institut Médico-Légal

le 30 octobre 1979

EXAMEN DU CADAVRE

Nous sommes mis en présence du corps d'un homme mesurant I m 68, pesant 67 kg, portant le numéro 2700 et qui nous est indiqué comme celui de BOULIN ROBert âgé de 59 ans. Le corps est en état de rigidité, les lividités siègent au niveau de la face postérieure du corps.

L'examen des téguments met en évidence :

I) une petite plaie contuse superficielle de IO mm de l'extrémité externe de la paupière supérieure droite,
2) deux petites plaies contuses du tiers moyen de la crête nasale, l'une mesurant 5 mm, l'autre I5 mm,
3) une petite plaie contuse de 5 mm de la face muqueuse de la lèvre supérieure,
4) une plaie contuse sus-orbitaire externe droite de 5 mm.
5) une zone contusive de 3 cm de diamètre au niveau de la région sous-orbitaire externe droite,
6) une ecchymose avec excoriation épidermique de la région sous-orbitaire gauche de 3 mm de longueur,
7) une petite plaie contuse du pied de la cloison nasale de 2 mm.
8) une érosion en voie de cicatrisation longue de 20 mm de l'avant-bras droit.

AUTOPSIE

I°- INCISIONS MUSCULAIRES

Des incisions musculaires ne sont pas effectuées.

2°- OUVERTURE DU CADAVRE

L'ouverture du cadavre se fait selon la technique habituelle et après section des côtes, on procède à l'ablation du plastron pour permettre l'examen des organes en place.

3°- THORAX

- coeur : pèse 400 gr, il n'existe pas de lésion visible à la dissection. Il existe que des lésions athéromateuses très discrètes. Les artères coronaires sont normalement perméables.
- poumons : le poumon droit pèse 640 gr, le poumon gauche 490 gr. Ils sont le siège d'un oedème hydro-aérique diffus. Il existe une spume au niveau des grosses bronches et de la trachée. Les poumons présentent des taches ecchymotiques sous-pleurales, surtout au niveau de leur versant interne et au niveau des languettes pulmonaires.
- squelette thoracique : sans fracture.

4°- ABDOMEN

- foie : pèse I kg 700 est congestif à la coupe.
- rate : pèse 50 gr, sans anomalie.
- reins : le rein gauche pèse I40 gr, le rein droit est porteur de deux volumineux kystes, l'ensemble pesant 600 gr. Après évacuation des kystes, le poids du rein est de I90 gr.
  A la coupe, les reins sont légèrement congestifs sans autre anomalie particulière.
- estomac : contient un liquide clair paraissant être de l'eau dans lequel baignent des débris alimentaires des grains de riz et quelques débris non identifiables paraissant être d'origine animale.
- intestins : normaux.
- squelette rachidien : sans fracture.

5°- COU

On incise ensuite le cou sur la ligne médiane, la dissection prudente et minutieuse du revêtement cutané met à nu les masses musculaires qui sont intactes. Le larynx et la trachée sont normaux, sans fracture, ni lésion de violence. On note accessoirement un petit nodule thyroidien droit. Il n'y a pas d'obstacle à l'intérieur des voies respiratoires.

6°- CRANE

L'examen du crane n'est pas effectué sur directives de Monsieur le Procureur de la République.

DISCUSSION

Le corps de Monsieur Robert BOULIN a été découvert dans la forêt de Rambouillet, immergé dans un étang.

Les observations que nous avons effectuées sur le corps ont été précédées d'un examen radiologique effectué par le Docteur KANNAPELL qui n'a pas montré de projectile inclus.

Nous avons quant à nous constaté des lésions d'oedème hydro-aérique du tissu pulmonaire habituellement observées dans les asphyxies par submersion et qui s'accompagnaient de la présence d'eau à l'intérieur de la cavité gastrique. Ces éléments anatomiques plaident en faveur de l'hypothèse d'une submersion.

Les viscères présentaient par ailleurs un aspect congestif relativement banal. Les viscères ont été prélevés pour une analyse toxicologique selon la technique habituell

Par ailleurs des fragments de tissus ont été prélevés et placés dans une solution conservatrice pour permettre un éventuel examen anatomo-pathologique.

Les petites lésions constatées au niveau du visage sont des lésions banales qui peuvent avoir été provoquées par une chute antérieure à la mort mais qui ne sont pas suffisantes pour permettre d'envisager l'hypothèse de violences volontaires préalables.

CONCLUSIONS

I) Les constatations effectuées sur le corps de Robert BOULIN sont celles habituellement observées dans les asphyxies par submersion.

2) Les viscères ont été prélevés aux fins d'analyse toxicologique.

3) Des fragments de tissus ont été prélevés pour permettre un examen anatomo-pathologique.

4) Un examen radiologique préalable a montré l'absence de projectile inclus.

Nous attestons avoir personnellement accompli la mission qui nous a été confiée.

Le 30 octobre I979

Extrait du rapport de synthèse du SRPJ de Versailles du 29 novembre 1979 (pp. 1, 20, 21)

MINISTERE
DE L' INTERIEUR

IRECTION GENERALE
LA POLICE NATIONALE

REPUBLIQUE FRANÇAISE

Versailles, le 29 novembre 1979

le Commissaire Principal
Alain TOURRE
Chef de la Division Criminelle

à

RO.1132

Monsieur le DIRECTEUR
du SERVICE REGIONAL de POLICE JUDICIAIRE
- VERSAILLES -

OBJET - Recherche des causes de la mort de Monsieur Robert BOULIN, Ministre du Travail et de la Participation.

REFERENCE - Les instructions verbales du 30 octobre 1979 et la note du 5 novembre 1979 de Monsieur ~~le Procureur~~ de la République près le Tribunal de Grande Instance de VERSAILLES (Yvelines).
- Vos directives.

P.JOINTES - Un album photographique en double exemplaire,
- Un mémoire de frais du Docteur Xavier DE CREPY
- 16 scellés (le scellé n°1 ayant été transmis pour expertise au Laboratoire de Toxicologie de la Préfecture de Police à PARIS).

J'ai l'honneur de vous transmettre par le présent, le résultat de l'enquête effectuée sous vos directives et celles de M. Aimé BREMOND, Commissaire Divisionnaire, Sous-Chef du Service, et concernant le décès de Monsieur Robert BOULIN, Ministre du Travail et de la Participation.

*
* *
*

./...

Avant de se jeter à l'eau, le ministre qui n'était donc plus dans son état normal, a dû faire plusieurs chutes qui expliquent les traces boueuses relevées sur la carrosserie de son véhicule, la découverte des clés sur le sol, près de la roue arrière gauche, ainsi que les petites lésions relevées au niveau du visage.

Le verso du bristol laissé sur la planche de bord de son véhicule à l'intention de son épouse et de ses enfants, d'une écriture plus déformée que celle du recto, semble également indiquer que le Ministre était vraisemblablement déjà sous l'effet du tranquillisant.

Cette hypothèse se renforce d'ailleurs lorsque l'on constate que les deux écritures ne sont pas de la même encre, et qu'elles ont donc été formulées en deux temps.

*
* *
*

PROCUREUR de la RÉPUBLIQUE près le Trib. de GRANDE INSTANCE de VERSAILLES

CONCLUSION

L'enquête effectuée a formellement établi que le décès de Monsieur Robert BOULIN, Ministre du Travail et de la Participation, est consécutif à un suicide par noyade, précédé d'une forte absorption de VALIUM.

Les intentions suicidaires de Monsieur Robert BOULIN étaient arrêtées dès le dimanche 28 octobre 1979, jour où il rédigeait à l'intention de l'Agence France Presse la lettre développant les problèmes posés par l'affaire de RAMATUELLE.

Elles se confirmaient avec les photocopies réalisées au Ministère du Travail, dans l'après-midi du même jour.

Elles se poursuivaient le lendemain, 29 octobre 1979, jour où il reportait le rendez-vous qu'il devait avoir dans l'après-midi, avec des représentants de la C.F.T.C. pour se rendre à MONTFORT L'AMAURY en prétextant un rendez-vous avec Me MAILLOT, son Conseil.

./...

- 21 -

A partir du moment où, vers 17h.-17h.30, le Ministre postait son courrier dans cette localité, le processus engagé devenait absolument irréversible, Monsieur BOULIN se condamnait à disparaître.

*

Seule se posait encore la question de l'heure à laquelle il s'était volontairement donné la mort. L'expertise médico-légale a pu déterminer, suite à l'examen du bol alimentaire dans lequel avaient été decelés des grains de riz, qu'elle se situait entre 3 et 6 heures après le dernier repas.

L'enquête ayant établi que le déjeûner était terminé à 13h.45 environ, le ministre avait donc cessé de vivre le même jour à vingt heures au plus tard.

le Commissaire Principal,

Alain TOURRE.

t.Civil -

nsieur BOULIN Joseph, Bernard, Robert
le 20 juillet 1920 à VILLANDRAUT (Gironde)
istre du Travail et de la Participation,
icilié de son vivant, 32 Boulevard Maillot
UILLY-s/SEINE.

Annexe 2

Affaire Saincené

Conclusion du rapport de synthèse de la gendarmerie.

P.V. de synthèse - Pièce n° 414/1 - Feuillet vingt-neuf

6 - C O N C L U S I O N S

61 - THESE DE L'ASSASSINAT :

Bien que ne reposant sur aucune constatation, l'assassinat reste possible. L'enquête n'a pas prouvé trace de début d'éxécution et les faits ou évènements décrits ne sont pas favorables à l'assassinat.

Toutefois, certains faits restent troublants. C'est aini que la bouteille d'éther reste une énigme même si une solution est avancée. Il en est de même du départ pour RENNES. Que dire du climat d'insécurité dans lequel semblait vivre les deux frères SAINCENE. Même si ce climat est plus apparent que réel, il alimente le doute, tout comme les deux tickets de consigne dit "tickets piège".

Quant au mobiles possibles, ils sont nombreux: politiques - crapuleux ou passionnels.

Nous pouvons donc conclure que l'assassinat est matériellement possible et que si les mobiles peuvent motiver une intention coupable, ils sont trop nombreux pour n'en retenir qu'un. Enfin, le manque de commencement d'exécution entérinant l'assassinat, nous conduit à penser plus sérieusement au suicide.

62 - THESE DU SUICIDE :

Les deux frères sont morts cyanosés dans une voiture, où ils étaient retenus par une ceinture de sécurité. Ils ont respiré un air vicié amené à l'habitacle par un tuyau relié au pot d'échappement.

S'il n'y a pas de commencement d'éxécution pour l'assassinat, il n'en n'est pas de même pour le suicide. Il a été préparé de longue date, depuis fin Janvier 1994 et mis en oeuvre courant Avril 1994. Cette accélération de la préparation du suicide apparait lorsque tous les moyens et artifices utilisés pour annuler le jugement, ont été épuisés. De Janvier à début Mai, les frères SAINCENE ont tout essayé en prenant contact dans le milieu politique et judiciaire. Cet échec était ressenti par Fernand comme un retour en prison, ce qu'il ne pouvait supporter, et par Christian, comme une impuissance à aider son frère.

Toutes les investigations convergent vers le suicide. Que ce soient les liquidations bancaires, les ventes de véhicules, les testaments .... et même les écrits expédiés aux proches, tout amène les enquêteurs à conclure au suicide.

P.V. de synthèse - Pièce n° 414/1 - Feuillet trente

63 - CONCLUSION GENERALE :

Fernand et Christian ont pleinement vécu ensemble les derniers jours de leur vie. Fernand, plus calculateur, plus mythomane, plus exhubérant aussi, a fini par déteindre sur son frère Christian, apparamment plus clame, plus réfléchi et peut-être plus influensable. Ce dernier, sur la fin, entretenait même les excès de Fernand. Ils en étaient arrivés à ne faire plus qu'un : deux corps dans un même individu.

L'obsession de Fernand était l'échéance du procès pénal du 05 Mai 1994. A son ami BENSOUSSAN, Albert, il déclarera par téléphone le 02 Mai 1994 à 17 heures : "Je vais faire quelque chose pour arranger le procès". Cette phrase est très évocatrice pour la thèse du suicide. Le fameux dossier qu'il disait détenir n'a jamais existé. Cette bombe, c'est le suicide par lui-même. En effet, le texte accusateur de 25 pages prend toute son importance dans le contexte politico-judiciaire qui secoue actuellement le Sud de la France.

A la question meurtre ou suicide, l'enquête conclut : suicide.

Annexe 3

Affaire de Broglie

Inventaire du dossier de Guy Simoné à la direction centrale des Renseignements généraux.

BORDEREAU RECAPITULATIF DU CONTENU DU DOSSIER DE : Mr SIMONE Guy - né le 22.07.43 à St GERMAIN (Tunisie) 1/1

DETENU PAR LE SERVICE DES R.G. DE : DCRG

N°	ORIGINE	DATE	NATURE	OBJET	NOMBRE DE PAGES
1	DCRG	–	article de presse	a/s de l'intéressé	1
2	"	24.11.97	note	" "	1
3	"	07.05.98	"	" "	4
4	"	11.02.99	article de presse	" "	1

Pris connaissance des documents communiqués

Paris le 16/9/99

Annexe 4

Affaire Curiel

Courrier de Marcel Chalet, directeur de la Surveillance du territoire, à la police judiciaire (21 février 1980).

316

MINISTÈRE
DE L'INTERIEUR

DIRECTION GÉNÉRALE
DE LA
POLICE NATIONALE

DIRECTION DE LA
SURVEILLANCE DU TERRITOIRE

PN/ST N 0 3 4 0 7 /Dr
36 41

RÉPUBLIQUE FRANÇAISE

PARIS, LE . . FEV. 1980

VU ET TRANSMIS
Le Commissaire Divisionnaire

PREFECTURE DE POLICE – DIRECTION de la POLICE JUDICIAIRE

LE DIRECTEUR de la SURVEILLANCE
du TERRITOIRE

à

Monsieur le Commissaire Divisionnaire
Marcel LECLERC
Chef de la Brigade Criminelle
DIRECTION de la POLICE JUDICIAIRE
PREFECTURE de POLICE

OBJET : Demande de renseignements dans le cadre de l'informatio ouverte à la suite du meurtre d'Henri CURIEL.
REF. : Votre lettre n° 279 du 6 février 1980.

En réponse à votre lettre citée en référence, j'c l'honneur de vous faire connaître que :

1° – au mois de novembre 1972, la D.S.T. avait parmi ses fonctionnaires des services centraux un Inspecteur REY. Par cor le nom de DULAC n'a jamais figuré ni à cette date ni antérieure ment parmi les fonctionnaires de tout grade en service à la D.S

2° – l'Inspecteur REY pouvait être joint au numéro de té phone : 265.28.30 – Poste 3454,

3° – il n'y avait pas d'Inspecteur DULAC au poste 3450,

4° – l'Inspecteur REY n'est plus en activité à la D.S.T. Mis en congé de maladie longue durée le 1er juillet 1973, il a été admis à faire valoir ses droits à la retraite le 22 décemb 1978. Il est très gravement malade depuis de longues années.

Destinataires :
- M. Marcel LECLERC, Chef de la Brigade Criminelle P.J./P.P.
- Archives
- Chrono

Marcel CHALET

Procès-verbal de transport du juge Guy Joly au ministère de l'Intérieur (19 juillet 1982).

– X 888

TRIBUNAL
GRANDE INSTANCE
DE PARIS

Cabinet
Guy JOLY
Juge d'Instruction

Générale N° P 78 129 027376
Cabinet N° 421-78

du transport a été donné à
Procureur de la République
le
19 juillet 1982

Le Greffier,

Vu au Parquet
19-7-82

Procureur de la République,

ORDONNANCE DE TRANSPORT

Le 19 juillet 1982

Nous Guy JOLY,

1er Juge d'Instruction au Tribunal de Grande Instance de Paris

Vu l'information ouverte contre X....

du chef d'homicide volontaire(Vict.:CURIEL Henri),

Vu l'article 92 du Code de procédure pénale

Disons que nous nous transporterons le 19 juillet 1982

à 15 heures au Ministère de l'Intérieur - Place Beauveau - 75800 Paris,

en vue d'y procéder à tous actes utiles à la manifestation de la vérité.

1er Le Juge d'Instruction,

PROCES-VERBAL DE TRANSPORT

Le 19 juillet 1982 à 15 heures

Nous Guy JOLY,

1er Juge d'Instruction au Tribunal de Grande Instance de Paris

assisté de D. ZUBELI, Greffier assermenté

Vu notre ordonnance ci-dessus

Nous sommes transportés au Ministère de l'Intérieur - Place Beauveau à Paris 8e,

où nous avons procédé aux opérations ci-dessous:

Ainsi qu'il résulte de nos précédents procès-verbaux, les dossiers CURIEL et SOLIDARITE ont fait l'objet d'un examen exhaustif de notre part à l'occasion de nos transports à la D.S.T. des 27 et 28 mai, 2, 4, 10, 11 et 25 juin 1982.

Ce jour, nous avons procédé au recensement des pièces dont il nous est apparu utile de solliciter la communication.

S'agissant de documents revêtus du timbre "Secret-Défense", M. BAKLOUTI nous a fait savoir que notre demande serait prise en compte et, au cas où la D.S.T. s'opposerait au versement de ces pièces à notre dossier, Monsieur le Ministre d'Etat, Ministre de l'Intérieur et de la Décentralisation serait appelé à décider de leur éventuelle rétention dans l'intérêt du bon fonctionnement de ce service de sécurité.

Monsieur BAKLOUTI s'est engagé à nous fourn une réponse assez rapide.

Au terme de nos investigations et dans l'in titude du sort qui sera réservé à notre demande, nous pou d'ores et déjà retenir les points suivants :

1°) Bien que toutes assurances nous aient é données que l'intégralité des dossiers nous avait été com niquée, la présentation matérielle et l'aspect formel de ceux-ci n'interdisent pas que certaines pièces aient pu y échapper. Toutefois rien ne permet d'avancer une telle hypothèse et nous devons souligner le bon accueil qui nous a toujours été réservé. De même, la possibilité nous a été offerte de consulter tous dossiers autres que ceux de SOL RITE et de Henri CURIEL, dès lors que des liens de connexi étaient susceptibles d'apparaître entre eux.

2°) L'examen des dossiers dont s'agit ne pe pas d'apporter des éléments de réponse aux questions de savoir qui a commandité le meurtre d'Henri CURIEL et par q cet assassinat a été perpétré.

La seule hypothèse dont nous ayons trouvé la formulation est celle qui a fait l'objet de la note n° 06809/B3 de M. CHALET en date du 7 mai 1982 (cotes D 574 575) selon laquelle l'assassinat de M. Henri CURIEL serait l'oeuvre d'extrémistes palestiniens du Groupe ABU NIDAL, agissant pour le compte des Autorités syriennes. Malheureu ment, la source de cette information n'a pas été précisée et partant, il est impossible d'en vérifier le bien-fondé.

Il est évident que les efforts déployés par Henri CURIEL en vue de rechercher une solution négociée au conflit israélo-palestinien n'étaient pas ressentis favora blement par les éléments "durs" du Front du Refus.

3°) L'examen des dossiers CURIEL et SOLIDARI permet, en revanche, de situer la victime comme la clé de voûte d'une organisation clandestine d'obédience communist qui apportait de longue date un soutien matériel et idéolo que aux mouvements de libération des Pays du Tiers-Monde. Rien ne démo-ntre cependant qu'Henri CURIEL ait été un age du K.G.B.

4°) Nous n'avons découvert aucun mémento dac lographié de 250 pages, consacré à CURIEL et à SOLIDARITE.

5°) Ainsi que l'a indiqué M. CHALET dans sa déposition du 6 juin 1981 (cote D 533), le document dont l fac-similé figure à la page 402 de l'ouvrage de Roland GAU "Le Réseau CURIEL ou la Subversion humanitaire" ne corresp pas, dans sa forme, à ceux qui ont cours à la D.S.T.

6°) Nous n'avons découvert aucun indice perm tant d'imputer à la D.S.T. la responsabilité de la divulga tion par le biais de Georges SUFFERT, du Journal "LE POINT des éléments d'information à partir desquels a été rédigé l'article paru dans cet hebdomadaire le 21 juin 1976 sous

.../...

le titre "Le Patron des réseaux d'aide aux terroristes"

7°) Il ne résulte pas des dossiers commun que CURIEL ait été l'objet d'une surveillance particuliè de la part de la D.S.T., soit par des filatures, soit p des écoutes à l'époque de son assassinat.

8°) En revanche et depuis de nombreuses a les activités de la victime ont retenu l'attention de ce service qui, ponctuellement et sur des périodes très cou s'est livré à des actes de surveillance sur sa personne. écoutes, d'après les documents que nous avons examinés, étaient l'oeuvre de l'ex-S.D.E.C.E. A cet égard, la seul référence précise que nous ayons relevée est la suivante Construction CURIEL T 2647 du 28-12-1971 (note du SDECE du 13-1-1972).

Il est à noter qu'aucune transcription du tenu de ces écoutes ne figure dans les dossiers de la D. Il n'apparaît pas qu'un système d'écoute ait été mis en place au domicile de Madame LE PAGE.

9) Rien ne permet d'accréditer l'idée selo laquelle l'assignation à résidence de CURIEL à Digne, en octobre 1977, aurait été motivée par le souci de le prot et que la mainlevée de cette mesure deux mois plus tard, apparemment étrangère à toute intervention de la D.S.T., aurait été destinée à laisser la voie libre pour les prép tifs et l'exécution du meurtre.

10°) Nos investigations n'ont pas permis de d couvrir le moindre indice en faveur des hypothèses rappor par certains journalistes, qu'il s'agisse de celle imputa le meurtre à des malfaiteurs de droit commun appartenant au milieu du grand banditisme, également impliqués dans l assassinats perpétrés à la même époque contre des militan basques de l'E.T.A. ou qu'il s'agisse de celle présentant la mort d'Henri CURIEL comme le fruit d'une basse machina tion policière.

11°) Nous avons pu relever la présence de nom breuses correspondances antérieures au 4 mai 1978 échangée entre le S.D.E.C.E. et la D.S.T., relatives aux activités de CURIEL et des membres du réseau SOLIDARITE dont nous aurions dû trouver trace dans le dossier CURIEL examiné au Ministère de la Défense lors de notre transport du 25 mai Comme ces pièces n'y figuraient pas, nous avons ainsi la démonstration que les services du S.D.E.C.E. n'ont pas com niqué à M. RENARD-PAYEN, l'intégralité du dossier en leur possession.

Dont procès-verbal dressé sur-le-champ et si par Nous et notre Greffier.

Annexe 5

Affaire Luong

Annexe du rapport de la commission d'enquête parlementaire sur le Service d'action civique (1982).

Document N° 57
RAPPORT DU 9 FÉVRIER 1979 DU CONTRÔLEUR GÉNÉRAL JEAN BROSSEAU À M. LE DIRECTEUR DE L'INSPECTION GÉNÉRALE DE LA POLICE NATIONALE SUR LE « COMPORTEMENT DE QUATRE FONCTIONNAIRES DE POLICE EXERÇANT UNE PROTECTION PRIVÉE »

Le Contrôleur Général Jean BROSSEAU
à
Monsieur le Directeur de l'Inspection Générale
de la Police Nationale

OBJET : Comportement de quatre fonctionnaires de Police exerçant une « protection privée ».

REFERENCES : Vos instructions du 9 Février N° **D.146 PN/IG/SP 69.186** faisant suite à une demande du même jour, de Monsieur le Directeur Général de la Police Nationale.

P.J. : Quatre procès-verbaux d'audition. Un rapport de compte rendu.

Conformément à vos instructions, reçues le 8 Février à 11 heures, j'ai convoqué et entendu le même jour, à partir de 15 heures, les quatre fonctionnaires en cause dans l'affaire évoquée, à savoir, dans l'ordre :

— L'Inspecteur de Police Jean-Jacques HERAULT, affecté au Commissariat du quartier Champs-Elysées à PARIS.

— L'Inspecteur de Police Frédéric, Lucien DULAC, affecté à la Direction de la Surveillance du Territoire.

— L'Enquêteur de Police Dominique PHILIP, affecté à la Police Urbaine de MONTREUIL.

— L'Enquêteur de Police Daniel, Jean CHARRON, affecté à la Direction des Renseignements Généraux de la Préfecture de Police.

A quelques variantes près, variantes qui apparaissent d'ailleurs comme d'importance secondaire, les quatre fonctionnaires entendus donnent de l'affaire une **version analogue**. Ils reconnaissent :

— Qu'ils ont été contactés par Monsieur DEBIZET, conseiller privé du Président de la République du GABON, pour effectuer une opération de surveillance privée sur la personne de Madame BONGO (encore que l'Inspecteur HERAULT répugne à reconnaître cet objectif, se contentant de dire qu'il fallait « faire plaisir » à Monsieur BONGO).

— Qu'au moins à deux reprises, ils ont été l'objet de demandes d'explications de la part du service des voyages officiels, normalement présent sur les lieux. Ils précisent tous que, le mardi 6 février au matin, ils ont été invités par le Commissaire CONFOLENS, du service des Voyages Officiels, à décliner leurs qualité et appartenance, et, qu'ayant refusé de le faire sur place, ils ont obtempéré, après transport dans un car de Police Secours, au Poste de Police de la Place Dauphine. Il convient de préciser à cet égard que l'Inspecteur HERAULT tente visiblement d'officialiser une opération, qu'il considérait pourtant initialement comme privée, en essayant de faire ressortir que le Dimanche 4 février, et le Lundi 5 février, les fonctionnaires des Voyages Officiels en place sur les lieux, après s'être étonnés de la présence de l'équipe COQUIN-HERAULT-DULAC-PHILIP-CHARRON avaient implicitement admis le maintien de cette présence. On se demande alors pourquoi, le 6 février, l'équipe en question a été interrogée, sur place, par le Commissaire CONFOLENS, et a refusé, en bloc, de donner à ce fonctionnaire les explications demandées, et pourquoi encore Monsieur HERAULT admet que le 7 février, lui-même et ses amis aient dû « décrocher », parce que les choses se « recompliquaient ».

Document N° 57 *(suite)*

— Que pour toute cette opération, ils ont été sous l'autorité d'un non-fonctionnaire, en l'occurrence Monsieur François COQUIN, agissant lui-même sur les instructions de Monsieur DEBIZET.

— Qu'au moins pour deux d'entre eux, et dans le cadre de cette « mission » (cf. CHARRON P.V. d'audition, cf. HERAULT P.V. d'audition et rapport du Commissaire TCHIVIDJIAN) ils ont jugé nécessaire et opportun d'obtenir un congé de récupération. Messieurs PHILIP et DULAC se refusent à commenter la coïncidence entre le congé de maladie qu'ils ont obtenu, et l'opération à laquelle ils ont participé.

— Qu'ils n'ont pas rendu compte de cette affaire, dès son déclenchement, à leurs supérieurs hiérarchiques. Monsieur HERAULT a rendu compte le 7 février, lorsqu'il a pensé que la situation pouvait « dépasser le cadre de sa vie strictement privée et empiéter sur sa vie professionnelle », Monsieur DULAC l'a fait le 7 février sur la demande de son chef de service, Monsieur CHARRON, le 8 février dans les mêmes conditions, Monsieur PHILIP n'avait encore pas bougé le 8 février lors de son audition.

Les intéressés déclarent tous que dans cette affaire, ils avaient conscience, tout en « rendant service à un ami », de ne pas empiéter sur les attributions du service des Voyages Officiels, compte tenu de ce que ce dernier (cf. notamment audition CHARRON et audition DULAC) était chargé exclusivement d'escorter et de protéger le Président du Gabon, alors qu'eux-mêmes ne s'intéressaient qu'à la personne de Madame BONGO. Monsieur HERAULT se déclare même « convaincu de son bon droit », et ne voit pas la « moindre illégalité dans ses agissements », cependant que Monsieur PHILIP déclare avoir agi « avec la satisfaction de servir ce qu'il estime être des intérêts nationaux ». Les quatre fonctionnaires insistent enfin sur le caractère bénévole et purement gratuit de leur participation à l'affaire.

Lorsque j'ai procédé à l'audition des quatre fonctionnaires en question, je me suis demandé, étant donné la tranquillité avec laquelle les intéressés répondaient à mes interrogations, s'ils n'obéissaient pas à une déontologie ou à une éthique nouvelle, en vertu de laquelle un fonctionnaire de police, à partir du moment où il n'est pas en service pour cause de maladie ou de récupération, peut sans problème rendre service à un ami. Dans cette acceptation, il faudrait admettre qu'en ce cas, le fonctionnaire agit exclusivement dans le cadre de sa vie privée et qu'il na à en référer qu'à sa conscience. Mais c'est alors que je me suis reporté aux déclarations du plus dialecticien des fonctionnaires entendus, à savoir l'Inspecteur HERAULT, déclarations rapportées ci-dessus et aux termes desquelles, il convient de le répéter, ce fonctionnaire s'est demandé si la situation ne dépassait pas précisément le cadre de sa vie privée et n'empiétait pas sur sa vie professionnelle.

Porter un tel jugement sur ses propres agissements revient en fait à reconnaître implicitement l'obligation de réserve, particulièrement impérieuse pour les fonctionnaires de police.

Cette autocritique m'amène à estimer que pour les quatre fonctionnaires en cause s'est produite, dans leur propre jugement, une distorsion évidente entre les obligations de leur charge et leur code personnel.

Leur attention doit donc être appelée sur des errements incompatibles avec leur qualité. Un coup d'arrêt doit être donné à leur fâcheuse inclination. Un précédent fracassant a en effet montré que la collaboration avait eu des répercussions dramatiques et traumatisantes pour la Police et pour l'Etat.

Il est surprenant, et en tout cas regrettable, que des policiers français s'engagent aussi allègrement dans une affaire dont ils ne mesurent pas toutes les incidences éventuelles. Sans qu'il soit, à mon sens, nécessaire de traduire les intéressés devant le conseil de discipline, j'estime qu'une très sévère admonestation, pouvant se traduire, le cas échéant, par l'intervention d'une mesure individuelle du bas de la gamme des sanctions administratives, est indispensable, pour leur permettre de mesurer leurs responsabilités et de savoir où se trouve leur devoir.

Le Contrôleur Général,
J. BROSSEAU

Annexe 6

Affaire Nut

Attestation du ministère de la Défense sur les circonstances de la mort de Bernard Nut (18 septembre 1989).

FL/3801 74.030

REPUBLIQUE FRANCAISE
MINISTERE DE LA DEFENSE

SERVICE DES PENSIONS DES ARMEES

17016 LA ROCHELLE CEDEX

Tél : 46.50.62.62 - Poste n° 341

Dossier n° X 236 211

ATTESTATION

Le Chef du Service des Pensions des Armées atteste que le décès du Lieutenant Colonel NUT survenu le 15 février 1985 a été reconnu imputable au service.

Fait à LA ROCHELLE, le 18 SEP. 1989

Le Chef du Service des Pensions
des Armées

Pour le Chef du Service des Pensions des Armées
et par autorisation
L'Administrateur Civil Hors Classe
Chargé de la Sous-Direction des Pensions Militaires
et par autorisation
L'Attaché d'Administration Centrale
G. LABEYRONNIE
Chef du 3ème Bureau

Annexe 7

Affaire Diana Spencer

Rapport d'experts médico-légaux sur le taux de carboxyhémoglobine dans le sang de Henri Paul.

DUALITE D'EXPERTISE

D5275

I - REPONSE A LA MISSION

I - ORIGINE DU TAUX DE 20,7 % de carboxyhémoglobine de Henri PAUL.

L'enquête nous a appris que Monsieur PAUL Henri était un grand fumeur, chez lesquels on trouve classiquement un taux de 10 % de carboxyhémoglobine dans le sang. Le taux que nous avons trouvé dans le sang cardiaque est de 20,7 % (cf : expertise n° : 971037), et dans le sang veineux, prélevé dans la veine fémorale, de 12,8 % (cf : expertise n° : 971042).
Le taux de carboxyhémoglobine dans le sang, pour lequel l'origine de l'oxyde de carbone ne vient pas de la combustion de fumées de cigarettes, est donc de 6,75 % (*)de carboxyhémoglobine.
Dans 6,75 % de carboxyhémoglobine il y a $\frac{6.75 \times 14 \times 1.39}{100}$ = 1,3135 mg d'oxyde de carbone pour 100 ml de sang.

Pour 5 litres de sang il y a (1,3135 x 50) 65,7 ml d'oxyde de carbone, qui correspondent à $\frac{65.7 \times 10^{-3}}{22,4} = 2,93\ 10^{-3}$ mole d'oxyde de carbone soit un poids de $4,64\ 10^{-3} \times 28 = 82$ mg d'oxyde de carbone.

(* - 2,5 litres de sang artériel à 20,7 %
* - 2,5 litres de sang veineux à 12.8 %
33,5 % }taux moyen = 16,75 %
Δ pour 5 litres de sang : 16,75 % - 10 % = 6,75 % de carboxyhémoglobine.)

La société AUTOLIV, productrice de dispositifs airbags et prétensionneurs de ceintures de sécurité, nous a répondu, en la personne du Directeur recherche et développement, Monsieur Michel KOZYREFF, que la quantité d'oxyde de carbone produit dans une voiture par un déclenchement dans un choc très brutal, de deux airbags et de deux prétensionneurs, est de l'ordre de un gramme à quelques grammes, soit de dix à plusieurs dizaines de fois plus que la quantité nécessaire en oxyde de carbone pour avoir un taux de 20.7 % dans le sang.
Il est donc é abli logiquement que la carboxyhémoglobine trouvée dans le sang de Monsieur PAUL Henri, provient de cette source.

1ère remarque :

La libération du gaz après le choc se fait entre 10 et 20 millisecondes, donc, les gaz sont émis à grande vitesse, principalement dégagé dans les ballons des airbags, et dans l'habitacle, en direct pour les prétensionneurs.
Il s'agit donc, en fait, d'une bouffée d'oxyde de carbone qui est respirée.

2ème remarque : 6

DS224

Le décès étant survenu très rapidement après le choc par section de la moelle épinière, l'oxyde de carbone a été respiré pendant un temps très bref, et ceci explique la différence de taux ayant été trouvée entre le sang cardiaque, proche du poumon (20,7 %) et imprégné de la faible quantité d'oxyde de carbone libéré, et le sang veineux, prélevé dans la veine fémorale, pour lequel on trouve un taux moindre, de 12,8 %, la circulation sanguine étant arrêtée simultanément au décès.

II – SIGNIFICATION BIOLOGIQUE :

Pour des taux de l'ordre de 12,8 à 20,7 % en carboxyhémoglobine, on peut observer céphalées, vasodilatation cutanée etc.... (cf. Documentation annexée)

Avons rempli en honneur et conscience la mission qui nous a été confiée, au Laboratoire d'Expertises, 18, rue André Del Sarte, et avons rédigé le présent rapport que nous certifions sincère et véritable.

Professeur. LECOMTE

Docteur PEPIN

Table

Cet ouvrage a été imprimé
sur presse Cameron
par ***Bussière Camedan Imprimeries***
à Saint-Amand-Montrond (Cher)
en janvier 2003

Photocomposition Nord Compo
59650 Villeneuve-d'Ascq

Imprimé en France
Dépôt légal : janvier 2003.
N° d'édition : 35158. – N° d'impression : 030092/4.